国家卫生健康委员会"十四五"规划教材

全国高等职业教育药品类专业第四轮规划教材

供药学、化学制药技术、生物制药技术、药品生产技术专业用

药物分离与纯化技术

第 4 版

主　编　杜建红

副主编　李　艳　白雪洁

编　者（以姓氏笔画为序）

白雪洁（长春医学高等专科学校）　　　　吴小瑜（无锡卫生高等职业技术学校）

贠　潇（天津生物工程职业技术学院）　　周亚梅（重庆化工职业学院）

杜建红（山西药科职业学院）　　　　　　赵鲁亚（菏泽医学专科学校）

李　艳（重庆医药高等专科学校）　　　　韩　勇（山西药科职业学院）

人民卫生出版社

·北京·

图书在版编目（CIP）数据

药物分离与纯化技术 / 杜建红主编 . -- 4 版 .
北京：人民卫生出版社，2025. 8. --（全国高等职业教育药品类专业第四轮规划教材）. -- ISBN 978-7-117-37346-3

I. TQ460. 6
中国国家版本馆 CIP 数据核字第 20251W3L44 号

人卫智网	www.ipmph.com	医学教育、学术、考试、健康，购书智慧智能综合服务平台
人卫官网	www.pmph.com	人卫官方资讯发布平台

药物分离与纯化技术
Yaowu Fenli yu Chunhua Jishu
第 4 版

主　　编：杜建红
出版发行：人民卫生出版社（中继线 010-59780011）
地　　址：北京市朝阳区潘家园南里 19 号
邮　　编：100021
E - mail：pmph @ pmph.com
购书热线：010-59787592　010-59787584　010-65264830
印　　刷：三河市宏达印刷有限公司
经　　销：新华书店
开　　本：850 × 1168　1/16　　印张：13
字　　数：306 千字
版　　次：2008 年 12 月第 1 版　　2025 年 8 月第 4 版
印　　次：2025 年 8 月第 1 次印刷
标准书号：ISBN 978-7-117-37346-3
定　　价：55.00 元
打击盗版举报电话：010-59787491　E-mail：WQ @ pmph.com
质量问题联系电话：010-59787234　E-mail：zhiliang @ pmph.com
数字融合服务电话：4001118166　E-mail：zengzhi @ pmph.com

出版说明

近年来,我国职业教育在国家的高度重视和大力推动下已经进入高质量发展新阶段。从党的十八大报告强调"加快发展现代职业教育",到党的十九大报告强调"完善职业教育和培训体系,深化产教融合、校企合作",再到党的二十大报告强调"统筹职业教育、高等教育、继续教育协同创新,推进职普融通、产教融合、科教融汇,优化职业教育类型定位",这一系列重要论述不仅是对职业教育发展路径的精准把握,更是对构建中国特色现代职业教育体系、服务国家发展战略、促进经济社会高质量发展的全面部署,也为我们指明了新时代职业教育改革发展的方向和路径。

为全面贯彻国家教育方针,将现代职业教育发展理念融入教材建设全过程,人民卫生出版社经过广泛调研论证,启动了全国高等职业教育药品类专业第四轮规划教材的修订出版工作。

本套规划教材首版于 2009 年,分别于 2013 年、2017 年修订出版了第二轮、第三轮规划教材。本套教材在建设之初,根据行业标准和教育目标,制定了统一的指导性教学计划和教学大纲,规范了药品类专业的教学内容。这套规划教材不仅为高等职业教育药品类专业的学生提供了系统的理论知识,还帮助他们建立了扎实的专业技能基础。这套教材的不断修订完善,是我国职业教育体系不断完善和进步的一个缩影,对于我国高素质药品类专业技术技能型人才的培养起到了重要的推动作用。同时,本套教材也取得了诸多成绩,其中《基础化学》(第 3 版)、《天然药物学》(第 3 版)、《中药制剂技术》(第 3 版)等多本教材入选了"十四五"职业教育国家规划教材,《药物制剂技术》(第 3 版)荣获了首届全国教材建设奖一等奖,《药物分析》(第 3 版)荣获了首届全国教材建设奖二等奖。

第四轮规划教材主要依据教育部相关文件精神和职业教育教学实际需求,调整充实了教材品种,涵盖了药品类相关专业群的主要课程。全套教材为国家卫生健康委员会"十四五"规划教材,是"十四五"时期人民卫生出版社重点教材建设项目。本轮教材继续秉承"大力培养大国工匠、能工巧匠、高技能人才"的职教理念,结合国内药学类专业领域教育教学发展趋势,科学合理推进规划教材体系改革,重点突出如下特点:

1. **坚持立德树人,融入课程思政** 高职院校人才培养事关大国工匠养成,事关实体经济发展,事关制造强国建设,要确保党的事业后继有人,必须把立德树人作为中心环节。本轮教材修订注重深入挖掘各门课程中蕴含的课程思政元素,通过实践案例、知识链接等内容,润物细无声地将思想政治工作贯穿教育教学全过程,使学生在掌握专业知识与技能的同时,树立起正确的世界观、人生观、价值观,增强社会责任感,坚定服务人民健康事业的理想信念。

2. **对接岗位需求,优化教材内容** 根据各专业对应从业岗位的任职标准,优化教材内容,避免重要知识点的遗漏和不必要的交叉重复,保证教学内容的设计与职业标准精准对接,学校的人才培养与企业的岗位需求精准对接。根据岗位技能要求设计教学内容,增加实践教学内容的比重,设计贴近企业实际生产、管理、服务流程的实验、实训项目,提高学生的实践能力和解决问题的能力;部分教材采用基于工作过程的模块化结构,模拟真实工作场景,让学生在实践中学习和运用知识,提高实际操作能力。

3. **知识技能并重,实现课证融通**　本轮教材在编写队伍组建上,特别邀请了一大批具有丰富实践经验的行业专家,与从全国高职院校中遴选出的优秀师资共同合作编写,使教材内容紧密围绕岗位所需的知识、技能和素养要求展开。在教材内容设计方面,充分考虑职业资格证书的考试内容和要求,将相关知识点和技能点融入教材中,使学生在学习过程中能够掌握与岗位实际紧密相关的知识和技能,帮助学生在完成学业的同时获得相应的职业资格证书,使教材既可作为学历教育的教科书,又能作为岗位证书的培训用书。

4. **完善教材体系,优化编写模式**　本轮教材通过搭建主干知识、实验实训、数字资源的"教学立交桥",充分体现了现代高等职业教育的发展理念。强化"理实一体"的编写方式,并多配图表,让知识更加形象直观,便于教师讲授与学生理解。并通过丰富的栏目确保学生能够循序渐进地理解和掌握知识,如用"导学情景"引入概念,用"案例分析"结合实践,用"课堂活动"启发思考,用"知识链接"开阔视野,用"点滴积累"巩固考点,大大增加了教材的可读性。

5. **推进纸数融合,打造新形态精品教材**　为了适应新的教学模式的需要,通过在纸质教材中添加二维码的方式,融合多媒体元素,构建数字化平台,注重教材更新与迭代,将"线上""线下"教学有机融合,使学生能够随时随地进行扫码学习、在线测试、观看实验演示等,增强学习的互动性和趣味性,使抽象知识直观化、生动化,提高可理解性和学习效率。通过建设多元化学习路径,不断提升教材的质量和教学效果,为培养高素质技能型人才提供有力支持。

本套教材的编写过程中,全体编者以高度负责、严谨认真的态度为教材的编写工作付出了诸多心血,各参编院校为编写工作的顺利开展给予了大力支持,从而使本套教材得以高质量如期出版,在此对相关单位和各位专家表示诚挚的感谢!教材出版后,各位教师、学生在使用过程中,如发现问题请反馈给我们(发消息给"人卫药学"公众号),以便及时更正和修订完善。

人民卫生出版社

2024 年 11 月

前　言

　　《药物分离与纯化技术》(第4版)是全国高等职业教育药品类专业第四轮规划教材之一。本教材依据"以应用型职业岗位为中心,以素质教育、创新教育为基础,以学生能力培养为主体"的指导思想,遵循"宽基础、重实践、引思考"的原则,将知识、技术、产业相融合,结合企业生产、管理一线岗位需求,开发课程内容。

　　本版教材是在第3版的基础上,由全国7所院校的教学一线的教师、学者编写而成。本教材在总结前3版的经验、参考近期出版的各类相关文献的基础上,对内容的选取和编排进行了适当的调整和增删。如,先讲解固-液分离技术,再讲解固相析出技术,更贴近生产实际;对工程计算进行了弱化,除保留基础的计算外,对晦涩难懂的工程原理进行了删减;新增了反胶束萃取技术、纳滤等内容;新增了数字资源,包括思维导图、习题、动画、彩图、课件等,方便教师和学生使用。

　　本教材的特色主要有三方面:①落实"立德树人"根本任务,教材内容将价值塑造、知识传授和技能培养有机结合,融入课程思政内容,培养学生具有良好的职业道德和素养;②结合现代职业教育改革,体现职业教育特点和行业发展需求,教材设置"学习目标""导学情景""课堂活动""知识链接""你问我答""边学边练"和"考证要点"等栏目,把"岗、课、赛、证"有机融合;③体现"以学生为中心"的理念,尊重学生的认知规律,教材进行"纸数融合",丰富教学资源,促进信息化教学,方便教师的"教"与学生的"学"。

　　本教材由九个章节和综合实训组成,编写分工为(按照章节顺序排列):杜建红(第一章、第八章、综合实训),周亚梅(第二章),白雪洁(第三章),吴小瑜(第四章),赵鲁亚(第五章),韩勇(第六章),李艳(第七章),贠潇(第九章)。

　　本教材基本涵盖了药品生产中涉及的各种药物分离与纯化技术,可作为药学、化学制药技术、生物制药技术、药品生产技术专业的学生学习教材,同时可作为从事药物分离与纯化的生产和技术人员的培训教材,对岗前培训、岗位技能训练、职业技能考核、职业资格证书考试等也有指导作用。

　　在本教材编写过程中,编写团队的所有成员团结协作、出谋划策,同时编写中参考了众多专家、学者的著作,在此一并表示诚挚的敬意和衷心的感谢!

　　药物分离与纯化技术是一门涉及面广、实践性强的综合性课程,限于编者的工程实践能力、学识水平,书中不足之处在所难免,敬请同行专家和读者批评指正。

编　者

2025年7月

目　录

第一章　绪论

导学情景

情景描述：

　　新学期初，制药工程学院的同学们来到某制药厂的链霉素生产线进行参观，发现发酵液从发酵罐出来后并不是如大家预计的那样很快就变成了药品，而是需经过多个步骤、多道工序处理后才得到原料药，且后续还需经过制剂才能得到临床使用的药品。

学前导语：

　　药品生产过程包括原料生产过程和药物制剂过程；原料生产过程包括药物成分获得、药物分离与纯化、结晶干燥和成品加工；药物分离与纯化技术在原料药生产过程起着非常重要的作用。本章将带领同学们来学习药物分离与纯化技术课程的研究对象、内容、作用以及分离纯化的原理、分类和发展，为后续学习各类分离纯化技术奠定基础。

　　从含有药物成分的混合物中，分离、纯化并加工制成符合《中华人民共和国药典》（简称《中国药典》）（现行版）规定的药品的生产技术，称为药物分离与纯化技术。药物分离与纯化技术主要包括固 - 液分离技术、固相析出技术、萃取技术、蒸馏技术、膜分离技术、色谱分离技术、电泳技术、结晶和干燥技术等。药物分离与纯化技术是药物研究、开发、生产与分析过程中重要的关键技术。

第一节　药物分离与纯化技术的研究内容

一、药品生产过程

　　药品生产过程包括原料药生产过程和药物制剂过程。原料药生产过程如下。

药物成分获得　⟶　药物分离纯化　⟶　结晶干燥　⟶　成品加工

　　1. 药物成分获得　根据药物成分获得方法的不同可将原料药的生产分为化学合成法、生物发酵法和中药提取法等。化学合成法指针对所需合成药物成分的分子结构、光学构象等要求,制定合理的化学合成工艺路线和步骤,确定适当的反应条件,设计或选用适当的反应器,完成合成反应操作以获得含药物成分的反应产物。生物发酵法则通过自然界的生物机体、组织、细胞等,通过生长代谢合成含有具有预防、治疗和诊断功能的药物成分的发酵液。中药提取法则是通过对中药材有效成分进行分析,选择适宜的提取方法,以获得含有药物成分的混合液。

2. **药物分离纯化** 药物分离纯化分为初步纯化(提取)和高度纯化(精制)两个主要阶段。初步纯化过程即药物的提取过程,可采用固-液分离、沉淀、萃取等技术除去与目标产物性质有较大差异的杂质,提高产物浓度。高度纯化过程即药物精制过程,可采用色谱、膜分离、电泳等技术获得较纯净的药物成分。

3. **结晶干燥和成品加工** 经过分离纯化得到的药物,需经过结晶、干燥、成品加工等过程,获得符合《中国药典》(现行版)规定质量要求的原料药。

药品生产技术水平的高低由生物或化学反应技术水平、分离与纯化技术水平和药物制剂技术水平所决定。药品生产技术以制药设备作为物质基础和工具,以制药工艺作为技术手段和方法,所以制药工业是一个技术密集型产业,具有生产工艺复杂、生产岗位分工明确、产品品种多、生产投入高、产品质量要求严格等特点。

二、研究对象和内容

药物分离与纯化是依据分离技术与工程学原理、利用特定的设备对来自于动物、植物、微生物等生物体中的各种天然活性物质及其人工合成或半合成的天然类似物进行分离纯化的过程,研究对象主要是药物。

药物分离与纯化技术综合应用化学、物理、生物等基础知识,分析研究各种分离纯化技术的基本原理、工艺过程及主要影响因素,理解和认识分离纯化设备的结构和操作,为学习药品生产工艺和从事药物分离与纯化岗位工作奠定基础。

药品生产所用原料种类繁多,生产方法多种多样,所以制得的含有药物成分的混合液成分复杂。随着国家不断加强对药品质量的严格控制,许多新型药物分离与纯化技术得到飞速发展,这些技术已成为药品生产技术的重要组成部分;作为从事药品生产的高素质、高技能人才,必须掌握药物分离与纯化技术的原理和方法,并能根据混合物的特性和分离要求选用适宜的技术,组成合理的工艺,更好地完成药物的分离纯化任务。

三、本课程的地位和作用

由于药物(涵盖化学药、中药、生物药)的纯度和杂质含量与其药效、毒物作用、价格等息息相关,通过各种方法获得的含有药物成分的混合物具有杂质含量高、有效成分浓度低、多相态的特点,且许多生物活性药物极不稳定,有些药品还要求无菌操作,这对药物分离与纯化过程提出了更高的要求,也使得分离与纯化技术成为制药工艺的重点。

案例分析

案例:青霉素类药物在临床中应用广泛,但少数患者在使用青霉素类药物的过程中会发生皮疹、循环衰竭、喉头水肿等过敏反应症状,甚至会危及生命。因此,在使用青霉素类药物时需要做皮肤过敏性试验(简称皮试),在更换同类药物或不同批号药物或停药 3 日以上,都需要重新做皮试。

分析:青霉素分子本身不会引起过敏,但是青霉素在生产和制剂过程中会产生蛋白质及青霉素聚合物等不纯物质从而引发过敏反应,不同生产批号中含有的杂质区别较大。因此,青霉素在使用或更换批号时需重新做皮试。为了保障青霉素使用的安全性,制药企业应不断改进分离纯化工艺,尽可能降低其杂质含量,制备出高纯的青霉素。

药物分离与纯化过程步骤多、周期长、影响因素复杂,导致药品生产过程的不确定性大、难以严格控制,从而造成生产收率低、工艺重复性差,而且药品的有效性、稳定性、均一性和纯净度也难以保证。因此,药物分离与纯化技术对药品质量起着非常重要的作用,其成本在总成本中占有很高的比例,也对药品的商品化起着决定性作用。只有经过分离和纯化等过程才能制得符合要求的高纯度药品,所以药物分离与纯化技术是各类医药产品工业化的必要手段,具有不可替代的地位。

点滴积累

1. 药物分离与纯化技术是从含有药物成分的混合物中,分离、纯化并加工制成符合《中国药典》(现行版)规定药品的生产技术。
2. 药物的生产过程包括原料生产过程和药物制剂过程;原料生产过程包括药物成分获得、药物分离纯化、结晶干燥和成品加工。
3. 药物分离纯化技术对药品质量起着非常重要的作用,是药品生产控制成本的关键因素之一。

第二节　药物分离与纯化技术必备知识

一、分离纯化技术的原理及分类

(一) 分离纯化技术的原理

药物分离纯化技术的基本原理是原料混合物进入分离装置,在分离装置中施加能量(如机械能、电能、热能等)或者分离剂(如溶剂、吸附剂、膜等),利用混合物中各组分所特有的性质差(如物理、化学及生物学性质等)产生作用,实现混合物中各组分的分离提纯。因所用分离方法、设备和施加能量方式的不同,分离产品的纯度、消耗能量的大小以及过程的绿色化程度有很大的差别。

(二)分离纯化技术的分类

药物分离纯化技术多种多样,并不断发展和变化,目前按传统分类方法通常分为机械分离和传质分离两大类。

1. 机械分离 是依据物质的大小、密度的差异,在外力作用下,使两相或多相得以分离。机械分离的特点是相间没有物质传递,如过滤、沉降、离心分离、膜分离技术等都属于机械分离,适用于非均相物系的分离。

2. 传质分离 是利用加入的分离剂(能量或质量),使混合物成为两相,在某种推动力的作用下,物质从一相转移到另一相,实现混合物分离的过程。由于此过程在两相间发生了物质传递,故称为传质分离,此方法既适用于均相混合物的分离,也适用于非均相混合物的分离。但传质分离常常需要依靠机械分离来实现最终的分离,如萃取、结晶等传质分离过程均需要采用机械分离的方法来实现液 - 液、固 - 液的分离。因此,传质分离的速度和效果也受到机械分离的影响,必须掌握传质分离和机械分离技术,合理运用其原理和方法,才能使分离纯化工艺过程达到生产要求。依据物理化学原理的不同,工业上常用的传质分离又分为平衡分离过程和速率分离过程。

(1)平衡分离过程:该过程是借助分离媒介(如热能、溶剂或吸附剂)使均相混合物系变为两相系统,再以混合物中各组分在相平衡的两相中分配关系的差异为依据而实现分离。溶质在两相中的浓度与相平衡时的浓度之差是过程进行的推动力,根据两相状态的不同,平衡分离可分为:①气体传质过程,如吸收、气体的增湿和减湿等;②气 - 液传质过程,如精馏等;③液 - 液传质过程,如液 - 液萃取;④液 - 固传质过程,如浸取、结晶、吸附、离子交换、色谱分离等;⑤气 - 固传质过程,如固体干燥、吸附等。

相与相际的传质过程都以达到相平衡为极限,因此,需要研究相平衡以便决定物质传递过程进行的极限,为选择合适的分离方法提供依据。另一方面,由于两相的平衡需要经过相当长的接触时间才能建立,而实际操作中,相际的接触时间一般是有限的,因此需要研究物质在一定接触时间内由一相迁移到另一相的量,即传质速率。传递速率与物质性质、操作条件等诸多因素有关。例如,精馏是利用各组分挥发度的差别实现分离目的的,液 - 液萃取则是利用萃取剂与被萃取物组分之间溶解度的差异,将萃取组分从混合物中分离。

(2)速率分离过程:该过程是在某种推动力(如压力差、浓度差、电势差、温度差、磁场差等)的作用下,有时在选择性透过膜的配合下,利用各组分扩散速率的差异实现组分的分离。该类过程的特点是所处理的物料和产品通常属于同一相态,仅有组成差别。速率分离过程分两大类:①膜分离,如超滤、反渗透、电渗析等;②场分离,如电泳等。

分离与纯化技术的核心是选择合适的分离剂。分离剂可以是能量的一种形式,也可以是某一种物质,如干燥过程的分离剂是热能,液 - 液萃取过程的分离剂是溶剂,离子交换过程则采用离子交换树脂作为分离剂。

对于不同混合物,采用的分离方法可能相同,也可能不同;对于同一混合物,也可采用多种分离方法进行分离;当分离要求发生变化时,所选用的分离剂也会发生变化。对于混合物的分离,有时用一种分离纯化技术就能完成,但大多数需要用多种分离纯化技术才能实现;另外,为达到技术上可行、经济上合理的目的,设计分离工艺时也需要将几种分离技术优化组合。因此,对某一混合物的分离工艺过程常常是多种多样的。

二、分离纯化方法选择的标准及其评价

(一) 分离纯化方法选择的标准

一种分离纯化方法的选择与确定除了要考虑分离对象的性质外,还有很多因素需要考虑,如分析和制备条件、现有的实验条件(如仪器和设备)及操作者的经验等,因此,选择分离纯化方法是一项综合性的工作。表 1-1 列出了医药研究和生产中常用的分离纯化方法,根据待分离纯化样品的特点、分析方法的要求,选择分离纯化方法的主要准则可分为六项,每一项准则分为 A、B 两类。其中前四项是与样品本身性质相关的,后两项是对分析方法的要求。X 表示该种分离纯化方法适用于 A、B 两类准则。

表 1-1　常用分离纯化方法的分类和六项选择准则

| 序号 | 准则 | | 分离纯化方法 | | | | | | | | | | | |
	A	B	LLE	D	GC	LSC	LLC	IEC	GPC	PC	E	DL	P	IC
第一项	亲水的	疏水的	X	B	B	B	B	A	X	X	A	A	A	X
第二项	离子的	非离子的	X	B	B	B	B	A	B	X	A	X	A	B
第三项	挥发的	非挥发的	B	A	A	B	B	B	B	B	B	B	B	X
第四项	简单的	复杂的	A	B	B	A	A	A	A	A	A	A	A	A
第五项	定量的	定性的	A	B	A	A	A	A	A	B	B	B	A	A
第六项	分析的	制备的	X	B	A	A	A	A	A	A	A	B	X	B

注:LLE(liquid-liquid extraction)为液 - 液萃取;D(distil)为蒸馏;GC(gas chromatography)为气相色谱;LSC(liquid-solid chromatography)为液 - 固色谱;LLC(liquid-liquid chromatography)为液 - 液色谱;IEC(ion exchange chromatography)为离子交换色谱;GPC(gel permeation chromatography)为凝胶渗透色谱;PC(plate chromatography)为平板色谱;E(electrophoresis)为电泳;DL(dialysis)为渗析;P(precipitation)为沉淀;IC(inclusion compound/complex)为包合物。

表 1-1 中第一项和第二项准则对应于亲水 / 疏水和离子 / 非离子,这两项性质是相互关联的。除少数分离纯化方法外(表中的 X 项),多数方法只适用其中一类,或者适合于离子型、亲水型分离对象,或者适用于非离子型、疏水型分离对象,不能同时适用于两者。第三项对应的是挥发性,蒸馏和气相色谱较适合。第四项对应的是简单的和复杂的,对于复杂的样品,目前只有色谱法能将其分离成各自单一的组分。

总之,对象的性质是选择分离纯化方法的重要依据,这些性质与组成分子的化学结构和物理化学性质有关,包括相对分子质量、分子体积与形状、偶极矩与极化率、分子电荷与化学反应性等。应针对分子的不同性质,提出不同的分离纯化方法。例如,渗析以及凝胶渗透色谱等分离纯化方法主要是由孔穴大小决定目标物的分离纯化,在选择方法时主要考虑分子的形状和大小等性质,适当考虑其化学性质。而离子交换色谱、电泳等方法中,分子电荷起主要作用。对蒸馏法来说,则主要考

虑分子间作用,与其偶极矩和极化率有关。

课 堂 活 动
讨论在药物分离纯化过程中如何选择合适的分离方法。

(二)分离纯化方法的评价

分离效率是评估分离纯化方法的重要参数,所选用分离纯化方法的效果如何,是否达到了分离的目的,可以用一些参数来评价,其中有回收率、分离因子、富集倍数、准确性和重现性等,这里介绍其中常用的两个重要参数。

1. 回收率(R) 回收率是评价分离纯化效果的一个重要指标,反映了被分离组分在分离纯化过程中损失的量,代表了分离纯化方法的准确性(可靠性),将回收率R定义为:

$$R = \frac{Q}{Q_0} \times 100\% \tag{式(1-1)}$$

式(1-1)中,Q_0、Q分别为分离富集前和富集后欲分离组分的量,R通常小于100%。

在分离和富集过程中,由于挥发、分解或分离不完全,器皿和有关设备的吸附作用以及其他人为的因素都会引起欲分离组分的损失。通常情况下对回收率的要求是:1% 以上常量分析的回收率应大于99%;痕量组分的分离应大于90% 或95%。

2. 分离因子 分离因子表示两种组分分离的程度,在 A、B 两种组分共存的情况下,A(目标分离组分)对 B(共存组分)的分离因子$S_{A,B}$定义为:

$$S_{A,B} = \frac{R_A}{R_B} = \frac{Q_A/Q_B}{Q_{0,A}/Q_{0,B}} \tag{式(1-2)}$$

分离因子的数值越大,分离效果越好。

通常在根据上述准则和实际经验选定了分离方法之后,需要进行的工作是考察影响分离的因素,通过实验设计进行反复试验优化分离过程的条件,这一过程需要以分离效果的指标(如回收率、分离因子等)衡量分离方法和分离条件的优劣,最后确定用于生产的分离方法和条件。

点滴积累

1. 分离纯化技术主要分两种,即机械分离和传质分离(又分为平衡分离和速率分离)。
2. 评价分离纯化方法的两个重要参数为回收率和分离因子。

第三节 药物分离与纯化技术的发展

随着药物生产反应生成的混合物成分越来越复杂,药物质量要求不断提高,人们环保和节能意识的进一步增强,药物分离与纯化技术被提出了越来越高的要求。这就促使传统的分离纯化技术逐步提高和完善,多种新型分离纯化技术得到开发和应用,各种分离纯化技术耦合和融合。

1. 传统分离纯化技术的提高和完善 传统的分离纯化技术研究得比较透彻,如固 - 液分离、萃取、干燥等分离纯化技术。随着新材料的开发、加工制造手段的提高,药物的分离纯化性能得到不断提高和完善,如成功研制的各种新型高效过滤设备和萃取设备,大大提高了产品收率和生产效率,色谱技术也正从分析检验逐渐发展成为工业分离技术,这主要是由于色谱柱的机械强度大幅度提高,高压输送装置不断完善,使色谱技术成功放大应用,为制药工业提供了分离效率高、使用方便、用途广泛的分离纯化技术。

2. 新型分离纯化技术的开发和应用 对于新型分离纯化技术的开发,多数是从生产实践中总结、发展而得出的。随着生物制药的发展,适用于分离提纯含量微小的生物活性物质的新型分离技术(如反胶束萃取、超临界流体萃取、双水相萃取)应运而生。目前,双水相萃取已用于分离酶、蛋白质等生物活性物质,也用于分离细胞器和菌体碎片等;超临界流体萃取在天然物质中有效成分的提取方面应用已实现工业化;反胶束萃取分离技术在溶菌酶、细胞色素 C 等药物的生产中已得到应用。此外,在利用外场强化技术改善浸出效率的探索中,超声波与微波协助浸取具有快速、高效等优点,在浸取单元操作中也受到重视。精馏是石油冶炼和化工过程中应用最广、成熟度最高的一种分离技术。近年来,分子蒸馏技术在精馏技术的基础上得到了发展。手性制药是国际医药行业的前沿领域,现代研究发现,手性药物在药物中占有很大的比例,研究对映异构体的拆分和检测近年来已经迅速发展为现代药学研究的重要领域。

3. 多种分离纯化技术的耦合和融合 目前各种技术的耦合,又开拓了药物分离与纯化技术新的发展方向,并赋予传统技术以广义的内涵。各种分离与纯化技术之间通过相互结合、相互交叉、相互渗透,可显示出良好的分离性能和发展前景;如吸附色谱、离子交换色谱把传统的吸附技术、离子交换技术与色谱分离的操作方法有机结合,使吸附技术和离子交换技术得到了跨越式的发展;如将亲和技术与其他分离技术结合,形成亲和过滤、亲和膜分离等新型分离技术;这些融合的分离纯化技术具有较高的选择性和分离效率,是药物分离与纯化技术发展的主要方向。

随着科学不断发展、技术不断进步,药物分离与纯化技术也必将得到迅速发展。不论是新型分离方法的开发,还是传统分离方法的耦合与发展,都会遇到新问题和新要求,它将不断推动分离与纯化机制的研究,促进材料制造技术的提高,从而使药物分离与纯化技术有更广阔的发展空间。

点滴积累

随着药物质量要求的不断提高,传统分离纯化技术在逐步提高和完善,多种新型分离纯化技术得以开发和应用,同时,各种分离纯化技术的耦合和融合也开拓了新的发展方向。

习题

思维导图

目标检测

一、简答题

1. 为什么说在药物生产过程中药物分离与纯化技术很关键?

2. 机械分离和传质分离有何差别?

3. 评价分离效率的因素有哪些?回收率和分离因子各评价什么?

二、实例分析

　　某制药企业准备用发酵工艺生产一种氨基酸类药物,请你结合所学知识,为此制药企业设计生产工艺。

(杜建红)

第二章 固-液分离技术

ER 2-1

第二章 固-
液分离技术
（课件）

学习目标

1. **掌握** 离心技术、过滤、助滤剂等概念。
2. **熟悉** 离心技术的基本原理和方法；过滤技术的基本原理、方法和主要影响因素。
3. **了解** 离心技术和过滤技术常用的设备。

导学情景

情景描述：

　　丽丽放学回家，闻到家里一股中药味，原来是妈妈生病了，正在用砂锅熬中药。丽丽看到妈妈趁热把熬好的中药从砂锅中倒出时，用滤网把药渣过滤了。

学前导语：

　　滤网把熬好的中药汤和中药渣进行了很好的固-液分离。像纱布、滤网这些都是日常生活中可以经常看到的固-液分离用品。在制药过程中，常会产生大量悬浮液，必须进行固-液分离操作。本章将带领同学们学习固-液分离技术的基本知识和基本操作，熟悉其原理和应用。

　　固-液分离是把非均相体系中的固体和液体分开的单元操作。在制药生产中，常会产生大量悬浮液，为了回收有用的物料，必须进行固-液分离操作，如从母液中分离固体成品或半成品，或从反应液中取得结晶产品。固-液分离主要包括过滤和离心两类操作单元技术，通过这两个过程可以得到清液和固态物质。

　　固-液分离是制药工业生产上经常使用的单元操作。在原料药、制剂乃至辅料的生产中，固-液分离技术的效能将直接影响产品的质量、收率、成本及劳动生产率，甚至还关系到生产安全与企业的环境保护。

第一节　离心技术

　　离心技术是一种以离心力为基础的分离过程，是指在离心力的作用下将混合物的不同组分分离出来的操作。由于其具有较强的离心力（离心力远远大于重力，重力忽略不计），可用来分离悬浮液或乳浊液。

　　离心技术具有分离速度快、效率高、液相澄清度好、可连续化操作等优点，被广泛应用于食品、药品生产中,特别适用于固体颗粒很小、液体黏度高、过滤速度慢、忌用助滤剂或助滤剂无效的悬浮液的分离等。但是离心技术也存在缺点,如设备投资和维护费用高、耗能大、固相干燥程度不如过滤操作等。

一、基本原理

在一个旋转的筒形容器中,由一种或多种颗粒悬浮在连续相组成的系统中,所有的颗粒都受到离心力的作用。离心力是物体旋转时,与向心力大小相等而方向相反的力,即物体运动方向改变时的惯性力。离心分离设备是利用分离筒的高速旋转,使物料中具有不同比重的分散介质、分散相或其他杂质在离心力场中获得不同的离心力从而使沉降速度不同,达到分离的目的。密度大于液体的固体颗粒沿半径向旋转的器壁迁移,称为沉降;密度小于液体的颗粒则沿半径向旋转的轴迁移直至达到气液界面,称为浮选;如果器壁是开孔的或者可渗透的,则液体可穿过沉积固体颗粒的器壁。

1. 沉降速度   悬浮液中固体颗粒沉降时,最初为加速运动,经过若干时间后,当固体颗粒与介质间的摩擦阻力等于颗粒本身的重力或离心力时,就变为等速运动。颗粒以某一固定的速度下降,这个速度为固体颗粒的沉降速度,包括重力沉降速度和离心沉降速度。

对于光滑的球形微粒,其离心力沉降速度为:

$$u_r = \sqrt{\frac{4d_s(\rho_s - \rho)\omega^2 r}{3\zeta\rho}} \qquad 式(2\text{-}1)$$

式中,u_r 为离心沉降速度,m/s;d_s 为颗粒直径,m;ρ_s 为颗粒密度,kg/m³;ρ 为液相介质密度,kg/m³;ζ 为沉降阻力系数;ω 为颗粒在离心力场中的角速度,rad/s;r 为颗粒相对转轴中心的径向位置,m。

须特别注意的是,在离心设备中由于离心力线互不平行,各个颗粒所受离心力作用的方向也不同。同时惯性离心力随颗粒的旋转半径而变化,致使离心沉降速度也随颗粒的位置而变,所以颗粒的离心沉降速度本身就不是一个恒定的数值,但重力沉降速度不变。

2. 离心分离因数   同一颗粒在相同介质中所受的离心力与其重力的比值,即离心加速度与重力加速度的比值,称为离心分离因数(K_C):

$$K_C = \frac{r\omega^2}{g} = 1.12 \times 10^{-3} rn^2 \qquad 式(2\text{-}2)$$

式中,n 为转鼓转速,r/min;ω 为颗粒在离心力场中的角速度,rad/s;r 为颗粒相对转轴中心的径向位置,m;g 为重力加速度。

离心分离因数是设备的重要性能参数,离心分离因数越大,则设备的分离性能越好。从式(2-2)中可以看出,同一颗粒在同种介质中离心速度要比重力速度大 $r\omega^2$ 倍,重力加速度 g 是一定的,而离心力随切向速度发生改变,若角速度为一常数,增加 r 可改变该比值,从而使沉降速度增加。因此,影响离心的主要因素是离心力的大小,离心力越大则分离效果越好。

离心分离因数 K_C 的确定

离心分离因数是衡量离心分离机性能的主要指标。K_C 值与转鼓转速 n 的平方成正比,与离心机转鼓的半径也相关,其极限取决于转鼓的机械强度,因此,一般超高速离心机的结构特点都是高转速、小直径,从而减小转鼓壁上的应力。

虽然 K_C 越大,离心分离的推动力就越大,离心机的分离性能越好,但对具有可压缩滤渣的悬浮液,离心力过大会使得固相过于坚硬而堵塞螺旋,影响离心机的运转。在企业实际操作中,对料液的特性、转鼓的直径及材质、离心时间等各个方面周全考虑后方可调整。这就要求企业一切从实际出发,具体问题具体分析,抓关键的同时联系实际,培养良好的辩证思维能力。

二、常用的离心方法

(一) 根据分离方式分类

根据分离方式可将离心分为离心沉降和离心过滤两类。

1. 离心沉降　是利用固、液两相的相对密度差,在离心机无孔转鼓或管子中进行悬浮液的分离操作。此法可用于液 - 固、液 - 液物料的分离。

在离心沉降分离过程中影响物质颗粒沉降的因素主要有以下几个方面。

(1)固相颗粒与液相密度差:离心分离中,液相因分离与纯化需要不断增减某些物质,使固相颗粒与液相密度差发生变化。例如,盐析时盐浓度的变化或密度梯度离心时梯度液密度的变化等。

(2)固体颗粒的形状和浓度:相对分子质量相同、形状不同的固相颗粒在相同离心力的作用下,可有不同的沉降速率。一般情况下,相对分子质量相同的球形分子比纤维状分子沉降速率大。料液浓度增加到一定程度,物质颗粒的沉降还会出现浓度阻滞现象(即拖尾现象),导致其沉降速率减小,分离效果下降。

(3)液相黏度与离心分离工作的温度:液相黏度是沉降过程中产生摩擦阻力的主要原因,其变化既受液相中溶质性质及含量的影响,也受环境温度的影响。物质含量对液体黏度的影响程度随物质浓度的增加而递增。温度可对水的黏度产生很大的影响,如 0℃水的黏度约为 20℃水的 1.8 倍,5℃水的黏度约为 20℃水的 1.5 倍。

(4)液相影响固相沉降的其他因素:固相物质离心分离受液相化学环境因素影响很大,其中主要包括 pH、盐的种类及浓度、有机化合物的种类及浓度等。

2. 离心过滤　离心机的转鼓为多孔圆筒,转鼓内表面铺有滤布,操作时料液由圆筒口连续进入筒内,在离心力的作用下,清液穿过过滤介质,经转鼓上的小孔流出,固体吸附在滤布上形成滤饼,之后的液体要依次流经饼层、滤布,再经小孔排出,滤饼层随过滤时间的延长而逐渐加厚,至一定厚度后停止离心,进行卸料处理后再转入离心操作,从而实现固 - 液分离。

(二)根据离心原理分类

根据离心原理可将离心方法分为沉降速率离心法和沉降平衡离心法两类。

1. 沉降速率离心法 此方法是根据粒子大小、形状不同进行分离,包括差速离心法和速率区带离心法。

(1)差速离心法:也称分步离心法,是指分步改变离心转速或高速与低速离心交替进行,选用大小不同的离心力使具有不同质量、不同沉降系数的微小颗粒(粒子或大分子)从混合的悬浮液中分批沉降而进行分离的方法。该方法适用于在悬浮液中的样品颗粒之间质量存在较大差别的分离。颗粒质量或沉降系数值的差别越大,分离的效果越好。这种离心方法是通过得到沉淀或得到除去大的颗粒后的上清液来进行分离,如图 2-1 所示。该方法的优点是操作简单、分离时间短、重复性高、处理量大。缺点是分辨率有限、分离效果差,沉降系数在同一个数量级内的各种粒子不容易分开,不能一次得到纯颗粒;该方法壁效应严重,若颗粒很大或浓度很高时,在离心管一侧会出现沉淀,颗粒被挤压,离心力过大、离心时间过长会使颗粒变形、聚集而失活。

(2)速率区带离心法:是在离心前于离心管内先装入密度梯度介质(如蔗糖、甘油、溴化钾、氯化铯等),将待分离的样品铺在梯度液的顶部,同梯度液一起离心。由于分离的粒子在梯度液中沉降速度的不同,离心可使具有不同沉降速度的粒子处于不同的密度梯度层内,形成几条分开的样品区带,达到彼此分离的目的,如图 2-2 所示。该法适用于分离密度相近但大小不等的颗粒,而且在操作时应严格控制离心时间和转速,既要有足够的时间使各粒子在介质梯度中形成区带,又要控制沉降最快的颗粒在到达管底前停止离心。

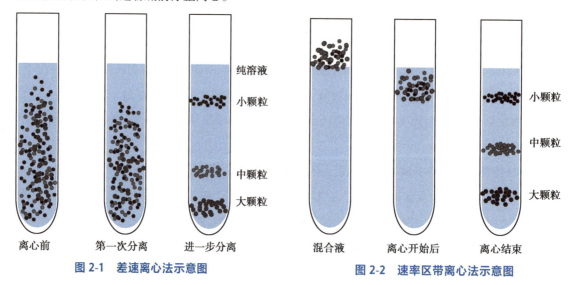

图 2-1　差速离心法示意图　　　图 2-2　速率区带离心法示意图

2. 沉降平衡离心法 此方法是根据粒子密度差进行分离,包括等密度区带离心法和经典式沉降平衡离心法。

(1)等密度区带离心法:是在离心前预先配制介质的密度梯度液,此种密度梯度液包含了被分离样品中所有粒子的密度,将待分离的样品铺在梯度液顶上和梯度液先混合,离心开始后,当梯度液由于离心力的作用逐渐形成管底浓度高而管顶浓度低的密度梯度时,原来分布均匀的粒子也会重新分布。当管中介质的密度大于粒子的密度时,粒子上浮;相反,则粒子沉降。最后粒子进入一个与它本身的密度相等的位置,此时粒子不再移动,粒子形成纯组分的区带,如图2-3所示。密度梯度离心形成的区带与样品粒子的密度有关,而与粒子的大小和其他参数无关,只要转速、温度不变,延长离心时间也不能改变这些粒子的成带位置。此法一般适用于大小相近而密度差异较大的物质的分离。

(2)经典式沉降平衡离心法:也称为分析离心法,是为了研究生物大分子的沉降特性和结构,而不是为了收集某一特定组分。使用特殊的转子和检测手段,连续监测观察物质在离心场中的沉降过程。该法主要用于测定生物大分子相对分子质量和纯度以及分析生物大分子的构象变化等。

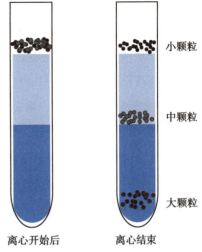

小颗粒

中颗粒

大颗粒

离心开始后　　　离心结束

图 2-3　等密度区带离心法示意图

三、离心设备及操作

离心设备根据作用目的不同分为离心沉降设备和离心过滤设备;根据结构不同可分为三足式离心机、螺旋卸料式离心机、卧式刮刀卸料离心机、管式高速离心机、碟片式高速离心机等。

1. 三足式离心机　三足式离心机是制药企业应用较普遍的离心设备,根据转鼓结构不同可分为沉降式和过滤式两种类型,如图2-4所示,属于间歇式离心机。其卸料方式有人工上部卸料和刮刀下部卸料之分,主要由底盘、主轴、机壳及转鼓等部件组成。整个底盘悬挂在三个支柱的球面支撑上,可沿水平方向自由摆动,有利于减缓由于物料分布不均所引起的振动。主轴短而粗,鼓底呈内凹形,使转筒质心靠近上轴承,这样可使整机高度降低,而且使转轴系统的临界转速远高于离心机的工作转速,减小了振动。另外,支撑摆杆的挠性较大,使得整个悬吊系统的固有频率远远低于离心机的工作频率,提高了减振效果。为使机器运转平稳,物料加入时应均匀分布,一般情况下,在离心机启动后再逐渐将悬浮液加入转鼓;分离膏状物料或成件物品时,应在离心机启动前均匀放入转筒内。

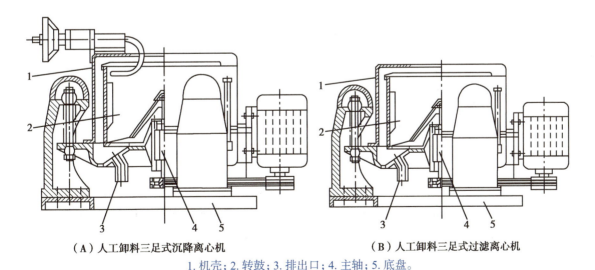

（A）人工卸料三足式沉降离心机　　　　　（B）人工卸料三足式过滤离心机

1. 机壳; 2. 转鼓; 3. 排出口; 4. 主轴; 5. 底盘。

图 2-4　三足式离心机

三足式离心机的优点是结构简单,操作平稳,适应性强,过滤推动力大,滤渣可洗涤,滤渣含液量低,滤渣颗粒不易受损伤,适用于过滤周期长、处理量不大但要求滤渣含液量低的过滤分离;缺点是转鼓内径大,分离因数较低(300~1 500),对微细混悬颗粒分离不够完全,必要时可配合高离心因数离心机使用。由于三足式离心机运转是间歇式操作,为避免频繁卸料、清洗,处理的物料一般含固量都不高(3%~5%),一般只适宜处理较易分离的物料。

2. 螺旋卸料式离心机 螺旋卸料式离心机是在全速下同时连续完成进料、分离、排液、排渣的离心机,属于连续式离心机。根据转鼓的位置布置和支撑方式不同可分为卧式和立式两种,如图 2-5 所示;根据转鼓结构和分离机制不同可分为过滤式和沉降式。螺旋卸料式离心机主要由转鼓、螺旋输料器、主轴、机壳、机座等部件构成。操作时被分离的物料从中心进料管经螺旋输料器内筒的加料室进入转鼓内,在离心力的作用下固相颗粒沉降到鼓壁内表面,由螺旋输料器向下推至转鼓小端的排渣口排出,液相则沿螺旋通道向上流动,澄清液由分离液出口排出。通过调节转鼓的转速、转鼓与螺旋的转速差、进料量、溢流孔径尺寸等参数,可以改变分离液的含固量和沉渣的含湿量。具有分离效果好、适应性强、结构紧凑、分离因数较高、应用范围广等优点。但固相沉渣的含湿量一般比过滤离心机高(大致接近于真空过滤机),洗涤效果不好,结构较复杂,价格较高。

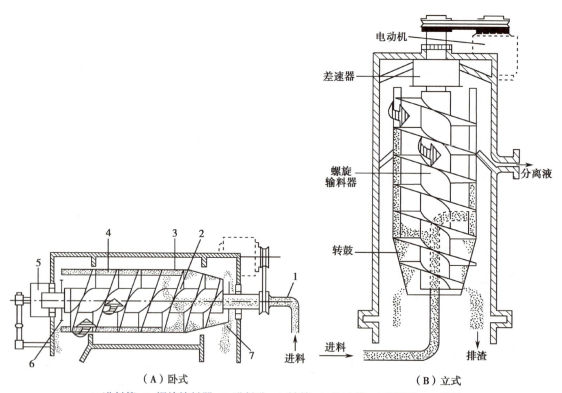

（A）卧式　　　　　　　　　　（B）立式

1.进料管；2.螺旋输料器；3.进料孔；4.转鼓；5.差速器；6.溢流孔；7.排渣。

图 2-5　螺旋卸料式离心机

3. 卧式刮刀卸料离心机　卧式刮刀卸料离心机能在转鼓全速运转下,自动依次进行进料、分离、滤饼洗涤、甩干、卸料、洗网等工序的循环操作,其结构如图 2-6 所示。操作时,物料经进料管进入转鼓,滤液经滤网和转鼓壁上的小孔甩出转鼓外,截留在滤网上的滤饼在洗涤和甩干后,由刮刀卸下,沿排料槽卸出,在下次加料前需清洗筛网以使其再生。此类离心机操作简单,生产能力大,适用于大规模物料的连续分离。但需要注意的是刮刀卸料易导致固体颗粒破损严重,对必须保持晶粒完整度的物料不宜采用。

4. 管式高速离心机　管式高速离心机是一种能产生高强度离心力场的离心机,用于分离乳浊液及含微细颗粒的稀悬浮液。为减小转鼓所受的应力,其内径设计较小,通常为 75~150mm,因而在一定的进料量下,料液沿转鼓轴向运动的速度较大。为保证物料在转鼓内有足够的沉降时间,转鼓长度设计较长,约为 1 500mm。在高转速(8 000~50 000r/min)下可产生高强度的离心力场,分离因数可达 15 000~60 000。

如图 2-7 所示,料浆(悬浮液或乳浊液)由底部进料管送入转鼓,鼓内有径向安装的挡板,以便带动液体迅速旋转。料液自下而上流动的过程中将轻、重液分成同心环状液层,分别由轻、重液出口排出。如处理的是悬浮液,则只用一个液相出口,而固体颗粒沉降在转鼓壁上,操作一周期后停车取出沉渣。这种离心机的运转可靠,结构简单,能分离普通离心机难以处理的物料,如乳浊液的分离,但与其他高速离心机相比,其容量小、效率低,故不宜处理固相含量高的悬浮液。

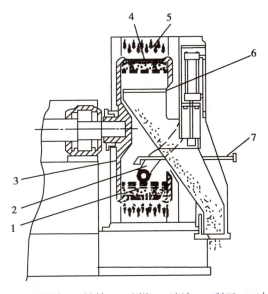

1.滤网；2.进料管；3.转鼓；4.滤饼；5.滤液；6.刮刀；7.冲洗管。

图 2-6　卧式刮刀卸料离心机

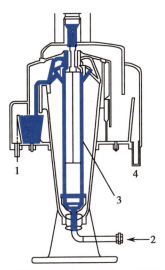

1.重液；2.料浆；3.转鼓；4.轻液。

图 2-7　管式高速离心机

5. 碟片式高速离心机　碟片式高速离心机的转鼓内装有许多倒锥形金属碟片(几十片至上百片)。各碟片在几个相同位置上都开有小孔,碟片相互重叠可形成若干通道,如图 2-8 所示。转鼓的转速一般为 4 700~8 500r/min,分离因数可达 4 000~10 000。工业上可用来分离乳浊液,也可以用来澄清液体。用于分离操作时,碟片上带有小孔,料液通过小孔分配到各碟片通道之间。在离心力作用下,重液(及夹带的少量固体杂质)逐步沉于每一碟片的下方并向转鼓外缘移动,经汇集后由重液出口连续排出,轻液则流向轴心由轻液出口排出。用于澄清操作时,碟片上不开孔,料液从转动碟片的四周进入碟片间的通道并向轴心流动。同时,固体颗粒则逐渐向每一碟片的内侧沉降,并在离心力作用下向碟片外缘移动,沉积于转鼓周边。重液出口用垫圈堵住,澄清液体由轻液出口排出,沉积在转鼓内壁的沉渣可停机卸出。此类离心机由于沉降距离小,沉降面积较大,故分离效果较好,适合净化带有少量微细颗粒的黏性液体(涂料、油脂等),或润滑油中少量水分的脱除等。但结构复杂,不易用耐腐蚀材料制造,不适用于分离腐蚀性的液体。

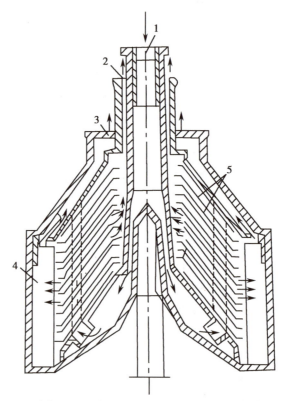

1.悬浮液入口;2.轻液;3.重液;4.隔板;5.倒锥体盘。

图 2-8　碟片式高速离心机

点滴积累

1. 离心分离原理是在离心力的作用下将混合物的不同组分分离出来的操作。
2. 常用离心方法根据分离方式分类可分为离心沉降和离心过滤两类,根据离心原理分类可分为沉降速率离心法和沉降平衡离心法两类。
3. 常用的离心分离设备有三足式离心机、螺旋卸料式离心机、卧式刮刀卸料离心机、管式高速离心机、碟片式高速离心机等。

第二节　过滤技术

过滤是以某种多孔物质为介质,在外力作用下,使悬浮液中的液体通过介质的孔道,而固体颗粒被截留在介质上,从而实现固 - 液分离的操作。在过滤操作中,通常称原有的悬浮液为滤浆,滤浆中的固体颗粒为滤渣,称多孔介质为过滤介质,积聚在介质上的沉淀层为滤饼,其通过滤饼层及介质的澄清液为滤液。

过滤操作是分离悬浮液中固体颗粒行之有效的方法,在制药生产中有广泛的应用。例如,在抗生素生产中,从发酵液中分离出固体;原料药生产中结晶产品的分离。在工业规模的过滤操作中,为了使液体通过过滤介质和滤饼层有较高速率,常需要增大过滤介质两侧压差或增加过滤面积。工业上用真空泵使介质一侧的压强低于大气压以提高压力差,称为真空过滤;另一种方法是在悬浮液一侧加压,同样也能增大压力差,借以提高过滤速率,称为加压过滤;也有将两者结合起来操作,称为真空加压过滤;利用液体在旋转时产生离心力作为过滤推动力,称为离心过滤。

一、基本原理

1. 过滤推动力与阻力　过滤是以某种多孔物质作为介质来处理悬浮液的单元操作。在外力的作用下,悬浮液中的液体通过介质的孔道而固体颗粒被截留下来,从而实现固 - 液分离。促使液体通过过滤介质的外力称为过滤推动力,它可以分为重力、离心力和压力差(真空或加压)。过滤设备中常采用离心力和压力差作为过滤操作的推动力。过滤阻力是指在过滤过程中,滤液流过滤介质和滤饼层(固体颗粒层)的阻力之和。在液体过滤的初始阶段,液体主要流过过滤介质,这时的过滤阻力是由过滤介质造成的,随滤饼层的逐渐形成,滤液还需克服滤饼本身的阻力,此时的过滤层包括滤饼与过滤介质。

2. 过滤方式　工业上的过滤操作主要分为饼层过滤和深层过滤。

(1)饼层过滤:如图 2-9 所示,过滤时滤浆置于过滤介质的一侧,固体颗粒在介质表面堆积、架桥而形成滤饼层。滤饼层是有效过滤层,随着操作的进行其厚度逐渐增加。由于滤饼层截留的固体颗粒粒径小于介质孔径,因此滤饼层形成前得到的初滤液是混浊的,待滤饼形成后应返回滤浆槽重新过滤,滤饼层形成后收集的续滤液为符合要求的澄清滤液。饼层过滤适用于处理固体含量较高的混悬液。

(2)深层过滤:如图 2-10 所示,过滤介质是较厚的粒状介质的床层,过滤介质的网孔数目大于固体颗粒的直径,固体颗粒进入过滤介质孔道后被介质表面所吸附,颗粒间由于惯性碰撞、重力、扩散等作用而迅速发生"桥架现象",而被截留在滤材内部深层,从而达到分离的作用。深层过滤适用于生产量大而悬浮颗粒粒径小或是黏软的絮状物。自来水厂饮用水的过滤净化、中药房生产中药液的澄清过滤等均采用这种过滤方式。

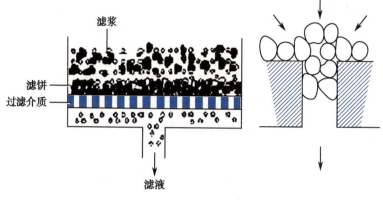

图 2-9　饼层过滤示意图

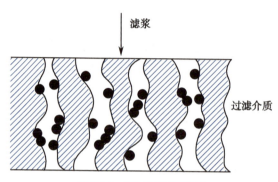

图 2-10　深层过滤示意图

除以上两种过滤方式外,还有以压力差为推动力、用人工合成的多孔膜作为过滤介质的膜过滤,它可分离<1μm 的细小颗粒。膜过滤有不同的操作机制,详见第六章。

3. 过滤介质　过滤过程所用的多孔性介质称为过滤介质,过滤介质应具有多孔性、孔径大小适宜、耐腐蚀、耐热,且机械强度足够等特性。工业常用的过滤介质主要有织物介质、粒状介质、多孔固体介质和微孔滤膜等。

(1)织物介质:是饼层过滤采用的主要滤材,包括由棉、麻、丝、毛、合成纤维织成的滤布、滤纸、滤棉饼,以及由玻璃丝、金属丝编织的滤网。一般可截留粒径>5μm 的固体微粒。

(2)粒状介质:以由砂、木炭等堆积成较厚的床层作为过滤介质,常用的有活性炭粒状介质床层,适用于深层过滤,如制药用水的预处理。

(3)多孔固体介质:是由陶瓷、玻璃、金属、高分子材料等烧结制成的多孔固体过滤介质。可根据需要制成管状或板状,适用于含黏软性絮状悬浮颗粒或腐蚀性混悬液的过滤,一般可截留粒径为 1~3μm 的微细粒子。

(4)微孔滤膜:广泛使用的是由高分子材料制成的薄膜状多孔介质,适用于精滤,可截留粒径>0.01μm 的微粒,尤其适用于滤除粒径为 0.02~10μm 的混悬微粒。微孔滤膜具有孔径均匀,孔隙率高,过滤阻力小,过滤时无介质脱落,没有杂质溶出,滤液质量高等优点;但膜孔易堵塞,料液需先

> **课 堂 活 动**
> 举例说出生活和实训中用过哪些过滤介质,分析该类过滤介质的特点和适用范围。

经预过滤处理。

4. 滤饼的压缩性和助滤剂 滤饼是由被截留下来的颗粒堆积而成的固定床层,随着过滤操作的进行,滤饼的厚度与流动阻力都逐渐增加。根据滤饼随操作压差的增大是否变形,将滤饼分为可压缩滤饼和不可压缩滤饼。助滤剂是可形成多孔饼层的刚性颗粒,可使滤液通过滤饼时保持较好的渗透性以及较小的流动阻力。

(1)滤饼的压缩性:若构成滤饼的颗粒是不易变形的坚硬固体颗粒,则当滤饼两侧压力差增大时,颗粒形状和颗粒间空隙不发生明显变化,这类滤饼称为不可压缩滤饼;有的悬浮颗粒比较软,所形成的滤饼受压容易变形,当滤饼两侧压力差增大时,颗粒的形状和颗粒间的空隙有明显改变,这类滤饼称为可压缩滤饼。滤饼的压缩性对过滤效率及滤材的可使用时间影响很大,是设计过滤工艺和选择过滤介质的依据。

(2)助滤剂:为了减小可压缩滤饼的过滤阻力,常加入助滤剂改变滤饼结构,以提高滤饼的刚性和孔隙率。助滤剂是有一定刚性的粒状或纤维状固体,常用的有硅藻土、活性炭、纤维粉、珍珠岩粉等。助滤剂应具有化学稳定性,不与悬浮液发生化学反应,不溶于液相中,在过滤操作的压力差范围内具有不可压缩的性质。

助滤剂的使用方法通常有以下三种。①混合法:过滤时把助滤剂按一定比例直接分散在待过滤的悬浮液中,过滤时助滤剂在滤饼中形成支撑骨架,可大大减小滤饼的压缩程度,减小可压缩饼的滤过阻力。②预涂法:助滤剂单独配成悬浮液先行过滤,在过滤介质表面形成助滤剂预涂层,然后再过滤滤浆。助滤剂预涂层能承受一定压力而不变形,既可防止过滤介质因堵塞而增加阻力,又可延长过滤介质的使用寿命。③生成法:在反应过程中,产生大量的无机盐沉淀物,使滤饼变得疏松,从而起到助滤的作用,如新生霉素发酵液中加入氯化钙($CaCl_2$)和磷酸氢二钠(Na_2HPO_4)生成磷酸氢钙($CaHPO_4$)沉淀,可起到助滤作用。

实际生产中,助滤剂的添加量应该根据实验来确定。由于助滤剂混在滤饼中不易分离,所以当滤饼是产品时一般不使用助滤剂。

二、影响过滤速率的因素

1. 过滤工艺过程 一般过滤操作包括悬浮液的预处理、过滤、滤饼的洗涤、卸渣等操作。先进行过滤,待过滤结束,由于滤渣中会残存一定量的液体,需要用另一种液体进行洗涤,洗涤完毕,最后卸下滤渣。有的过滤操作还有滤渣干燥这一步骤,即进一步减少滤渣中液体的含量。

2. 影响过滤速率的主要因素

(1)滤浆的性质:滤浆的黏度、固体颗粒的大小及滤饼的压缩性均影响过滤速率。提高滤浆的温度可以降低液体的黏度,减少过滤阻力,从而提高生产能力。对于结晶过程,适当提高温度还可降低过饱和度,有利于获得粗大的结晶,从而亦可提高过滤速率。当然温度也不能太高,最适宜的温度须由工艺条件决定。

滤浆中固体粒子的大小以及滤饼的压缩性,也直接影响到过滤速率。对颗粒大、压缩性小的固体粒子,则所形成的滤饼阻力小,过滤速率快。颗粒细、压缩性大的固体粒子,易将滤布孔道堵塞,使过滤阻力增加,过滤速率必然变慢。

(2)滤饼厚度:滤饼厚度越大,则阻力越大,过滤速率越慢。厚度达到一定程度会使过滤终止。

(3)过滤操作压强:操作压强越大,过滤推动力就越大。对一定厚度的滤饼来说,推动力越大,过滤速率就越快。但对于可压缩性滤饼,推动力增加,滤饼被压缩,内部结构发生变化,引起滤饼阻力增大,当滤饼阻力增加的影响大于推动力增大的影响时,过滤速率就会变慢。

(4)过滤机转速:对连续式过滤机来说,转速越高,则滤饼厚度越薄;在同一真空度下,滤饼越薄,则过滤阻力越小,过滤时间越短,过滤速率越快。但转速过快会影响滤饼的洗涤效果,使滤饼严重带液,在工艺上一般不采取。故必须要有适宜的转速和适宜的滤饼厚度。连续式过滤机出厂时均备有多档转速,供生产上选用。

(5)过滤介质:过滤介质是影响过滤速率的因素之一,合理地选用过滤介质,不仅可保证在较快的过滤速率下达到生产上所要求的滤液澄清度,还可减少固体粒子的跑料损耗,同时过滤介质本身也可得到较好的再生效果,延长其使用寿命。

你问我答

问题:某微细晶体药品的结晶过程可选用两种溶剂,当获得同样质量和数量的微细晶体时,一种溶剂用量是另一种溶剂用量的 3 倍,请选择可采用的固 - 液分离方法,并说出理由。

答案:对于获得同样质量和数量的微细晶体的结晶过程,当溶剂用量少时,结晶液中固体含量多,可直接采用过滤的方法进行分离;当溶剂用量多时,结晶液中固体含量少,若直接过滤,滤液量很大,能耗高,因此采用先沉降、再过滤的方法进行分离,可节约生产成本。另外,由于是微细晶体,过滤时流体阻力较大,为提高生产效率,常采用真空过滤的方法进行晶体分离。在药品生产过程中,对待事物要理论联系实际,从多角度分析问题并解决问题,同时强化节能降耗工程意识。

三、过滤设备及操作

过滤悬浮液的设备称为过滤机。按照操作方式可分为间歇式过滤机与连续式过滤机。若过滤的几个阶段(如进料、过滤、洗涤、卸饼等)能同时连续进行,则为连续式,否则为间歇式;根据压力差的不同可分为压滤、真空和离心过滤机。离心过滤机的介绍见本章第一节。

1. **压滤过滤机** 在滤室内施加高于常压的操作压力的过滤机称为压滤过滤机,简称压滤机。压滤机的操作压力一般为 0.3~0.8MPa,个别可达 3.5MPa,适用于固 - 液密度差较小而难以离心分离的悬浮液;或固体含量高和要求得到澄清滤液的分离过程;或要求固相回收率高、滤饼含湿量低的分离过程。

(1)板框压滤机:属于间歇式过滤机。由若干块滤板和滤框间隔排列,靠滤板和滤框两侧的支耳架在机架的横梁上,用一端的压紧装置压紧组装而成,如图 2-11 所示,板框压滤机的滤板和滤框是主要工作部件,滤板和滤框一般制成正方形。滤板和滤框的角端均开有圆孔,装合、压紧后即构成供滤浆、滤液和洗涤液流动的通道。滤框两侧覆以滤布,空框和滤布围成了容纳滤浆及滤饼的空间。滤板又分为洗涤板和过滤板两种,为便于区别,常在滤板、滤框外侧铸有小钮或其他标志。压紧装置的驱动可用手动、电动或液压传动等方式。

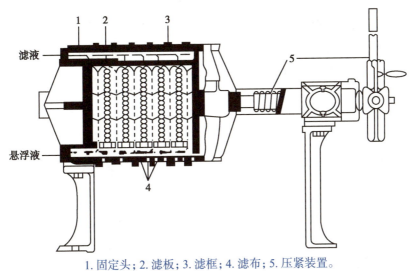

1. 固定头; 2. 滤板; 3. 滤框; 4. 滤布; 5. 压紧装置。

图 2-11　板框压滤机

板框压滤机每个操作周期由装配、压紧、过滤、洗涤、拆开、卸料、处理等操作组成,板框装合完毕,开始过滤。过滤时,悬浮液在指定的压力下经滤浆通道由滤框角端的暗孔进入框内,滤液分别穿过两侧滤布,再经邻板板面流到滤液出口排走,固体则被截留于框内,待滤饼充满滤框后,即停止过滤。

若滤饼需要洗涤,可将洗水压入洗水通道,经洗涤板角端的暗孔进入板面与滤布之间。此时,应关闭洗涤板下部的滤液出口,洗水便在压力差推动下穿过一层滤布及整个厚度的滤饼,然后再横穿另一层滤布,最后由过滤板下部的滤液出口排出,这种操作方式称为横穿洗涤法,其作用在于提高洗涤效果。洗涤结束后,旋开压紧装置并将板框拉开,卸出滤饼,清洗滤布,重新组合,进入下一个操作循环。

板框压滤机的优点是构造简单、制造方便、价格低、过滤面积大,并可根据需要增减滤板以调节过滤能力;其推动力大,对物料的适应能力强,对颗粒细小而液体量较大的滤浆也能适用。缺点是间歇式操作,生产效率低,卸渣、清洗和组装需要时间与人力,劳动强度大,滤布损耗较快,滤框容积有限,不适合过滤固 - 液体积比大的悬浮液,只适用于小规模生产。

近年出现的各种自动操作的板框压滤机,可使劳动强度得到减轻。制药生产使用的板框压滤机由不锈钢材料制造,板框的个数由几个到几十个,可随生产量需要灵活组装。

(2)加压叶滤机:由一些矩形或圆形的滤叶所组成。滤叶是由金属丝网组成的框架及其表面覆盖的滤布构成,多块平行排列的滤叶装成一体并插入盛有悬浮液的滤槽中。滤槽可以是封闭的,以便加压过滤,如图 2-12 所示。过滤时,滤液穿过滤布至出口管排出,滤渣则被截留于滤布上。当过滤速度减至一定值时停止过滤,将滤叶自筒内拖出,除去滤饼并以清水洗净,然后将滤叶推入筒内进行下一次循环。如果滤饼需要洗涤,则可在过滤结束以后、滤叶拉出之前泵入洗涤液,洗涤液所经路径与过滤时相同。加压叶滤机主要用于悬浮液中固体含量较少(≤1%),需要液相而废弃固相的情况,如用于制药的分离过程等。与其他形式的加压过滤机相比,加压叶滤机具有以下特点:①滤叶等部件均采用不锈钢制造,在药品、啤酒、饮料等对机械设备卫生条件要求较高的生产过程中应用广泛;②槽体容易实现保温或加热,可用于过滤操作要求在较高温度下进行的场合;③密封性较好,操作比较安全,适用于易挥发液体的过滤;④滤布的损耗量低,对于要求滤液澄清度高的过滤,一般采用预敷层过滤,这是加压叶滤机常用的一种工艺。

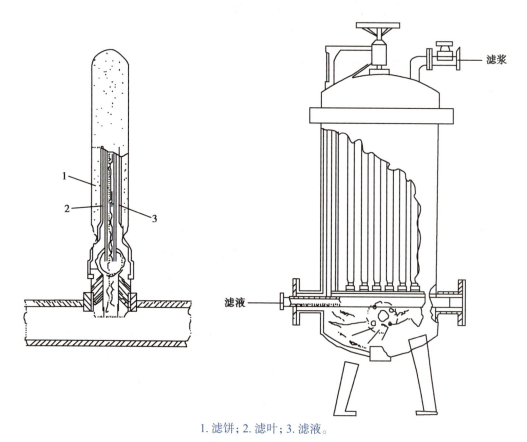

1. 滤饼;2. 滤叶;3. 滤液。

图 2-12　加压叶滤机

2. 真空过滤机　真空过滤机是用抽真空的方法抽取滤室内的气体,使滤室与大气之间产生压差,迫使滤液穿过过滤介质,固体颗粒被过滤介质截留,以达到固 - 液分离的目的。真空过滤机制和加压过滤机制基本相同,不同的是真空过滤机由于滤室内过滤介质的一侧压力低于大气压,推动力较小。

(1)真空抽滤器:如图 2-13 所示的抽滤器也称吸滤缸,是真空操作下最简单的过滤设备。通常为陶质制品、搪瓷制品或不锈钢制品。缸体是圆筒形,上部敞口,中部有一块过滤隔板,下部为滤液室,装有真空接口和放滤液口,在隔板上铺滤布,悬浮液从上部敞口放入,在真空抽滤下滤液通过滤布和过滤隔板的孔眼,进入滤液室,滤渣留在滤布上。过滤后滤渣可以洗涤,滤渣滤干后从敞口取出。此类过滤机优点是结构简单、使用可靠、价格低廉、耐腐蚀、滤渣可以洗涤;缺点是过滤面积小、速度慢、人工间歇操作、滤渣中含液量也较多。适用于悬浮液中含固相量较少的场合。

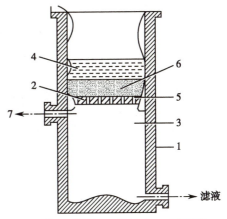

1.缸体;2.隔板;3.滤液室;4.悬浮液;
5.滤布;6.滤渣层;7.接真空。

图 2-13　吸滤缸

(2)转筒真空过滤机:转筒真空过滤机是一种连续式的过滤机。其特点是把过滤、洗涤、吹干、卸渣和清洗滤布等几个阶段的操作在转筒的旋转过程中完成,转筒每旋转一周,过滤机完成一个循环周期。如图 2-14 所示,转筒真空过滤机的主要部件是一个水平放置的回转圆筒,简称转筒。转筒上钻有许多小孔,外面包上金属网和滤布。转筒的内部用隔板分成若干个互不相通的扇形格,一端与分配头相接。

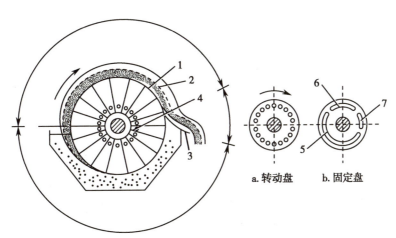

1.转筒;2.滤饼;3.刮刀;4.分配头;5.吸走滤液的真空凹槽;
6.吸走洗水的真空凹槽;7.通入压缩空气的凹槽。

图 2-14　转筒真空过滤机

转筒在旋转过程中分成如下几个区域。各操作区域之间都有不大的休止区域。这样,当扇形格从一个操作区域转向另一个操作区域时,各操作区域不致互相连通。①过滤区:当浸在悬浮液内的各个扇形格同真空管路相接通时,格内为真空。由于转筒内外压力差的作用,滤液穿过滤布后被吸入扇形格内,经分配头被吸出,在滤布上则形成一层逐渐增厚的滤饼。②吸干区:当扇形格离开悬浮液时,格内仍与真空管路相接通,滤渣在真空下被吸干。③洗涤脱水区:洗涤水喷洒在滤渣上,经分配头与另一真空管路相接,洗涤液被吸出,使滤渣被洗涤并被吸干。④吹松区:压缩空气经分配头与扇形格相通,从扇形格内部向外吹向滤渣,使其松动,以便卸渣。⑤卸渣区:吹松的滤渣移近到刮刀时,滤渣就可被刮落下来。滤渣被刮落后,可由扇形格内部通入压缩空气或蒸汽,将滤布吹洗干净,开始下一循环的操作。

转筒真空过滤机的最大优点在于可实现操作自动化，单位过滤面积的生产能力大，只要改变过滤机的转速便可以调节滤饼的厚度。缺点是过滤面积远小于板框压滤机，设备结构比较复杂，滤渣的含湿量比较高，一般为 10%~30%，洗涤也不够彻底等。转筒真空过滤机适用于颗粒不太细、黏性不太大的悬浮液；不宜用于温度太高的悬浮液，因为滤液的蒸汽压过大会使真空失效。

> **点滴积累**
>
> 1. 过滤是以某种多孔物质为介质，在外力作用下，使悬浮液中的液体通过介质的孔道，而固体颗粒被截留在介质上的一种固 - 液分离方法。
> 2. 过滤方式主要有饼层过滤和深层过滤。
> 3. 过滤的影响因素主要有滤浆的性质、滤饼厚度、过滤操作压强、过滤机转速、过滤介质。
> 4. 常用的过滤设备有压滤过滤机和真空过滤机等。

习题

思维导图

目标检测

一、简答题

1. 什么是离心分离因数？提高分离因数的主要途径有哪些？
2. 常用的离心分离方法有哪些？
3. 过滤速率与哪些因素有关？
4. 过滤时加入助滤剂的作用是什么？助滤剂的使用方法有哪些？

二、实例分析

某制药企业在药液澄清处理过程中通常采用管式离心机进行药渣的澄清过滤处理，但实际效果较差。试分析如何提高分离效果。

（周亚梅）

第三章　固相析出技术

ER 3-1

第三章　固
相析出技术
（课件）

学习目标

1. **掌握**　盐析法、有机溶剂沉淀法的具体操作方法及其注意事项。
2. **熟悉**　盐析法、有机溶剂沉淀法的概念、原理、特点及其影响因素。
3. **了解**　其他固相析出技术的基本原理和应用。

导学情景

情景描述：

　　端午节临近，小明帮妈妈用食盐水腌制咸鸭蛋。他好奇地问妈妈："妈妈，为什么制作咸鸭蛋的时候，不用把鸭蛋煮熟，蛋白就能凝固并且还能出油呢？"

　　妈妈一边腌鸭蛋一边告诉小明："鲜蛋直接煮熟时，蛋中的蛋白质和脂肪直接受热凝固成块，油脂来不及析出，仍被分散在蛋白质凝块中，因此并不见出油。鲜鸭蛋腌制的过程中，盐通过蛋壳、壳膜、蛋黄膜渗入蛋内，蛋内水分也不断渗出，蛋白质发生'盐析'作用而缓慢地变性凝固，将油脂从蛋白质组织中挤出而聚集在一起，这时蛋中的蛋白质及脂肪已分别存在，所以咸蛋煮熟切开后能看到蛋白凝固并明显出油。而鸭蛋的脂肪含量比鸡蛋多，因此制成咸蛋后蛋白软嫩，蛋黄油分四溢，松沙可口。"

学前导语：

　　盐析是一种常见的固相析出分离的方法，与有机溶剂沉淀和等电点（isoelectric point, pI）沉淀等固相析出技术一同被广泛应用于回收、浓缩、纯化等阶段，在制药、食品、化工等多个领域以及我们的日常生活中均是必不可少的重要环节。本章将带领同学们学习各种固相析出技术的原理，熟悉各种方法的操作和相关注意事项。

　　通过加入某种试剂或改变溶液条件，使溶质以固体形式从溶液中沉降析出的操作技术称为固相析出技术。根据析出物的形态不同，可分为结晶法和沉淀法。若析出物为晶体，则称为结晶法；若析出物为无定形固体，则称为沉淀法。固相析出技术主要包括盐析法、有机溶剂沉淀法、等电点沉淀法、成盐沉淀法和结晶法等。

　　固相析出技术作为传统的分离技术之一，目前仍被广泛应用于实验室操作和工业生产中。具有成本低、收率高、浓缩倍数大、设备简单、操作简便等优点，但同时也存在分辨率不高、选择性不强等缺点。因此，多用于药物分离纯化的初步纯化阶段或单一组分的分离纯化。

> **课 堂 活 动**
> 分析沉淀和结晶的共同特征和不同之处。

第一节 盐析法

在存在高浓度中性盐的情况下，蛋白质等生物大分子在水溶液中的溶解度降低并沉淀析出的现象称为盐析。盐析法是生物大分子制备中最常用的沉淀方法之一，除了蛋白质和酶以外，多肽、多糖和核酸等都可以用盐析法进行沉淀分离。盐析法的突出优点是：成本低、不需特殊设备、操作简单安全、应用范围广、对许多生物活性物质具有稳定作用。但盐析法分离的分辨率不高，一般用于物质分离纯化的初步纯化阶段。

一、盐析法的基本原理

1. 盐析原理

（1）中性盐离子破坏蛋白质表面水膜：在蛋白质分子表面分布着各种亲水基团，如—COOH、—NH$_2$、—OH，这些基团可与极性水分子相互作用形成水化膜，包围于蛋白质分子周围，形成 1~100nm 大小的亲水胶体，削弱蛋白质分子间的作用力，蛋白质分子表面的亲水基团越多，水膜越厚，蛋白质分子的溶解度也越大。当向蛋白质溶液中加入中性盐时，中性盐对水分子的亲和力大于蛋白质，它会抢夺本来与蛋白质分子结合的自由水，于是蛋白质分子周围的水化膜层减弱乃至消失，暴露出疏水区域，疏水区域的相互作用可使其沉淀。如图 3-1 所示。

（2）中性盐离子中和蛋白质表面电荷：蛋白质分子中含有不同数目的酸性和碱性氨基酸，其肽链的两端含有不同数目的自由羧基和氨基，这些基团使蛋白质分子表面带有一定的电荷，因同种电荷相互排斥，蛋白质分子彼此分离。当向蛋白质溶液中加入中性盐时，盐离子与蛋白质表面具有相反电性的离子基团结合，形成离子对，盐离子部分中和了蛋白质的电性，使蛋白质分子之间电排斥作用减弱而能互相聚集起来。如图 3-1 所示。

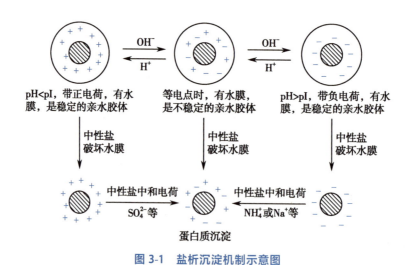

图 3-1 盐析沉淀机制示意图

在蛋白质溶液中逐渐加入中性盐,会产生两种现象:①低盐情况下,随着中性盐离子浓度升高,蛋白质的溶解度增大,这种现象称为盐溶;②当盐浓度升高到一定程度,再继续加入中性盐时,则蛋白质的溶解度减小,蛋白质发生聚集而沉淀析出,这种现象称为盐析。

2. 盐析公式 在高浓度盐溶液中,蛋白质溶解度的对数值与溶液中的离子强度呈线性关系,可用 Cohn 经验方程表示:

$$\log S = \beta - K_s I \qquad \text{式}(3\text{-}1)$$

式(3-1)中,S 为蛋白质溶解度,单位 mol/L;β 是盐浓度为 0 时,蛋白质溶解度的对数值,与蛋白质种类、温度、pH 有关,与无机盐种类无关;K_s 为盐析常数,与蛋白质和无机盐的种类有关,与温度、pH 无关;I 为离子强度。

$$I = \frac{1}{2} \sum C_i Z_i^2 \qquad \text{式}(3\text{-}2)$$

式(3-2)中,C_i 为离子浓度,Z_i 为离子化合价。

蛋白质的溶解度与离子强度的关系曲线上存在最大值,该最大值在较低的离子强度下出现,在高于此离子强度的范围内,溶解度随盐离子强度的增大迅速降低,如图 3-2 所示。

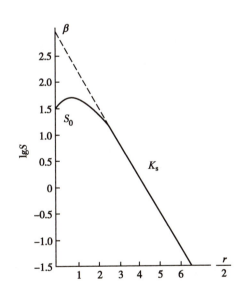

图 3-2 碳氧血红蛋白的溶解度与硫酸铵离子强度的关系(pH 6.6,25℃,S_0=17g/L)
注:S(g/L)表示碳氧血红蛋白浓度;$r/2$ 表示离子强度 = $1/2 \sum m_i z_i^2$,m_i 表示溶液中离子的摩尔浓度,z 表示离子所带电荷数;β 表示常数,即截距,代表理想状态时纯水中碳氧血红蛋白浓度的对数;K_s 表示盐析常数,即曲线的斜率。

知识链接

盐析法分类

1. **K_s 分级盐析法** 在一定的 pH 和温度下,改变体系离子强度进行盐析的方法。由于蛋白质对离子强度的变化非常敏感,易产生共沉淀现象,因此此法常用于蛋白质的粗提。

2. **β 分级盐析法** 在一定离子强度下,改变 pH 和温度进行盐析的方法。此法由于溶质溶解度变化缓慢,且变化幅度小,因此分辨率更高,常用于对粗提蛋白质进一步分离纯化。

二、中性盐的选择

1. 选用中性盐的几点原则 在盐析过程中,离子强度和离子种类对蛋白质等溶质的溶解度起着决定性的作用。因此,在选择中性盐时需要考虑以下几个问题:①要有较强的盐析效果,一般多价阴离子的盐析效果比阳离子显著。②要有足够大的溶解度,且溶解度受温度的影响应尽可能地小。这样便于获得高浓度的盐溶液,尤其是在较低的温度下操作时,不至于造成盐结晶析出,影响盐析效果。③盐析用盐在生物学上是惰性的,最好不引入会给分离或测定带来麻烦的杂质。④来源丰富,价格低廉。

2. 常用的中性盐种类及选择 盐析常用的中性盐主要有硫酸铵、硫酸镁、硫酸钠、氯化钠、磷酸钠等。实际应用中以硫酸铵最为常用,主要因为硫酸铵有以下优点:①离子强度大,盐析能力强。②溶解度大且受温度的影响小。尤其是在低温时仍有相当高的溶解度,这是其他盐类所不具备的。由表 3-1 可以看出,硫酸铵在 0℃时的溶解度,远远高于其他盐类。③有稳定蛋白质结构的作用,不易使蛋白质变性。有的蛋白质在 2~3mol/L 的硫酸铵溶液中可保存数年。④价格低廉,废液不污染环境。缺点是硫酸铵水解后变酸,在高 pH 条件下会释放出氨,腐蚀性较强,因此盐析后要将硫酸铵从产品中除去。

表 3-1　常用无机盐在水中的溶解度　　　　单位:g/100ml

无机盐	溶解度					
	0℃	20℃	40℃	60℃	80℃	100℃
$(NH_4)_2SO_4$	70.6	75.4	81.0	88.0	95.3	103.0
NaCl	35.7	36.0	36.6	37.3	38.4	39.8
$MgSO_4$	22	33.7	44.4	54.6	55.8	50.4
Na_2SO_4	4.9	18.9	48.3	45.3	43.3	42.2
NaH_2PO_4	1.6	7.8	54.1	82.6	93.8	101.0

氯化钠的溶解度不如硫酸铵,但在不同温度下它的溶解度变化不大,这是它优于其他盐类的特点,虽然价廉易得,但不易纯化。硫酸镁与硫酸铵一样价格低廉,优点是适用于对盐浓度敏感的蛋白质,但是盐析效果较弱,使用时需根据具体要求选择浓度或与硫酸铵配合使用。硫酸钠无腐蚀性,缺点是 30℃以下溶解度太低,30℃以上时溶解度才升高较快,由于大部分生物活性大分子在 30℃以上时容易失活,故分离纯化时限制了硫酸钠的使用。磷酸盐也常用于盐析,具有缓冲能力强的优点,但它们的价格较昂贵,溶解度较低,还容易与某些金属离子生成沉淀,所以也没有硫酸铵应用广泛。

三、影响盐析的因素

1. 蛋白质性质 各种蛋白质的结构和性质不同,盐析沉淀要求的离子强度也不同,可采取先后加入不同量无机盐的办法来分级沉淀蛋白质,以达到分离目的。例如,血浆中的蛋白质和纤维蛋白原最易析出,硫酸铵的饱和度达到 20% 即可;饱和度增加到 28%~33% 时,优球蛋白析出;饱和度再增至 33%~50% 时,拟球蛋白析出;饱和度大于 50% 时,白蛋白析出。

硫酸铵的饱和度

硫酸铵的饱和度是指饱和硫酸铵溶液的体积占混合后溶液总体积的百分数。通常盐析所用中性盐的浓度不以百分浓度或物质的量浓度表示,而多用相对饱和度来表示,也就是把饱和时的浓度看作 1 或 100%,如 1L 水在 25℃时溶入了 767g 硫酸铵固体就是 100% 饱和,溶入 383.5g 硫酸铵称半饱和(50% 或 0.5 饱和度)。同样,对于液体饱和硫酸铵来说,1 体积的含蛋白溶液加 1 体积饱和硫酸铵溶液时,饱和度为 50% 或 0.5,3 体积的含蛋白溶液加 1 体积饱和硫酸铵溶液时,饱和度为 25% 或 0.25。

2. **蛋白质浓度** 蛋白质浓度不同,沉淀所需无机盐用量也不同。在相同的盐析条件下,样品的浓度越大,越容易沉淀,所需的盐饱和度也越低,但样品的浓度越高,杂质的共沉作用也越强,从而使分辨率降低;相反,样品浓度小时,共沉作用小、分辨率高,但盐析所需的盐饱和度大,用盐量大,样品的回收率低。所以在盐析时,要根据实际条件选择适当的样品浓度。一般较适当的样品浓度是 2.5%~3.0%。

3. **离子强度和类型** 一般来说,离子强度越大,蛋白质的溶解度越低。相同离子强度下,离子的种类对蛋白质的溶解度也有一定程度的影响,一般阴离子的盐析效果比阳离子好,尤其以高价阴离子更为明显。此外,离子半径小而高电荷的离子对盐析影响较大,离子半径大而低电荷的离子对盐析影响较小。

4. **pH** 一般来说,蛋白质所带净电荷越多溶解度越大,净电荷越少溶解度越小,在等电点时蛋白质溶解度最小。为提高盐析效率,可将溶液 pH 调到目的蛋白质的等电点处,这样产生沉淀所消耗的中性盐较少,蛋白质收率也高,同时可以适当减少共沉淀作用。但必须注意,蛋白质在高盐溶液中,等电点往往会发生偏移。当蛋白质与负离子结合时,其等电点往往向低 pH 移动;当蛋白质与较多的 Mg^{2+}、Zn^{2+} 离子结合时,其等电点则向高 pH 偏移,因此需根据实际情况调整溶液 pH,以达到最好的盐析效果。

5. **温度** 温度的变化会影响 β 值。在低离子强度或纯水中,蛋白质溶解度在一定范围内随温度升高而升高,但在高浓度下它们的溶解度随温度升高反而降低。在一般情况下,蛋白质对盐析温度无特殊要求,可在室温下进行,只有某些对温度比较敏感的酶要求在 0~4℃进行。

四、盐析的操作过程及其注意事项

硫酸铵是盐析中常用的中性盐,下面以硫酸铵盐析法为例介绍盐析操作的过程。

1. **加盐方式** 盐析时,将盐加到溶液中有两种操作方式。

(1)加硫酸铵的饱和溶液:在实验室和小规模生产中溶液体积不大时,或硫酸铵浓度不需太高时,可采用这种方式。这种方式可防止溶液局部过浓,但是溶液会被稀释,不利于下一步的分离纯化。

为达到一定的饱和度,所需加入的饱和硫酸铵溶液体积可由式(3-3)求得:

$$V = V_0 \frac{S_2 - S_1}{1 - S_2} \qquad \qquad 式(3\text{-}3)$$

式 (3-3) 中，V 为需要加入的饱和硫酸铵溶液体积；V_0 为溶液的原始体积；S_1 和 S_2 分别为硫酸铵溶液的初始和最终饱和度。其中，所加的硫酸铵饱和溶液应达到真正的饱和，配制时加入过量硫酸铵，加热至 50~60℃，保温数分钟，趁热滤去不溶物，在 0~25℃下平衡 1~2 日，有固体析出，即达到 100% 饱和度。

(2) 直接加固体硫酸铵：在工业生产中溶液体积较大或需要达到较高的硫酸铵饱和度时，可采用这种方式。加入之前先将硫酸铵研成细粉，然后在搅拌下缓慢、均匀、少量、多次地加入，尤其到接近计划饱和度时，加盐的速度要更慢一些，尽量避免局部硫酸铵浓度过高而造成不应有的蛋白质沉淀。

为了达到所需的饱和度，应加入固体硫酸铵的量，可由表 3-2 或表 3-3 查得，也可由式 (3-4) 计算而得：

$$X = \frac{G(S_2 - S_1)}{1 - AS_2} \qquad\qquad 式 (3\text{-}4)$$

式 (3-4) 中，X 为 1L 溶液所需加入的硫酸铵质量；S_1 和 S_2 分别为硫酸铵溶液的初始和最终饱和度；G 为经验常数，0℃ 时为 515，25℃ 时为 541；A 为常数，0℃ 时为 0.27，25℃ 时为 0.31。

表 3-2　0℃下每 100ml 硫酸铵溶液应加入固体硫酸铵的质量 　　单位: g

		硫酸铵需要达到的终浓度（饱和度）															
		20%	25%	30%	35%	40%	45%	50%	55%	60%	65%	70%	75%	80%	85%	90%	95%	100%
硫酸铵初始浓度（饱和度）	0	10.6	13.4	16.4	19.4	22.6	25.8	29.1	32.6	36.1	39.8	43.6	47.6	51.6	55.9	60.3	65.0	76.7
	5%	7.9	10.8	13.7	16.6	19.7	22.9	26.2	29.6	33.1	36.8	40.5	44.4	48.4	52.6	57.0	61.5	69.7
	10%	5.3	8.1	10.9	13.9	16.9	20.0	23.3	26.6	30.1	33.7	37.4	41.2	45.2	49.3	53.6	58.1	62.7
	15%	2.6	5.4	8.2	11.1	14.1	17.2	20.4	23.7	27.1	30.6	34.3	38.1	42.0	46.0	50.3	54.7	59.2
	20%	0	2.7	5.5	8.3	11.3	14.3	17.5	20.7	24.1	27.6	31.2	34.9	38.7	42.7	46.9	51.2	55.7
	25%		0	2.7	5.6	8.4	11.5	14.6	17.9	21.1	24.5	28.0	31.7	35.5	39.5	43.6	47.8	52.2
	30%			0	2.8	5.6	8.6	11.7	14.8	18.1	21.4	24.9	28.5	32.2	36.2	40.2	44.5	48.8
	35%				0	2.8	5.7	8.7	11.8	15.1	18.4	21.8	25.4	29.1	32.9	36.9	41.0	45.3
	40%					0	2.9	5.8	8.9	12.0	15.3	18.7	22.2	25.8	29.6	33.5	37.6	41.8
	45%						0	2.9	5.9	9.0	12.3	15.6	19.0	22.6	26.3	30.2	34.2	38.3
	50%							0	3.0	6.0	9.2	12.5	15.9	19.4	23.3	26.8	30.8	34.8
	55%								0	3.0	6.1	9.3	12.7	16.1	19.7	23.5	27.3	31.3
	60%									0	3.1	6.2	9.5	12.9	16.4	20.1	23.1	27.9
	65%										0	3.1	6.3	9.7	13.2	16.8	20.5	24.4
	70%											0	3.2	6.5	9.9	13.4	17.1	20.9
	75%												0	3.2	6.6	10.1	13.7	17.4
	80%													0	3.3	6.7	10.3	13.9
	85%														0	3.4	6.8	10.5
	90%															0	3.4	7.0
	95%																0	3.5
	100%																	0

注：表中数据为 0℃下硫酸铵溶液由原来的饱和度达到所需饱和度时，每 100ml 硫酸铵溶液应加入固体硫酸铵的克数。

表 3-3 室温(25℃)下每升硫酸铵溶液应加入固体硫酸铵的质量　　单位: g

硫酸铵初始浓度(饱和度)	硫酸铵需要达到的终浓度(饱和度)																
	10%	20%	25%	30%	33%	35%	40%	45%	50%	55%	60%	65%	70%	75%	80%	90%	100%
0	56	114	144	176	196	209	243	277	313	351	390	430	472	516	561	662	767
10%		57	86	118	137	150	183	216	251	288	326	365	406	449	494	592	694
20%			29	59	78	91	123	155	190	225	262	300	340	382	424	520	619
25%				30	49	61	93	125	158	193	230	267	307	348	390	485	583
30%					19	30	62	94	127	162	198	235	273	314	356	449	546
33%						12	43	74	107	142	177	214	252	292	333	426	522
35%							31	63	94	129	164	200	238	178	319	411	506
40%								31	63	97	132	168	205	245	285	375	469
45%									32	65	99	134	171	210	250	339	431
50%										33	66	101	137	176	214	302	392
55%											33	67	103	141	179	264	353
60%												34	69	105	143	227	314
65%													34	70	107	190	275
70%														35	72	153	237
75%															36	115	198
80%																77	157
90%																	79

注:表中数据为室温(25℃)下硫酸铵溶液由原来的饱和度达到所需饱和度时,每 1L 硫酸铵溶液应加入固体硫酸铵的克数。

2. 脱盐　利用盐析法进行初级纯化时,产物中的盐含量较高,一般在盐析沉淀后进行脱盐处理,才能进行后续的纯化操作。通常所说的脱盐是指将小分子的盐与目的物分离。最常用的脱盐方法有两种,即透析和凝胶过滤。凝胶过滤脱盐不仅能除去小分子的盐,还能除去其他小分子物质。用于脱盐的凝胶主要有 Sephadex G-10、G-15、G-25 和 Bio-Gel P-2、P-6、P-10。与透析相比,凝胶过滤脱盐速度比较快,对不稳定的蛋白质影响较小。但样品的黏度不能太高,不能超过洗脱液的 2~3 倍。

3. 操作注意事项

(1)加固体硫酸铵时,必须注意表 3-2 和表 3-3 中规定的温度,一般有 0℃ 和室温(25℃)两种,加入固体盐后体积的变化已考虑在表中。

(2)分段盐析时,要考虑到每次分段后蛋白质浓度的变化。蛋白质浓度不同,所要求盐析的饱和度也不同。

(3)为了获得实验的重复性,盐析的条件如 pH、温度和硫酸铵的纯度都必须严格控制。

(4)盐析后一般要静置 0.5~1 小时,待沉淀完全后再离心与过滤,过早的分离会影响收率。低浓度硫酸铵溶液盐析可采用离心分离,高浓度硫酸铵溶液则常用过滤方法。

(5)盐析过程中,必须是有规则、温和地搅拌。搅拌太快会引起蛋白质变性,其变性特征是起泡。

（6）为了平衡硫酸铵溶解时产生的轻微酸化作用，沉淀反应至少应在 50mmol/L 缓冲溶液中进行。

边 学 边 练
用盐析沉淀法从牛奶中分离出酪蛋白，请见"实训项目一 牛奶中酪蛋白和乳蛋白素粗品的制备"。

五、盐析的应用

盐析被广泛应用于各类蛋白质的初级纯化和浓缩。例如，人干扰素的培养液经硫酸铵盐析沉淀，可使人干扰素纯化 1.7 倍，回收率为 99%；白细胞介素 -2 的细胞培养液经硫酸铵盐析沉淀后，沉淀中白细胞介素 -2 的回收率为 73.5%，纯化倍数达到 7。

你问我答

问题：免疫球蛋白 G（immunoglobulin G，IgG）是动物和人体血浆的重要成分之一，试用盐析法得到 IgG 粗提物。

答案：血浆蛋白质的成分多达 70 余种，要从血浆中分离出 IgG，首先要进行尽可能除去其他蛋白质成分的粗分离程序，使 IgG 在样品中比例增高，然后再纯化而获得 IgG。具体操作，如下所示。

（1）取 1 支离心管，加入 5ml 血清和 5ml 0.01mol/L（pH 7.0）的磷酸盐缓冲液，混匀。用滴管吸取饱和硫酸铵溶液，边滴加边搅拌于血浆溶液中（防止饱和硫酸铵一次性加入或搅拌不均匀造成局部过饱和的现象），使溶液的最终饱和度为 20%。4℃下放置 15 分钟，使之充分盐析（蛋白质样品量大时，应放置过夜）。以 3 000r/min 的转速离心 10 分钟。弃去沉淀（沉淀为纤维蛋白原），留上清液。

（2）量取上清液的体积，置于另 1 支离心管中，用滴管在上清液中滴加饱和硫酸铵溶液，使溶液的饱和度达到 50%。4℃下放置 15 分钟，以 3 000r/min 离心 10 分钟，弃去上清液，留沉淀部分。

（3）将所得的沉淀溶于 5ml 0.01mol/L（pH 7.0）的磷酸盐缓冲液中。滴加饱和硫酸铵溶液，使溶液的饱和度达 35%。4℃下放置 20 分钟，以 3 000r/min 离心 15 分钟，弃去上清液，即获得粗制的 IgG 沉淀。

为了进一步纯化，操作（3）可重复进行 1~2 次。

盐析法不仅是蛋白质初级纯化的常用手段，在某些情况下还可用于蛋白质的高度纯化。例如，利用无血清培养基培养的融合细胞培养液浓缩 10 倍后，加入等量的饱和硫酸铵溶液，在室温下放置 1 小时后离心除去上清液，得到的沉淀物中单克隆抗体回收率达 100%。对于杂质含量较高的料液，例如从胰脏中提取胰蛋白酶和胰凝乳蛋白酶，可利用反复盐析沉淀并结合其他沉淀法，制备纯度较高的酶制剂。蛋白质的盐析沉淀纯化实例见表 3-4。

表 3-4 蛋白质的盐析沉淀纯化实例

目标蛋白	来源	硫酸铵饱和度 /%		收率 /%	纯化倍数
		一次沉淀	二次沉淀		
人干扰素	细胞培养液	30（上清）	80（沉淀）	99	1.7
白细胞介素 -2	细胞培养液	50（上清）	85（沉淀）	73.5	7.0
单克隆抗体	细胞培养液	50（沉淀）	—	100	>8
组织纤溶酶原激活物	猪心抽提液	50（沉淀）	—	76	1.8

注："—"表示无数据。

第二节　有机溶剂沉淀法

在含有蛋白质、酶、核酸、黏多糖等生物大分子的水溶液中,加入一定量的亲水性有机溶剂,降低溶质的溶解度,使其从溶液中沉淀析出的方法称为有机溶剂沉淀法。

一、有机溶剂沉淀的基本原理

1. **基本原理**　有机溶剂沉淀的原理主要有两点:①有机溶剂能降低水溶液的介电常数,使溶质分子之间的静电引力增加,互相吸引聚集,形成沉淀;②有机溶剂的亲水性比溶质分子的亲水性强,它会抢夺本来与亲水溶质结合的自由水,破坏其表面的水膜,导致溶质分子之间的相互作用增大而发生聚集,从而沉淀析出。

2. **特点**　与盐析法相比,有机溶剂沉淀法的优点在于:①分辨率比盐析法高,因为蛋白质等其他生物大分子只在一个比较窄的有机溶剂浓度下沉淀;②有机溶剂沸点低,容易除去或回收,产品更纯净,沉淀物与母液间的密度差较大,分离容易。而盐析法虽然需要复杂的除盐过程才能将盐从产品中除去,但比有机溶剂沉淀法更安全。有机溶剂沉淀法容易使蛋白质等生物大分子变性,沉淀操作需要在低温下进行,需要耗用大量的有机溶剂,为了节约成本,常将有机溶剂回收利用。另外,有机溶剂一般易燃易爆,储存比较麻烦。

知识链接

加强对危险化学品使用的管理

在实验教学与科研活动中,经常涉及种类繁多的化学试剂,这些化学试剂往往具有易燃、易爆、易挥发等特性,有些化学试剂甚至有剧毒,从而导致实验室发生火灾、人员中毒以及环境污染等事故。这不仅会带来极大的财产损失,甚至会造成人员伤亡,后果惨重。因此,我们要充分认识使用危险化学品可能造成的危害,加强对危险化学品使用的管理,遵守工作规范,提高安全意识。

二、常用的有机溶剂及其选择

选择有沉淀作用的有机溶剂时,主要考虑以下几方面:①介电常数小,沉淀作用强。②对生物大分子的变性作用小。③毒性小,挥发性适中。沸点低虽有利于溶剂的除去和回收,但挥发损失较大,且会给劳动保护和安全生产带来麻烦。④一般要能与水无限混溶,一些与水部分混溶或微溶的溶剂(如三氯甲烷、乙醚等)也有使用,主要是利用其变性作用除去杂蛋白。

综合以上因素,常用于生物大分子沉淀的有机溶剂有乙醇、丙酮、甲醇和异丙醇等。其中,乙醇是最常用的有机溶剂沉淀剂,因为它具有沉淀作用强、沸点适中、无毒等优点,广泛用于蛋白质、核酸、多糖、核苷酸、氨基酸等的沉淀过程。丙酮的介电常数小于乙醇,故沉淀能力较强,用丙酮代替乙醇作沉淀剂一般可减少 1/4~1/3 有机溶剂用量,但丙酮具有沸点较低、挥发损失大、对肝脏有一定毒性、着火点低等缺点,所以应用不如乙醇广泛。甲醇的沉淀作用与乙醇相当,对蛋白质的变性作用比乙醇、丙酮都小,但甲醇口服有剧毒,所以应用也不如乙醇广泛。异丙醇是一种无色、有强烈气味的可燃性液体,可代替乙醇进行沉淀作用,但因与空气混合后易发生爆炸、易形成污染环境的烟雾现象等而限制了它的使用。

进行有机溶剂沉淀时,欲使原溶液达到一定的有机溶剂浓度,需加入的有机溶剂的体积可由式(3-5)计算而得:

$$V = V_0 \frac{S_2 - S_1}{100 - S_2} \qquad 式(3\text{-}5)$$

式(3-5)中,V 为需加入有机溶剂的体积;V_0 为原溶液的体积;S_1 为原溶液中有机溶剂的质量分数(%);S_2 为所要求达到的有机溶剂的质量分数(%)。

式(3-5)未考虑混溶后体积的变化和溶剂的挥发情况,实际上存在一定的误差。如果有机溶剂浓度要求不太精确,可采用上式进行计算。

你问我答

问题:果胶是一种广泛分布于植物体内的胶体性多糖类物质,包括原果胶、水溶性果胶和果胶酸三大类。用酸提取沉淀法时可以选择乙醇沉淀法或盐析法,请选择较优的沉淀方法,并说出理由。

答案:乙醇沉淀法中乙醇消耗量较大,因此浓缩阶段能耗非常大,生产成本高,厂家不能接受而难以形成规模化生产;盐析法能大大降低乙醇用量,省去稀酸提取液浓缩工序和减少乙醇回收量,节省能耗,降低生产成本,并能保证较高的提取率。

三、有机溶剂沉淀的操作

下面以多糖的分离为例,介绍有机溶剂沉淀法的操作过程。

1. **操作流程**　在多糖类的水溶液中加入等量或数倍量的乙醇,可降低溶液的介电常数并破坏多糖颗粒的水化膜，使多糖沉淀析出。含有糖醛酸或硫酸基团的多糖，可在其盐溶液中直接加入乙醇，多糖则以盐的形式沉淀出来。若在其乙酸或盐酸溶液中加入乙醇，则多糖以游离形式沉淀出来。如乙醇分步沉淀右旋糖酐，如图 3-3 所示。

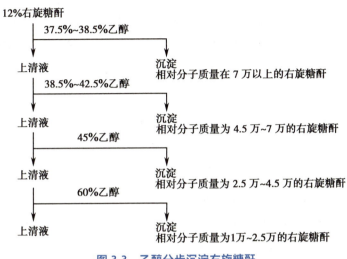

图 3-3 乙醇分步沉淀右旋糖酐

2. 注意事项

(1)一般情况下，有机溶剂对身体具有一定的损害作用，在使用时应采取好防护措施，如佩戴手套、口罩，或在通风橱中进行操作，避免身体部位与有机溶剂的直接接触。

(2)高浓度有机溶剂易引起蛋白质变性失活，操作必须在低温下进行，并在加入有机溶剂时注意搅拌均匀以避免局部浓度过大。分离后的蛋白质沉淀，应立即用水或缓冲液溶解，以降低有机溶剂浓度。

(3)操作时的 pH 应控制在待沉淀生物分子的等电点附近，有机溶剂在中性盐存在时能增加蛋白质等生物分子的溶解度，减少变性，提高分离的效果。

(4)沉淀的条件一经确定，就必须严格控制，这样才能得到可重复的结果。用有机溶剂沉淀生物分子后，有机溶剂易除去，缺点是易使酶和具有活性的蛋白质变性。故操作时的要求和条件比盐析严格。对于某些敏感的酶和蛋白质等生物分子，使用有机溶剂沉淀尤其要小心。

四、影响有机溶剂沉淀的因素

1. 温度 进行有机溶剂沉淀时，温度是重要的因素。有机溶剂存在的条件下，大多数蛋白质的溶解度随着温度降低而显著减小，故低温下沉淀较为完全，有机溶剂用量亦可减少。另外，大多数生物大分子如蛋白质、核酸、酶等在有机溶剂中对温度特别敏感，温度稍高就会引起变性，且有机溶剂与水混合时，会放出大量的稀释热，使溶液的温度显著升高，从而增加生物大分子的变性作用。

因此，在使用有机溶剂沉淀生物大分子时，整个操作过程应在低温条件下进行，同时要保持温度的相对恒定，防止已沉淀的物质复溶解或者另外物质的沉淀。具体操作时，常常将待分离的溶液和有机溶剂分别进行预冷。

为了减少有机溶剂对生物大分子的变性作用,通常使沉淀在低温下短时间(0.5~2小时)处理后立即进行过滤或离心分离,接着真空抽去剩余溶剂或将沉淀溶于大量的缓冲溶液中以稀释有机溶剂,旨在减少有机溶剂与目的物的接触。

2. 样品浓度 样品浓度对有机溶剂沉淀生物大分子的影响与盐析的情况相似。低浓度样品要使用比例更大的有机溶剂进行沉淀,且样品的损失较大,即回收率低,具有生物活性的样品易产生稀释变性。但对于低浓度的样品,杂蛋白与样品共沉淀的作用小,有利于提高分离效果。反之,对于高浓度的样品,可以节省有机溶剂,减少变性的危险,但杂蛋白的共沉淀作用大,分离效果下降。通常以 5~20mg/ml 的蛋白质初浓度为宜,黏多糖则以 10~20mg/ml 较合适,可以得到较好的沉淀分离效果。

3. pH 溶液的 pH 对沉淀效果影响很大,适宜的 pH 可使沉淀效果增强,提高产品收率的同时,减少杂质含量。一般而言,两性生化物质在等电点(pI)附近溶解度最低,最容易沉淀析出,因此溶液 pH 尽量控制在蛋白质等电点附近。另外,在控制溶液的 pH 时务必使溶液中的大多数蛋白质分子带有相同电荷,不要让目的物与主要杂质分子带相反电荷,以免出现严重的共沉作用。

4. 离子强度 离子强度是影响有机溶剂沉淀生物大分子的重要因素,较低的离子强度常常有利于生物分子的沉淀甚至还具有保护蛋白质等生物大分子、防止蛋白质变性的作用。盐浓度过高会增加蛋白质在水中的溶解度,降低有机溶剂沉淀蛋白质的效果,故通常是在低盐或低浓度缓冲液中沉淀蛋白质,一般离子强度以 0.01~0.05mol/L 为宜,通常不超过 5%。

5. 某些金属离子 在用有机溶剂沉淀生物高分子时,还应注意到一些金属离子(如 Ca^{2+}、Zn^{2+}等)可以与某些呈阴离子状态的蛋白质形成复合物,这种复合物的溶解度大大降低而且不影响蛋白质的生物活性,有利于沉淀的形成,并减少有机溶剂的用量。但使用时要避免溶液中存在能与这些金属离子形成难溶性盐的阴离子(如磷酸根等)。实际操作时往往先加有机溶剂除去杂蛋白,再加 Ca^{2+}、Zn^{2+} 沉淀目的物,沉淀完成后再尽量去除这些阳离子。

> **边学边练**
> 用丙酮沉淀大蒜细胞中的超氧化物歧化酶(superoxide dismutase, SOD),请见"实训项目二 大蒜细胞 SOD 的提取和分离"。

有机溶剂沉淀法经常用于蛋白质、核酸、酶等生物大分子的沉淀分离,使用时先选择合适的有机溶剂,然后注意调整样品的浓度、温度、pH 和离子强度,使之达到最佳的分离效果。注意沉淀所得的固体样品,如果不需立即溶解进行下一步的分离,则应尽可能抽干沉淀,降低其中有机溶剂的含量,如若必要可以装透析袋透析脱除有机溶剂,以免影响样品的生物活性。

点滴积累

1. 加入乙醇、丙酮等溶剂使样品在溶液中的溶解度降低而析出的方法称为有机溶剂沉淀法。
2. 有机溶剂的选择需考虑的有介电常数小;不能破坏样品性质;毒性小,挥发性适中;亲水性强。
3. 影响有机溶剂沉淀的因素有温度、样品的浓度、pH、离子强度和某些金属离子等。

第三节　其他沉淀方法

一、等电点沉淀法

利用蛋白质在等电点时溶解度最低的特性,向含有目的物的混合液中加入酸或碱,调节其 pH 至等电点(pI)附近,使蛋白质沉淀析出的方法,称为等电点沉淀法。

等电点沉淀法常和盐析法、有机溶剂沉淀法以及其他沉淀方法一起使用,以提高沉淀的效果。等电点沉淀法调节 pH,一般加入的是无机酸,由于无机酸的成本相对较低,因此等电点沉淀法在工业生产中具有一定的优势。

1. 等电点沉淀法的原理　在等电点时,蛋白质分子以两性离子形式存在,其分子净电荷为零(即正、负电荷相等),此时蛋白质分子颗粒在溶液中因没有相同电荷的相互排斥,分子相互之间的作用力减弱,其颗粒极易碰撞、凝聚而产生沉淀,所以蛋白质在等电点时的溶解度最小,最易形成沉淀物。等电点时蛋白质的许多物理性质(如黏度、膨胀性、渗透压等)都变小,从而有利于悬浮液的过滤。

2. 等电点沉淀法的操作　等电点沉淀法的操作条件是: 低离子浓度,pH = pI。因此,等电点沉淀操作需要在低离子浓度下调整溶液的 pH 至等电点,或在等电点的 pH 下利用透析等方法降低离子强度,使蛋白质沉淀。由于一般蛋白质的等电点多在偏酸性范围内,故在等电点沉淀操作中多通过加入无机酸(如盐酸、硫酸和磷酸等)来调节 pH。

等电点沉淀法一般适用于疏水性较大的蛋白质(如酪蛋白),亲水性很强的蛋白质(如明胶)在水中的溶解度较大,在等电点的 pH 下不易产生沉淀,所以等电点沉淀法不如盐析法应用广泛。但该法仍不失为有效的蛋白质初级分离手段。例如从猪胰脏中提取胰蛋白酶原,胰蛋白酶原的 pI=8.9,可先于 pH 3.0 左右进行等电点沉淀,除去共存的许多酸性蛋白质。工业上生产胰岛素(pH 5.3)时,先调节 pH 至 8.0 除去碱性蛋白质,再调节 pH 至 3.0 除去酸性蛋白质,同时配合其他沉淀技术可以提高沉淀效果。

3. 等电点沉淀法的注意事项

(1)不同的蛋白质具有不同的等电点:在生产过程中应根据分离要求除去目的产物之外的杂蛋白;若目的产物也是蛋白质且等电点较高时,可先除去低于等电点的杂蛋白,如细胞色素 C 的等电点为 10.7,在细胞色素 C 的提取纯化过程中,调节 pH=6.0 除去酸性蛋白,调节 pH 至 7.5~8.0 除去碱性蛋白。

> **你问我答**
>
> 问题:如何通过调节 pH 快速鉴别乳清粉和奶粉?
> 答案:工业生产中,调节牛奶的 pH 至 4.6 附近时,酪蛋白因等电点沉淀而从溶液中析出,余下的乳液被称为乳清,经进一步处理并喷雾干燥得乳清粉。因此,乳清粉不含酪蛋白,只含乳清蛋白,而常规的全脂奶粉、脱脂奶粉以及其他的调制奶粉等均含有酪蛋白。鉴别时,将待测样品水溶液的 pH 调至 4.6 附近,若该溶液是奶粉溶液,则有大量白色絮状沉淀从溶液中析出,若为乳清粉溶液则无该现象。

（2）同一种蛋白质在不同条件下等电点不同：在盐溶液中，蛋白质若结合较多的阳离子（如 Ca^{2+}、Mg^{2+} 等）则等电点升高，因为结合阳离子后正电荷相对增多，只有 pH 升高才能达到等电点状态，如胰岛素在水溶液中的等电点为 5.3，在含一定浓度锌盐的水 - 丙酮溶液中的等电点为 6.0，如果改变锌盐的浓度，等电点也会改变。蛋白质若结合较多的阴离子，如 Cl^-、SO_4^{2-} 等，则等电点降低，因为负电荷相对增多了，只有降低 pH 才能达到等电点状态。自然界中许多蛋白质等生物大分子较易结合阴离子，使等电点向酸性方向偏移。

（3）目的药物成分对 pH 的要求：生产中应尽可能避免直接用强酸或强碱调节 pH，以免局部过酸或过碱，而引起目的药物成分蛋白或酶的变性。另外，调节 pH 所用的酸或碱应与原溶液中的盐或即将加入的盐相适应，原溶液中含硫酸铵时，可用硫酸或氨水调 pH；原溶液中含有氯化钠时，可用盐酸或氢氧化钠调 pH。总之，应以尽量不增加新物质为原则。

（4）考虑采用几种方法结合来实现沉淀分离：由于各种蛋白质在等电点时仍存在一定的溶解度，导致沉淀不完全，并且多数蛋白质的等电点都十分接近，因此当单独使用等电点沉淀法效果不理想时，可以考虑与盐析法、有机溶剂沉淀法等方法结合来实现沉淀分离。

二、非离子型聚合物沉淀法

某些水溶性非离子型高分子聚合物，如不同相对分子质量的聚乙二醇（polyethylene glycol，PEG）、葡聚糖（glucan，dextran，Dex）、右旋糖酐硫酸钠等，都能使蛋白质水合作用减弱而发生沉淀。非离子型聚合物沉淀法的主要优点是：①操作条件温和，体系的温度控制在室温条件下即可，不易引起生物大分子变性；②沉淀效能高，使用很少量非离子型聚合物即可沉淀相当多的生物大分子；③沉淀后非离子型聚合物容易除去。近年来，非离子型有机聚合物被广泛应用于核酸和酶的分离纯化。

水溶性非离子型聚合物中应用最多的是聚乙二醇，它的亲水性强，可溶于水和许多有机溶剂，对热稳定，有较广范围的相对分子质量。在生物大分子的制备中，使用较多的是相对分子质量为 6 000~20 000 的聚乙二醇。

PEG 的沉淀效果主要与 PEG 的浓度和相对分子质量有关，同时还受离子强度、溶液 pH 和温度等因素的影响。在一定的 pH 条件下，盐浓度越高，所需的 PEG 浓度越低。溶液的 pH 越接近目的物的等电点，沉淀所需的 PEG 浓度越低。在一定浓度范围内，相对分子质量越大的 PEG 沉淀的效率越高。此外，随着蛋白质相对分子质量的提高，沉淀所需加入的 PEG 用量逐渐减少。一般而言，PEG 浓度常为 20%，浓度过高会使溶液的黏度增大，加大沉淀物分离的困难。

采用非离子型聚合物沉淀时，一般有两种方法：①选用两种水溶性非离子型聚合物组成液 - 液两相系统，使生物大分子在两相系统中分配不等量，从而分离；②选用一种水溶性非离子型聚合物，使生物大分子在同一液相中由于被排斥相互凝集而沉淀析出。

三、成盐沉淀法

生物大分子和小分子都可以生成盐类复合物沉淀,这种方法称为成盐沉淀法。此法一般可分为:①与生物分子的酸性基团相互作用形成的金属离子沉淀法;②与生物分子的碱性基团相互作用形成的有机酸沉淀法;③无机酸沉淀法。

1. 金属离子沉淀法 许多生物活性物质(如核酸、蛋白质、多肽、抗生素和有机酸等)能与金属离子形成难溶性的复合物而沉淀。根据金属离子与生物活性物质作用的机制不同,可把金属离子分为三大类:①能与羧基、含氮化合物和含氮杂环化合物结合的金属离子,如 Mn^{2+}、Fe^{2+}、Co^{2+}、Ni^{2+}、Cu^{2+}、Zn^{2+}、Cd^{2+} 等;②能与羧基结合,但不能与含氮化合物结合的金属离子,如 Ca^{2+}、Ba^{2+}、Mg^{2+}、Pb^{2+} 等;③能与巯基结合的金属离子,如 Hg^{2+}、Ag^+、Pb^{2+} 等。分离出沉淀物后,应将复合物分解,并采用离子交换法或金属螯合剂乙二胺四乙酸(ethylenediaminetetra-acetic acid,EDTA)等将金属离子除去。金属离子沉淀生物活性物质虽已有广泛的应用,但也存在缺点:如产生复合物的分解较困难,并容易促使蛋白质变性。因此,应谨慎选择适当的操作条件。

2. 有机酸沉淀法 含氮有机酸(如苦味酸、苦酮酸、鞣酸、三氯乙酸等)能与有机分子的碱性功能团形成复合物而沉淀析出,但这些有机酸与蛋白质形成盐复合物时,常常发生不可逆的沉淀反应。因此,应用此法制备蛋白质时须谨慎,可以采用较温和的方法,有时还可以加入稳定剂,以防止蛋白质变性。

生物碱是植物中具有显著生理作用的一类含氮碱性物质。能使生物碱沉淀,或者能与生物碱作用产生颜色反应的物质,称为生物碱沉淀试剂,如鞣酸、苦味酸、磷钨酸等。当蛋白质溶液的pH低于等电点时,蛋白质能与生物碱沉淀试剂的阴离子结合成盐而沉淀,溶液中的蛋白质亦能被有机酸沉淀,其中三氯乙酸的作用最为灵敏而且特异,故被广泛用于沉淀蛋白质。

> **知识链接**
>
> **生成有机酸类复合盐沉淀的常见试剂**
>
> 1. 鞣酸(又称单宁)为多元酸类化合物,分子上有羧基和多个羟基。蛋白质分子与鞣酸分子间形成较多的氢键而络合在一起,从而生成巨大的复合颗粒沉淀下来。
>
> 2. 雷凡诺是一种吖啶染料,但其与蛋白质的作用主要是通过形成盐的复合物而沉淀的,尤其对提纯血浆中的γ-球蛋白有较好效果。
>
> 3. 三氯乙酸沉淀蛋白质迅速而完全,一般会引起变性。但在低温条件下短时间作用可使某些较稳定的蛋白质或酶保持原有活力,多用于目的物较稳定且分离杂蛋白相对困难的情况。

3. 无机酸沉淀法 磷钨酸、磷钼酸等能与阳离子形式的蛋白质形成溶解度极低的复合盐,从而使蛋白质沉淀析出。应用此法得到沉淀物后,可在沉淀中加入无机酸并用乙醚萃取,把磷钨酸、磷钼酸等移入乙醚中除去,或用离子交换法除去。

四、选择性变性沉淀法

选择性变性沉淀法,即选择一定条件使溶液中存在的某些杂蛋白等杂质变性沉淀下来,从而与目的物分开。选择性变性沉淀法的原理是利用蛋白质、核酸、酶等生物大分子对某些物理或化学因素敏感性的不同,有选择性地使之变性沉淀,达到分离纯化的目的。这类方法大致可分为以下3种。

1. 表面活性剂或有机溶剂变性 十六烷基三甲基溴化铵、十二烷基硫酸钠(sodium dodecylsulfate,SDS)等均属于离子型表面活性剂,前者用于沉淀酸性多糖类物质,后者多用于分离胶蛋白或核蛋白。例如,在制备核酸时,加入三氯甲烷、十二烷基硫酸钠等能够有选择性地使蛋白质变性沉淀,从而使蛋白质与核酸分离。

2. 热变性 利用生物大分子对热的稳定性不同,加热破坏某些组分而保留另一些组分。热变性法操作简单可行,在制备一些对热稳定的小分子物质的过程中,对除去一些大分子蛋白质和核酸特别有用。

3. 选择性酸碱变性 利用酸碱变性,有选择性地除去杂蛋白。有时还把酸碱变性与热变性法结合起来使用,效果更为显著。但使用前必须对目的物的热稳定性及酸碱稳定性足够了解,切莫盲目使用。例如,胰蛋白酶在 pH 为 2.0 时的酸性溶液中可耐极高的温度,而且热变性后若沉淀冷却可重新溶解,恢复活性。

点滴积累

1. 等电点沉淀法是利用两性物质在等电点时的静电排斥力最小、溶解度最低而易从样品溶液中析出的方法。
2. 非离子型聚合物沉淀法是利用某些水溶性非离子型高分子聚合物能使蛋白质水合作用减弱而发生沉淀的方法。
3. 成盐沉淀法是利用生物大分子与金属离子、有机酸、无机酸等形成难溶的复合盐而沉淀的方法。
4. 选择性变性沉淀法是利用蛋白质、核酸、酶等生物大分子对某些物理或化学因素敏感性不同,有选择性地使之变性沉淀,达到分离纯化的方法。

ER 3-2
习题

ER 3-3
思维导图

目标检测

一、简答题

1. 简述盐析法的原理及其影响因素。

2. 什么是等电点沉淀法?

3. 盐析用盐的挑选原则是什么?

4. 影响有机溶剂沉淀的主要因素有哪些？

二、实例分析

酶提取液中常含有杂蛋白、多糖、脂类及核酸等杂质，应如何去除这些杂质？

实训项目一　牛奶中酪蛋白和乳蛋白素粗品的制备

【实训目的】

掌握盐析法和等电点沉淀法的原理与基本操作。

【实训原理】

乳蛋白素广泛存在于乳品中，是乳糖合成所需要的重要蛋白质。牛奶中的主要蛋白质是酪蛋白（casein），酪蛋白在 pH 为 4.8 左右时会沉淀析出。而乳蛋白素在 pH 为 3 左右时才会沉淀。利用这一性质，可先将 pH 降至 4.8，或是在加热至 40℃的牛奶中加硫酸钠，将酪蛋白沉淀出来。酪蛋白不溶于乙醇，这个性质被用于从酪蛋白粗制剂中除去脂类杂质。将去除酪蛋白的滤液 pH 调至 3 左右，能使乳蛋白素沉淀析出，部分杂质可随澄清液除去。再经过一次 pH 沉淀后，即可得到粗乳蛋白素。

【实训材料】

1. **实训器材**　100ml 量筒，烧杯（250ml、100ml、50ml），玻璃试管（10mm×100mm），离心管（50ml），磁力搅拌器，pH 计，离心机，水浴锅，玻璃棒，细布，布氏漏斗，滤纸，抽滤瓶，真空循环泵，表面皿。

2. **实训试剂**　脱脂或低脂牛奶，无水硫酸钠，0.1mol/L HCl 溶液，0.1mol/L NaOH 溶液，0.05mol/L NH_4HCO_3 溶液，浓盐酸，0.2mol/L 的乙酸 - 乙酸钠缓冲溶液（pH 为 4.6），乙醇，去离子水。

【实训方法】

1. 盐析法或等电点沉淀法制备酪蛋白

（1）将 50ml 脱脂或低脂牛奶倒入 250ml 烧杯中，于 40℃水浴中加热并搅拌。

（2）在搅拌下缓慢加入 10g 无水硫酸钠（10 分钟内分次加入），之后再继续搅拌 10 分钟（或加热到 40℃，再在搅拌下慢慢地加入 50ml 40℃左右的乙酸 - 乙酸钠缓冲溶液，直到 pH 达到 4.8 左右，可以用 pH 计调节。将上述悬浮液冷却至室温,然后静置 5 分钟)。

(3)将溶液用细布过滤,分别收集沉淀和滤液。将上述沉淀悬浮于 30ml 乙醇中,倾于布氏漏斗中,过滤除去乙醇溶液,抽干。将沉淀从布氏漏斗中移出,在表面皿上摊开以除去乙醇,干燥后得到酪蛋白。准确称量。

2. 等电点沉淀法制备乳蛋白素

(1)将实训方法 1 第(3)步所得的滤液置于 100ml 烧杯中,一边搅拌,一边利用 pH 计以浓盐酸调整 pH 至 3.0 左右。

(2)6 000r/min 离心 15 分钟,倒掉上清液。

(3)在离心管内加入 10ml 去离子水,振荡,使管内下层物重新悬浮,用 0.1mol/L NaOH 溶液调整 pH 至 8.5~9.0(以 pH 计判定),此时大部分蛋白质均会溶解。

(4)6 000r/min 离心 10 分钟,将上清液倒入 50ml 烧杯中。

(5)将烧杯置于磁力搅拌器上,一边搅拌,一边利用 pH 计,用 0.1mol/L HCl 调整 pH 至 3.0 左右。

(6)6 000r/min 离心 10 分钟,倒掉上清液。沉淀取出干燥,并称重。

【实训提示】

注意离心机的使用安全。

【实训思考】

影响得率的因素有哪些?

【实训报告】

包括实训目的、实训内容、实训步骤、实训问题处理、结果分析、改革成果及体会等。

【实训评价】

根据学生出勤、在实训过程中的表现、实训报告完成情况和实训测试成绩,综合评定学生的实训成绩。

实训项目二　大蒜细胞 SOD 的提取和分离

【实训目的】

1. 掌握有机溶剂沉淀法的原理和基本操作。
2. 掌握 SOD 提取分离的一般步骤。

【实训原理】

超氧化物歧化酶（superoxide dismutase，SOD）是一种具有抗氧化、抗衰老、抗辐射和消炎作用的药用酶。它可催化超氧负离子（O_2^-）进行歧化反应，生成氧和过氧化氢。大蒜蒜瓣和悬浮培养的大蒜细胞中含有较丰富的 SOD，通过组织或细胞破碎后，可用 pH 为 7.8 的磷酸缓冲溶液提取出来。由于 SOD 不溶于丙酮，可用丙酮将其沉淀析出。

有机溶剂沉淀法的原理是有机溶剂能降低水溶液的介电常数，使蛋白质分子之间的静电引力增大。同时，有机溶剂的亲水性比溶质分子的亲水性强，它会抢夺本来与亲水溶质结合的自由水，破坏其表面的水化膜，导致溶质分子之间的相互作用增大而发生聚集，从而沉淀析出。

【实训材料】

1. **实训器材**　研钵，石英砂，烧杯（50ml），玻璃棒，pH 计，冷冻离心机，离心管。
2. **实训试剂**　新鲜蒜瓣，0.05mol/L 磷酸缓冲溶液（pH 7.8），三氯甲烷 - 乙醇混合液（三氯甲烷∶无水乙醇 = 3∶5），丙酮（用前预冷至 –10℃），0.05mol/L 碳酸盐缓冲溶液（pH 10.2），0.1mol/L EDTA 溶液，2mol/L 肾上腺素溶液。

【实训方法】

整个操作过程在 0~5℃条件下进行。

1. **SOD 的提取**　称取 5g 大蒜蒜瓣，加入石英砂研磨破碎细胞后，加入 0.05mol/L 的磷酸缓冲液（pH 7.8）15ml，继续研磨 20 分钟，使 SOD 充分溶解到缓冲溶液中，然后 6 000r/min 冷冻离心 15分钟，弃沉淀，取上清液。

2. **去除杂蛋白**　上清液中加入 0.25 倍体积的三氯甲烷 - 乙醇混合液搅拌 15 分钟，6 000r/min 离心 15 分钟，弃去沉淀，得到的上清液即为粗酶液。

3. **SOD 的沉淀分离**　粗酶液中加入等体积的冷丙酮，搅拌 15 分钟，6 000r/min 离心 15 分钟，得到 SOD 沉淀。冷冻干燥后即得成品。对成品进行称量并测定酶活力。

4. SOD 活力测定

试剂 /ml	空白管	对照管	样品管
碳酸缓冲液	5.0	5.0	5.0
EDTA 溶液	0.5	0.5	0.5
蒸馏水	0.5	0.5	—
样品液	—	—	0.5
上述试剂在各管中混合均匀,30℃水浴中预热 5 分钟			
肾上腺素溶液		0.5	0.5

加入肾上腺素后,继续保温 2 分钟,然后立即在 480nm 处测定光密度。对照管和样品管的光密度值分别为 A 和 B。在上述条件下,SOD 抑制肾上腺素自氧化 50% 所需的酶量定义为 1 个酶活力单位。即:

$$酶活力(单位)=2\frac{(A-B)N}{A}$$

式中,N 为样品稀释倍数;2 为抑制肾上腺素自氧化 50% 的换算系数。

【实训提示】

1. 提取酶液时,为了保持酶的活性,应尽可能在冰浴中研磨,在低温中离心。
2. 肾上腺素容易氧化,故操作时要迅速。

【实训思考】

讨论有机溶剂沉淀法与盐析法相比的优缺点。

【实训报告】

包括实训目的、实训内容、实训步骤、实训问题处理、结果分析、改革成果及体会等。

【实训评价】

根据学生出勤、在实训过程中的表现、实训报告完成情况和实训测试成绩,综合评定学生的实训成绩。

(白雪洁)

第四章　萃取技术

学习目标

1. **掌握**　萃取的概念、分类和特点；液 - 液萃取技术的原理；能明确区分萃取剂、萃取相、萃余相等相关概念。
2. **熟悉**　理解分配定律的含义；能根据公式进行简单的计算。
3. **了解**　超临界流体萃取、双水相萃取技术、反胶束萃取的原理、特点及应用。

导学情景

情景描述：

　　某高职院校药学专业的部分同学，利用专业所学知识，结合当地地方特色农产品——花椒，进行大学生创新创业项目——"花椒香皂的制作"，利用花椒油的除湿止痛、杀虫解毒、止痒解腥等功效，将其添加到日化香皂中。该项目不仅提升了同学们的创新创业热情，同时为当地特色产品的深加工提供了新思路，服务地方经济。

学前导语：

　　提取花椒油常采用水或有机溶剂对花椒进行浸取，即固 - 液萃取。本章将带领同学们学习萃取的基础知识和基本操作，熟悉常用的萃取方法。

　　利用溶质在互不相溶的两相之间分配系数的不同而使溶质得到纯化或浓缩的方法称为萃取。萃取是分离和纯化有机化合物常用的操作之一，被广泛应用于化工、生物、医药和环保等多个领域。

　　随着科技的不断进步，新型萃取剂不断被发现，萃取技术也由最初的主要依靠简单的装置（如漏斗、分液漏斗等）进行手工操作，逐渐发展到各种萃取技术的出现并广泛应用，不仅提高了分离效率和纯度，也缩短了工艺流程、降低了成本。

第一节　概述

一、萃取的基本原理

　　萃取是利用混合物中目标物质和杂质的溶解特性，选择合适的溶剂（萃取剂），在适当的条件下将目标物质从混合物中分离出来的操作。

混合物中被萃取的物质称为溶质,其余部分则为原溶液,而加入的第三组分称为溶剂或萃取剂。溶剂与混合液混合后成为两相,其中一个以萃取剂为主(溶有溶质),称为萃取相,另一个以原溶液为主(即溶质含量较低),称为萃余相。利用蒸馏、蒸发和结晶等方法除去萃取相中的溶剂后得到的液体称为萃取液,除去萃余相中的溶剂后的液体称为萃余液。

二、萃取的分类

1. 根据参与溶质分配的两相不同分类

(1)固-液萃取:以液体为萃取剂,含目标产物的混合物为固态。即应用溶液将固体原料中的可溶组分提取出来的操作。例如,从药材中提取生物碱、黄酮类、皂苷、香豆素等。

(2)液-液萃取:以液体为萃取剂,含目标产物的混合物为液态。在液-液萃取中,溶剂与被处理的溶液不能互溶或部分互溶,溶质可以通过两液相的边界层,从一相扩散到另一相,例如以乙酸戊酯为溶剂从青霉素和水的混合物中提取青霉素。

2. 根据组分数目不同分类

(1)多元体系萃取:原料液中有两个以上组分或溶剂为两种不互溶的溶剂。

(2)三元体系萃取:原料液中含有两个组分,溶剂为单溶剂。

3. 根据有无化学反应分类

(1)物理萃取:溶质根据相似相溶的原理在两相间达到分配平衡,萃取剂与溶质之间不发生化学反应,其理论基础是分配定律。物理萃取被广泛应用于抗生素及天然植物中有效成分的提取。

(2)化学萃取:利用脂溶性萃取剂与溶质之间的化学反应,生成脂溶性复合分子,实现溶质向有机相的分配。萃取剂与溶质之间的化学反应包括离子交换和络合反应等,如以季铵盐为萃取剂萃取氨基酸。

4. 根据萃取剂的种类和形式不同分类

(1)溶剂萃取:依靠溶质在互不相溶的溶剂中分配系数的差异进行分离的萃取法。

(2)双水相萃取:依靠分离物在不相溶的高分子水溶液中形成的两相的分配系数不同而分离的萃取法。

(3)反胶束萃取:利用反胶束进行的萃取分离方法。

(4)凝胶萃取:将凝胶作为固态萃取剂,用于对溶液中大分子物质的浓缩和净化。

(5)超临界流体萃取:利用某些流体在高于其临界压力和临界温度时具有很高的扩散系数和很低的黏度,但具有与液体相似的密度的性质,对一些液体或固体物质进行萃取的方法。

三、萃取的特点

1. 选择性高和分离效果好　萃取是利用不同物质在溶剂中的溶解度差异来分离混合物,因此对于特定物质的提取和纯化具有很高的选择性。

2. **适用于多种类型物质** 萃取适用于有机物、无机物和生物物质等多种类型的物质的分离纯化。萃取可在常温或较低温度下进行,对热敏性物质破坏小。

3. **高效分离** 萃取的分离效率高,生产能力强,传质速度快,生产周期短。

4. **绿色环保** 萃取过程中使用的试剂和溶剂常见,不会产生新的污染物,且能耗低。

5. **专一性强** 萃取是针对特定目标物质的分离,具有很高的专一性。

6. **操作简单且应用广泛** 萃取是一种相对简单且容易掌握的分离方法,适用于多种不同的分离任务。

点滴积累

1. 萃取是利用溶质在互不相溶的两相之间分配系数的不同而使溶质得到纯化或浓缩的方法。
2. 根据萃取剂的种类和形式,萃取可以分为溶剂萃取、双水相萃取、反胶束萃取、凝胶萃取和超临界流体萃取。

第二节　液-液萃取技术

液-液萃取又称为溶剂萃取,是用溶剂分离和提取液体混合物中的组分的过程。将一种溶剂加到与之不相溶或部分互溶的料液中,使溶剂与料液充分混合,利用溶液中各组分在溶剂中溶解度不同的特性,溶解度较大的组分转移到溶剂中,由于溶剂与料液间不相溶或部分互溶,通过分层、分离,从而达到组分间分离的目的。如在酸性条件下以乙酸正丁酯为溶剂对发酵液中的青霉素进行萃取;以三氯甲烷为溶剂对溶液中的咖啡因进行提纯等。

液-液萃取的特点:①可连续化操作,速度快,生产周期短;②对热敏物质破坏少;③采用多级萃取时,溶质浓缩倍数大、纯化度高;④溶剂耗量大,对设备和安全要求高,需要各项防火防爆等措施。

一、液-液萃取的基本原理

液-液萃取是利用系统中组分在溶剂中的分配系数不同而分离混合物的单元操作。如图 4-1 所示,液-液萃取至少涉及 3 种物质,即原料液中的溶质(A)、原溶剂(B)和萃取剂(S)。加入的萃取剂(S)与原料液(A+B)形成的三组分物系。

液-液萃取操作包括下列步骤:①原料液(A+B)与萃取剂 S 的混合接触;②萃取相 E 与萃余相 R 的分离;③从两相中分别回收萃取剂而得到产品 E′ 和 R′。

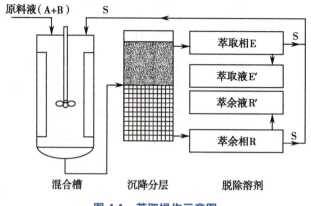

图 4-1 萃取操作示意图

1. 分配系数 在一定温度下,达到平衡时溶质在两相中的溶解度之比称为分配系数,用 k 表示。溶质 A 在两相中的分配关系用分配系数 k_A 表示:

$$k_A = \frac{\text{组分 A 在 E 相中的浓度}}{\text{组分 A 在 R 相中的浓度}} = \frac{y_A}{x_A} \qquad \text{式(4-1)}$$

原溶剂 B 组分在两相中的分配关系用分配系数 k_B 表示:

$$k_B = \frac{\text{组分 B 在 E 相中的浓度}}{\text{组分 B 在 R 相中的浓度}} = \frac{y_B}{x_B} \qquad \text{式(4-2)}$$

分配系数反映了被萃取组分在两个平衡液相中的分配关系。分配系数的值越大,被萃取物越容易进入萃取相,萃取分离效果越好。分配系数与溶剂的性质与温度有关,在温度一定的情况下为常数,应根据实验来测定。$k = 0$ 表示待萃取物不被萃取;$k = \infty$ 表示待萃取物完全被萃取。

2. 萃取剂的选择性及选择性系数 选择性是指萃取剂 S 对溶质 A 和原溶剂 B 的溶解能力的差别。若萃取剂 S 对溶质 A 的溶解能力比对原溶剂 B 的溶解能力大得多,那么这种萃取剂的选择性就好。萃取剂的选择性可用选择性系数 β 来衡量,即:

$$\beta = \frac{k_A}{k_B} = \frac{y_A/x_A}{y_B/x_B} \qquad \text{式(4-3)}$$

由式(4-3)可知,选择性系数 β 是溶质 A 和原溶剂 B 分别在萃取相 E 和萃余相 R 中的分配系数之比。β 与蒸馏中的相对挥发度 α 很相似,若 $\beta = 1$,则 $k_A = k_B$,$y_A/x_A = y_B/x_B$,即 $y_A/y_B = x_A/x_B$,即萃取相和萃余相分别脱出萃取剂后,得到的萃取液 E′ 与萃余液 R′ 具有同样的组成,并与料液的组成一样,说明该混合液不能用萃取方法分离。若 $\beta > 1$,则 $k_A > k_B$,萃取分离能够实现;β 越大,分离越容易。由 β 的大小可判断所选择的萃取剂是否适宜和萃取分离的难易。

萃取剂的选择性好,则对于特定的分离任务,可减少萃取剂用量,降低回收溶剂操作的能量消耗,并且可获得纯度较高的产品。

二、液 - 液萃取工艺过程

工业上萃取工艺操作包括三个步骤:①将料液与萃取剂在混合设备中充分混合,使溶质自料液中转入萃取剂中,该过程称为混合操作;②将混合液通过离心分离设备或其他方法分成萃取相和萃余相,该过程称为分离操作;③溶剂回收操作。

根据混合分离次数,工业上的萃取工艺操作分为单级萃取和多级萃取,后者又可分为多级错流萃取和多级逆流萃取。

(一) 单级萃取工艺

单级萃取只包括一个混合器和一个分离器,工艺流程较简单,如图 4-2 所示,生产中大多采用间歇式操作方式。原料液 F 与萃取剂 S 借助于搅拌器的作用在萃取器内进行充分混合,然后将混合液引入分离器,分为萃取相与萃余相两层。最后将两相分别引入萃取剂回收设备以回收萃取剂,萃取剂可循环使用。单级萃取的萃取效率不高,对原料液不能较完全地进行分离,一般适用于分离要求不高的工艺。

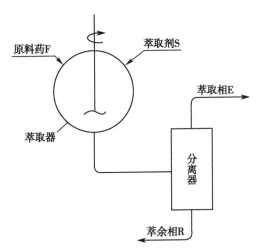

图 4-2 单级萃取工艺流程示意图

(二) 多级萃取工艺

多级萃取是在多级串联的设备中进行多级萃取的方法。每级包括一个萃取混合器和一个分离器。

1. 多级错流萃取工艺 单级萃取设备中所得到的萃余相中,往往还含有较多的溶质。为了将这些溶质进一步萃取出来,可采用多级错流萃取,即将若干个单级萃取设备串联使用,并在每一级中均加入新鲜萃取剂。如图 4-3 所示,原料液 F 从第 1 级中加入,各级中均加入新鲜萃取剂 S_1、S_2、……、S_n,由第 1 级中分出的萃余相 R_1 引入第 2 级,由第 2 级中分出的萃余相 R_2 再引入第 3 级……各级 R_n 依次送入 $n+1$ 级,最后一级的萃余相 R_n 进入萃取剂回收装置,得到萃余液 R′。各级分出的萃取相汇集后送到萃取剂回收装置,得到萃取液 E′。回收的萃取剂循环使用。

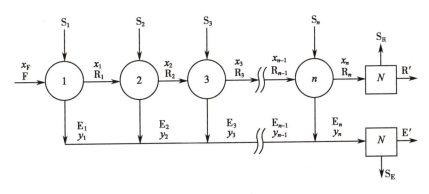

图 4-3 多级错流萃取流程示意图

多级错流萃取的总溶剂用量为各级溶剂用量之和,大量实践证明,当各级溶剂用量相等时,达到一定的分离程度所需的总溶剂用量最少,故在多级错流萃取操作中,一般采用各级溶剂用量相等的萃取操作。

多级错流萃取时,由于每一级都加入新鲜萃取剂,使萃取过程推动力增加,有利于萃取传质,并可降低最后萃余相中的溶质浓度。但萃取剂用量大,其回收和输送的能耗增加,导致这一流程的应用受到一定限制。

2. 多级逆流萃取工艺 多级逆流萃取流程与上述多级错流萃取流程相比,所不同的是萃取剂 S 不是分别加入各级,而是在最后一级一次性加入,其萃取相 E_n 逐次通过各级,最终由第 1 级排出萃取相 E_1。如图 4-4 所示,原料液 F 从第 1 级加入,其萃余相 R_n 逐次通过各级,末一级(图中第 N 级)排出萃余相 R_N。萃余相 R_N 与萃取相 E_1 可分别送入萃取剂回收设备,回收的萃取剂循环使用。这种流程与上述多级错流萃取流程相比,萃取效率高,可获得产物浓度很高的萃取液,产物收率高,同时萃取剂耗用量大大减少,因而在工业上被广泛应用。

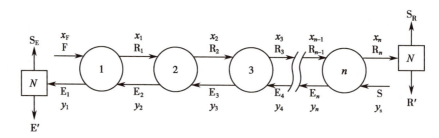

图 4-4 多级逆流萃取流程示意图

三、液 - 液萃取过程控制与溶剂回收

(一) 液 - 液萃取过程控制

1. pH 在萃取操作中,正确选择 pH 很重要。pH 不仅影响弱酸或弱碱性药物的分配系数,也影响药物的稳定性,而分配系数又直接与收率有关,所以合适的 pH 应权衡这两方面因素来决定。低 pH 有利于酸性物质分配在有机相、碱性物质分配在水相。物理萃取时,弱酸性电解质的分配系数 k 随 pH 降低(即氢离子浓度增大)而增大,弱碱性电解质则正好相反。

> **你问我答**
>
> **问题**:某大型制药厂生产青霉素,从发酵液中提取产物,产物为有机弱酸,其 pK_a 为 2.75,请为萃取液选择合适的 pH。
>
> **答案**:用乙酸正丁酯提取青霉素,在 0℃、pH=4.4 时,分配系数等于 1,即在此条件下,水相和乙酸正丁酯相平衡浓度相等。当 pH<4.4 时,易溶于乙酸正丁酯的青霉素(分子型)浓度超过了易溶于水溶液的青霉素(离子型)的浓度;当 pH>4.4 时,易溶于乙酸正丁酯相的青霉素(分子型)浓度低于易溶于水相的青霉素(离子型)的浓度。从理论上讲,pH 越低,萃取效果越好。但实际上青霉素在 pH<2.0 的条件下易发生降解反应,故生产上选择酸化 pH 为 2.0~2.2。

2. 萃取温度和时间 温度对药物萃取有很大影响。药物在高温条件下不稳定,故萃取一般应在低温下进行,且由于有机溶剂与水之间的互溶度随温度升高而增大,而使萃取效果降低。另外,温度对分配系数也有影响,如红霉素的分配系数随温度升高而升高,反萃取时的分配系数则相应降低。

萃取时间越长,萃取过程越接近平衡状态,萃取收率越高。但萃取时间也影响药物的稳定性,如在青霉素萃取中,pH、温度与时间三者对青霉素稳定性的影响要特别注意,因青霉素遇酸、遇碱或加热都易分解而失去活性,而且其分子很容易发生重排,在酸性水溶液中青霉素极不稳定,转入乙酸正丁酯中后稳定性略有提高,但随着时间的延长,效价会有所降低。因此,在青霉素萃取过程中,温度要低,时间要短,pH 要严格控制。

3. 盐析作用　盐析剂(如氯化钠、氯化铵及硫酸铵)对萃取过程的影响有 3 个方面:①由于盐析剂与水分子结合导致游离水分子减少,降低了药物在水中的溶解度,使其易转入有机相;②盐析剂能降低有机溶剂在水中的溶解度;③盐析剂可使萃余相比重增大,有助于分离两相。但盐析剂的用量要适当,用量过多会使盐析剂以杂质的形式转入有机相,对后续分离过程造成影响。

4. 萃取溶剂种类、用量及萃取方式　溶剂萃取时,应根据目标产物以及与其共存杂质的性质选择合适的有机溶剂,使溶剂对目标产物有较高的选择性。根据"相似相溶"原理,选择与目标产物极性相近的有机溶剂为萃取剂,可以得到较大的分配系数。在选择萃取剂用量时,既要考虑浓缩的目的,又要考虑收率和质量。一般情况下,分配系数不太大的溶剂,浓缩倍数(料液体积/萃取剂体积)应小一些,如青霉素酸化第一步提取时采用 1.5~2 倍,而第二步碱化提取时分配系数对水来说可达 180,则浓缩倍数可以大一些,一般可浓缩 4~5 倍。萃取剂用量对单级萃取收率的影响较大,但同样的溶剂用量,对多级逆流萃取的收率影响要小得多,也优于错流提取,故一般多采用三级逆流萃取。

(二) 萃取剂回收

在药物萃取分离过程中,溶剂消耗占生产成本的比例很大,应尽量对萃取剂加以回收,供生产循环套用。除一些质量好的母液溶剂和反萃取后的萃余液可在提取时直接套用外,其他溶剂的回收都需经过蒸馏来实现。蒸馏一般有简单蒸馏和精馏两种。在简单蒸馏过程中不进行回流,间歇式操作,适用于回收沸点相差很大的混合溶剂、需除去难挥发性杂质的溶剂或对分离要求不高的粗分离。精馏适用于组分沸点比较接近的分离,通过多次部分汽化和多次部分冷凝,使混合液体分离为较纯的组分。对废液中溶剂浓度较低的回收,也需通过精馏来完成。回收方法和条件的选择,取决于待回收溶剂的组分和性质以及对回收溶剂的规格要求等具体情况,尽可能用简单的方法满足生产上的需要。一般可分为以下 4 种情况。

1. 单组分溶剂的回收　此类溶剂仅需除去其中不挥发性杂质(如色素等),所以可采用简单蒸馏的方法。如仅含少量水、有机酸和色素等杂质的废乙酸正丁酯,由于乙酸正丁酯与水能形成二元恒沸混合物(恒沸点为 90.2℃,恒沸混合物组成为:乙酸正丁酯 71.3%、水 28.7%),废乙酸正丁酯中的水分很快随共沸物逸出,故蒸馏釜内温度可保持在乙酸正丁酯沸点(124℃)进行回收。

2. 低浓度溶剂的回收　如用乙酸正丁酯萃取青霉素和红霉素后的废水中含少量乙酸正丁酯,回收时常采用精馏方法。由于废水组分位于恒沸混合物与水之间,所以塔底温度应控制在水的沸点左右,塔顶温度控制在乙酸正丁酯 - 水的恒沸点(90℃)左右。由于红霉素、麦迪霉素等的萃取废水呈碱性,在精馏过程中,乙酸正丁酯在碱性条件下水解生成正丁醇,所以精馏的废水中存在乙酸正丁酯-水二元系统和乙酸正丁酯-正丁醇-水三元系统(恒沸点为90.6℃,恒沸混合物组成为:乙酸正丁酯35.5%、正丁醇34.6%、水29.9%)。两个系统的恒沸点非常接近,故精馏时塔顶温度应控制在91℃左右。塔顶蒸馏物为恒沸混合物,其含水量为28%~29.9%,大大超过水在乙酸正丁酯中的溶解度,故冷凝后可分层,下层为乙酸正丁酯所饱和的水层,可将其返回塔内作回流;上层为水所饱和的乙酸正丁酯,由于色泽不合要求,往往还需再进行一次简单蒸馏。

3. 与水部分互溶并形成恒沸混合物的溶剂回收 这类溶剂回收可采用简单蒸馏和精馏。如对四环素碱和盐酸盐结晶母液中所含丁醇的回收,当采用简单蒸馏时,开始蒸出来的是丁醇-水恒沸混合物(恒沸点为92.6℃,恒沸混合物组成为:丁醇57.5%、水42.5%),经冷凝后即分层,分去水层,上层为丁醇层(丁醇79.9%、水20.1%),丁醇层并入下批回收溶剂反复蒸馏,直至蒸完,蒸出来的丁醇含水量在3%以下,可供四环素碱结晶用。将含3%水分的丁醇再蒸馏一次,收集118℃以上的馏分,得到的丁醇含水量在0.5%以下,可供四环素盐酸盐结晶使用。

4. 完全互溶但并不形成恒沸混合物的溶剂回收 如丙酮-丁醇混合溶剂,由于其沸点相差较大(丙酮沸点为56.1℃,丁醇沸点为117.4℃),采用精馏方法很容易得到纯组分,即丙酮和丁醇。如果混合溶剂要反复使用,则不需要将它们分成纯组分,只需经过蒸馏方式除去不挥发物质,然后测定混合溶剂的比例,再添加不足的溶剂使之达到要求,即可作为萃取剂重新用于生产。例如普卡霉素采用乙酸乙酯-丁醇(4:1)混合溶剂萃取,将萃取后的废溶剂经过简单蒸馏,然后取少量试样,利用气相色谱测定乙酸乙酯与丁醇的含量,添加不足的溶剂后再用于生产。

了解溶剂的性能及毒性并制定安全制度,是保证溶剂回收过程安全的重要手段。由于大多数溶剂具有毒性、易燃性、易爆性,在回收中要特别注意防止火灾发生,保证人身安全。

> **边 学 边 练**
> 进行药物液-液萃取,请见"实训项目三 红霉素有机溶剂萃取"。

点滴积累

1. 液-液萃取是利用系统中组分在溶剂中的分配系数不同而分离混合物的单元操作。
2. 在一定温度下,达到平衡时溶质在两相中的溶解度之比称为分配系数,用 k 表示。分配系数表达了某一组分在两个平衡液相中的分配关系。分配系数越大,萃取分离的效果越好。
3. 液-液萃取工艺主要有单级萃取和多级萃取,多级萃取又可分为多级错流萃取和多级逆流萃取。

第三节　固-液萃取技术

固-液萃取(固体浸取)是指用溶剂将固体物中的某些可溶性组分提取出来,使之与固体的不溶部分(或称惰性物)分离的过程。被萃取物质在原固体中,可能以固体形式或液体形式(如挥发物或植物油)存在。固 - 液萃取在制药工业中被广泛应用,尤其是从中草药等植物中提取有效成分,或从生物细胞内提取特定成分。如用石油醚萃取青蒿中的青蒿素就是典型的固 - 液萃取实例。

知识链接

屠呦呦与青蒿素

屠呦呦是中国著名的药学家和寄生虫学家,她在抗击疟疾方面作出了杰出贡献,于 2015 年荣获诺贝尔生理学或医学奖,成为第一位获得此奖项的中国科学家。2019 年,屠呦呦被授予“共和国勋章”。

疟疾是一种严重危害人类生命健康的世界性流行病。20 世纪 60 年代,在氯喹抗疟失效、人类饱受疟疾之害的情况下,屠呦呦接受了艰巨的抗疟研究任务。屠呦呦小组整理中医药典籍、走访名老中医,最终通过采用低沸点溶剂乙醚作为萃取剂,提取出具有高效、速效、低毒的抗疟功效的青蒿素,挽救了全球尤其是发展中国家数百万人的生命。

一株小草,改变世界。几十年来,屠呦呦一直致力于青蒿素的研究,为了一个使命埋头苦干、潜心钻研。这种坚持不懈、脚踏实地的工作精神值得我们去学习和发扬。

一、固 - 液萃取的基本原理

固 - 液萃取就是利用适当的溶剂和方式把植物等固体物中的有效成分分离出来的操作过程,又称为浸取,也称为提取。浸取所得到的液体称为浸出液,浓缩干燥后称为浸膏。

固体与溶剂经过长时间接触后,溶质溶解过程结束,此时固体内空隙中液体的浓度与固体周围液体的浓度相等,液体的组成不再随时间而改变,即固 - 液体系达到平衡状态,这个过程就是浸取过程,一般包含以下几个阶段。

1. 浸润渗透　浸润渗透是指溶剂被吸附在植物材料表面,由于液体静压力和植物材料毛细作用,被吸附的溶剂渗透到植物细胞组织内部的过程。溶剂渗透到植物细胞组织中后使干瘪的细胞膨胀,恢复细胞壁的通透性,形成通道,能够让目的产物从细胞内扩散出来。

2. 解吸与溶解　由于目的产物各成分在细胞内相互之间有吸附作用,需要破坏吸附力才能溶解。因此,溶剂在溶解溶质之前首先要解除吸附作用,即解吸。解吸后溶质进入溶剂即溶解。

3. 扩散　随着细胞内溶质进入溶剂而浓度增大,在细胞内外产生了溶质浓度差,从而产生了渗透压,溶质进入低浓度溶液中,溶剂进入高浓度溶液中,发生溶质从高浓度部位向低浓度部位的扩散过程。扩散可分为内扩散和外扩散两个阶段。内扩散就是细胞内已经进入溶剂中的溶质,随溶剂通过细胞壁转移到细胞外的过程;外扩散就是植物材料和溶剂边界层的溶质传递到溶剂主体中去的过程。

研究表明,在通常浸取条件下,溶剂进入细胞后,溶质的溶解速度很大,但溶质的内扩散速度和外扩散速度较低。提高扩散速度的途径有两条:①通过搅拌产生湍流,提高外扩散速度;②不断用溶剂置换出固 - 液界面上的浓溶液,始终保持细胞内外高浓度差,促使溶质不断扩散出细胞壁,强化浸取操作。

二、固 - 液萃取常用溶剂

（一）常用的溶剂

因为提取的成分绝大多数用作医药、食品领域,所以提取用的溶剂必须是安全的,即对有效成分是有化学惰性的、对人无毒理反应、能最大限度地浸出目的产物而最小程度地浸出非目的产物。另外,在经济上是廉价的。事实上,同时满足上述条件的溶剂几乎没有。在实际生产过程中,往往是多种溶剂按一定比例混合使用,以达到生产要求。

常见溶剂的极性由大到小排列顺序为:水→乙醇→丙酮→乙酸乙酯→乙醚→三氯甲烷→甲苯→石油醚。

1. 水 极性大,溶解范围广,价格便宜。植物中多种成分如生物碱盐类、苦味物质、有机酸、蛋白质、单糖和低聚糖、淀粉、菊糖、树脂、果胶、黏液质、色素、维生素、酶和少量挥发油等都能被水溶解浸出。其缺点是选择性差,非目的产物的浸出量大,给纯化操作带来困难。

2. 乙醇 中强极性,能与水以任意比例相混,乙醇浓度越高则溶液极性越低。各种目的产物在乙醇中的溶解度随乙醇浓度的变化而变化。90% 的乙醇可用来浸取挥发油、有机酸、树脂、叶绿素等,50%~70% 的乙醇可用来浸提生物碱、苷类等,50% 以下的乙醇可用来浸取苦味物质、蒽醌类化合物。

3. 乙醚 乙醚是非极性溶剂,微溶于水(1:12),可与乙醇及其他有机溶剂任意混溶。选择性强,能溶解生物碱、树脂、挥发油、某些苷类等。大部分溶解于水的成分在乙醚中不溶解。乙醚的缺点是易燃、价格高、有副作用,其常用于精制提纯,最后要从溶液中完全除去。

4. 三氯甲烷 是非极性溶剂,在水中微溶,与乙醇、乙醚能任意混溶。可溶解生物碱、苷类、挥发油、树脂等,不能溶解蛋白质、鞣质等极性物质。三氯甲烷有强烈的药理作用,应在浸出液中尽量除去。

除此之外,丙酮和石油醚也是常用溶剂,可以用于脱水、脱脂和浸取,但有较强的挥发性和易燃性,且具有一定的毒性,故应从最后制剂中除去。

（二）辅助剂

为提高浸提效果,增加目的产物的溶解度,增加制剂的稳定性,以及除去或减少某些物质,常在浸提溶剂中加入辅助剂。常用辅助剂有酸、碱和表面活性剂。

1. 酸 加入硫酸、盐、乙酸、酒石酸、枸橼酸等,可促进生物碱溶解,提高部分生物碱的稳定性,同时可使有机酸游离而易被溶剂萃取。

2. 碱 加入氨水、碳酸钙、碳酸钠、碳酸氢钠等,可增加皂苷、有机酸、黄酮、蒽醌和某些酚性成分的溶解度和稳定性。在含生物碱的浸取液中加入碱可使生物碱游离,便于后续萃取。

3. 表面活性剂 表面活性剂可发挥润湿、增溶作用,降低植物材料与溶剂间的界面张力,使润湿角变小,促使溶剂和材料之间的润湿渗透。常用表面活性剂有非离子型、阴离子型、阳离子型,需根据植物材料和溶剂确定使用型号。

三、固 - 液萃取的操作方法

(一) 煎煮法

将植物用水加热煮沸一定时间来提取目的产物的方法称为煎煮法。这是一种传统方法,可分为常压煎煮法、加压煎煮法和减压煎煮法。常压煎煮法是应用最广泛的方法。煎煮法适合于目的产物可溶于水,且对加热不敏感的植物材料。

1. 工艺操作过程 将已预处理过的植物材料装入煎煮容器中,用水浸没原材料,待植物材料润胀软化后,用直接蒸汽加热至沸腾,然后改用间接蒸汽加热,保持微沸状态,经过一定时间后将浸取液通过筛网过滤装入贮液罐,用新鲜水重复 3 次,合并浸取液,静置过夜,沉淀过滤,所得滤液即浸提液经浓缩干燥后,即得提取物。

2. 煎煮设备 煎煮设备目前广泛使用的是多功能提取罐。多功能提取罐可以进行多种方法的浸取操作。

(二) 浸渍法

浸渍法属于静态提取方法,是将已预处理过的植物材料装入密闭容器,在常温或加热条件下进行浸取目的产物的操作过程。浸渍提取流程如图 4-5 所示,通过浸渍法所得的浸取液在不低于浸渍温度下能较好地保持其澄清度,操作简单易行,其缺点是时间长、溶剂用量大、浸出效率低。

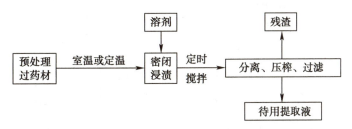

图 4-5　浸渍提取流程

1. 操作过程 按照操作温度不同,浸渍法可分为冷浸法和热浸法。

(1)冷浸法:在室温或更低温度下进行的浸渍操作。一般是将植物材料装入密闭浸渍器中,加入溶剂后密闭,于室温下浸泡 3~5 日或更长的时间,适当振动或搅拌。到规定时间后过滤浸出液,压榨残渣,使残液析出,将压榨液与滤液合并,静置 1 日后再过滤,得浸出液待用。

(2)热浸法:热浸法与冷浸法操作相似,只是当植物材料被装入密闭容器后需通蒸汽加热。在热浸法中如使用乙醇作溶剂,浸渍温度应控制在 40~60℃的范围内;如果是用水作溶剂,浸渍温度可以控制在 60~80℃的范围。热浸法可大幅度缩短时间,提高浸取效率,但提取出的杂质较多,浸取液澄清度差,冷却后有沉淀析出,需要精制。

2. 浸渍设备 浸渍法所使用的设备主要是浸渍器和压榨器。各种多功能提取罐都可以作浸渍器使用。

（三）渗漉法

将植物材料粉碎后,装入上大下小的渗漉筒或渗漉罐中,用溶剂边浸泡边流出的连续浸取过程称为渗漉。在渗漉过程中,溶剂从上方加入,连续流过植物材料而不断溶出溶质,溶剂中溶质浓度增大,到最后以高浓度溶液流出。

渗漉法提取过程类似多次浸出过程,浸出液可以达到较高的浓度,浸出效果好。同时,渗漉法无须加热,溶剂用量少,过滤要求低,适用于热敏性、易挥发和剧毒物质的提取。使用渗漉法可以提取含量低但要求有较高提取浓度的植物中的成分,但不适用于黏度高、流动性差的物料提取。

1. 单级渗漉工艺 流程如图 4-6 所示。

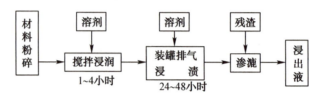

图 4-6　单级渗漉工艺流程图

2. 操作过程 首先将植物材料净选后进行前处理,并粉碎成要求的规格。颗粒规格一般是中粗级,对于切片要求厚度为 0.5mm。原材料颗粒太细,溶剂难以通过而影响浸取速度。其次,用 0.7~1 倍量的溶剂浸润原材料 4 小时左右,待原材料组织润胀后将其装入渗漉罐中,将料层均匀压平,用滤纸或纱布盖料,再覆盖盖板,以免原材料浮起。再次浸渍排气。将原材料装入罐后,打开底部阀门,从罐上方加入溶剂,将原材料颗粒之间的空气向下排出,待空气排完后关闭底部阀门,继续加溶剂至超过液面 5~8cm,加盖放置 24~48 小时。最后将溶剂从罐上方连续加入罐中,打开底部阀门,调整流速,进行渗漉浸取。渗漉罐和连续渗漉工艺流程见图 4-7。

3. 常见渗漉设备 渗漉设备常用渗漉筒或渗漉罐,也有制药企业采用多功能提取罐进行渗漉浸取。

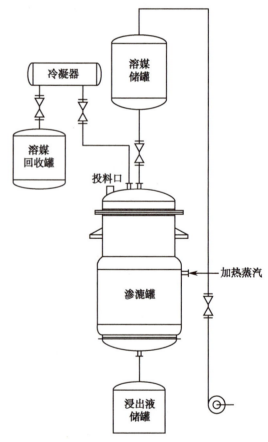

图 4-7　渗漉罐和连续渗漉工艺流程

浸渍法与渗漉法的异同点

浸渍法与渗漉法的主要区别在于：①浸渍法为静态提取，溶剂利用率低，有效成分浸出不完全；渗漉法为动态提取，溶剂利用率高，有效成分浸出完全。②浸渍法适用于黏性药物、无组织结构的药材、新鲜及易于膨胀的药材、价格低廉的芳香性药材；渗漉法适用于贵重药材、毒性药材、有效成分含量低的药材。③浸渍法不能直接制得高浓度制剂；渗漉法可直接制得高浓度制剂。④浸渍法需经过滤才能得到澄清液；渗漉法不经过滤可直接得到澄清的浸出液。

浸渍法与渗漉法的相同之处：二者均不宜用水作浸出溶剂，通常用不同浓度的乙醇作溶剂，故应防止溶剂的挥发损失。

（四）回流法

回流法是用乙醇等易挥发的有机溶剂进行加热浸取的方法。有机溶剂在提取罐中受热后蒸发，其蒸气被引入到冷凝器中再次冷凝成液体，并回流到提取罐中继续进行浸取操作，直至目的产物被提取完成为止。

回流提取法本质上是浸渍法，可分为热回流提取和循环提取，其工艺特点是溶剂循环使用，浸取更加完全。缺点是加热时间长，不适用于热敏性物料和挥发性物料的提取。

进行回流提取的装置是多功能提取罐，图 4-8 是多功能提取罐及其回流提取工艺流程示意图。

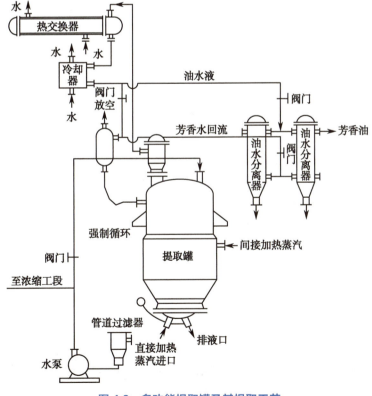

图 4-8　多功能提取罐及其提取工艺

(五) 压榨提取法

用机械加压的方法使液 - 固组织发生体积变化而使组织破碎,并使液体与固体组织分离的过程,称为压榨提取法。压榨提取法是古老的植物提取法。现在仍然被广泛应用于制糖、榨油、果汁、香油、食用色素提取等行业。

压榨提取法的优点是不破坏目的产物的组成和结构,能保持目的产物本来的组成成分的物理化学性质不改变,因而主要用于热敏性物质、水溶性氨基酸、蛋白质、酶、食用风味物质、食用色素、植物油等目的产物的提取。

1. 水溶性物质的榨取方法 本法榨取的是氨基酸、蛋白质、酶、多糖、色素等成分。所用植物原材料是新鲜材料,采用湿压榨法榨取。即在压榨过程中不断加水洗涤原材料,直到把目的产物全部榨取出来为止。在进行湿压榨法前要把原材料洗涤干净,确保无杂质,并用粉碎机粉碎成浆状然后装筐或装袋进行压榨。

压榨提取法使用的机械设备分为间歇式和连续式两种。间歇式压榨机有水平向挤压机和竖直向压榨机,连续式压榨机主要有螺旋压榨机、水平带式压榨机。在植物提取中使用较多的是螺旋压榨机。

2. 脂溶性物质的榨取法 本法榨取的是油脂、挥发油、油溶性成分。所使用的植物原材料一般是种子、果实、皮等。榨取前原材料要经过剥壳、蒸炒,使组织细胞破坏,将原材料装袋或装筐后上机压榨。在压榨过程中原材料发生的变化主要是物理变化,经过了物料变形、油脂分离、摩擦发热和水分蒸发等过程。压榨时,料胚在压力作用下,组织的内部表面相互挤压,使油脂不断从料胚孔中被挤压出来,同时原材料在高压下形成坚硬的油饼,物料粒子表面逐渐相互挤紧,直到挤压表面留下单分子层形成表面油膜,致使饼中残油无法被挤压出来为止。

知识链接

协助浸取技术

微波协助浸取技术是利用微波来提高提取效果的一种技术。传统的溶剂提取法如浸渍法、渗漉法、回流提取法等均可以微波进行辅助提取,从而成为高效的提取方法。因微波浸取技术具有快速、高效、节能、安全等优点,目前已被广泛用于多糖、生物碱、挥发油、萜类等多种中药有效成分的提取。

超声波协助浸取技术是利用超声波强烈振动所产生的机械效应、空化效应和热效应,通过增大介质分子的运动速度和增大介质的穿透力,使溶剂能快速渗透到药材细胞中,从而加速药材中的有效成分溶解于溶剂中,提高有效成分的浸出率。

四、固 - 液萃取的影响因素

在植物浸取过程中,有多种因素会影响浸取回收率。这些因素包括温度、压力、酸碱性、颗粒直径、浸取时间、溶剂用量、浸取次数、浓度梯度等。为达到浸取成本低、回收率高的浸取效果,必须获得这些因素的最佳参数,作为生产操作时的控制依据。

1. **浸出温度**　一般来讲,温度升高能使植物组织软化并促进膨胀,增加可溶性成分的溶解和扩散速度,所以浸取温度越高,浸出速度越快。但温度升高后,某些目的产物不稳定,溶液发生分解变质,同时使挥发性目的产物挥发散失。因此,要把浸取温度控制在适当的范围。中药提取时,根据处方情况可把浸取温度控制在100℃以下。

2. **药材粒度**　粒度适当细,可增大扩散面,有利于浸出;但不能过细,原因在于:①过细的粉末吸附作用会增强,使扩散速度受到影响。因此,药材的粒度要视所采用的溶剂和药材性质而有所区别。例如,以水为溶剂时,药材易膨胀,浸出时药材可粉碎得粗一些,或者切成薄片或小段;用乙醇为溶剂时,因乙醇对药材的膨胀作用小,可将药材粉碎成粗末(通过一号筛或二号筛)。药材不同,要求的粒度也不同,通常叶、花、草等疏松药材宜粉碎得粗一些,甚至可以不粉碎;坚硬的根、茎、皮类等药材,宜用薄片。②粉碎过细,可使大量细胞破裂,致使细胞内大量高分子物质(如树脂、黏液质等)胶溶进入浸出液中,而使药材外部溶液的黏度增大,扩散系数降低,浸出杂质增加。③过细的粉末会给浸提操作带来不便。如浸提液过滤困难,产品易混浊;若用渗漉法浸提时,由于粉末之间的空隙太小,溶剂流动阻力增大,容易造成堵塞,使渗漉不完全或渗漉发生困难。

3. **浓度梯度**　因在浸取过程中控制速度的关键步骤是扩散阶段,浓度梯度是细胞内、外浓度相平衡的过程,是扩散作用的主要动力,因此可以通过产生错流或湍流,不断地将植物材料表面高浓度的溶液与低浓度的溶液混合而使溶质被扩散,保持细胞内外高渗透压,提高扩散速度。通过搅拌或者用离心泵加快溶剂流动可达到提高扩散速度的目的。

4. **浸取时间**　浸取过程是一个溶剂进入细胞内溶解目的产物并向外扩散的过程,浸取所需时间的长短视植物材料本身结构和溶剂性质而定。如果原材料的组织结构细密,溶质扩散速度慢,所需时间就长;如果所用植物材料的组织疏松,则所需时间就短。溶剂穿透力强且对目的产物溶解性好则所需时间短,反之则长。浸取所用时间的长短要通过中试实验来确定,一般每批中药材提取的时间为2~4小时。

5. **操作压力**　植物提取一般是在常压沸点下进行,但对于溶剂较难渗透到植物组织内部的浸出操作,提高压力有利于浸出过程,因为在较高压力下植物组织内部细胞被破坏,可加速润湿渗透过程,使组织内部毛细孔更快地充满溶剂,有利于溶质扩散。超临界流体萃取就属于加压浸取。对于组织疏松的材料可不用加压操作,因影响其浸出速度的主要因素是扩散过程,加大压力对提高其浸出速度无显著效果。

6. **溶剂 pH**　在目的产物浸出过程中,溶剂 pH 对浸出速度有影响。某些目的产物可溶解于酸性溶剂,则应使用酸性溶剂浸提;有些目的产物易溶解于碱性溶液,因而要选择碱性溶剂提取。根据目的产物的酸碱性质可确定提取过程中溶剂 pH 的范围。

7. **溶剂用量**　在工业生产中,经验公式和经验值是技术操作的参数依据,一般溶剂用量是原材料的 2~5 倍,经过 3 次浸取即可认为提取完成。

8. **预浸泡**　植物材料多处于干燥状态,在正式浸取前需要预浸泡,使植物组织软化和细胞壁被浸润而膨胀,便于浸取时溶质的加速溶解和扩散。

课 堂 活 动
请分析液 - 液萃取与固 - 液萃取(浸取)的异同点。

第四节　超临界流体萃取技术

超临界流体萃取技术主要是利用二氧化碳等流体在超临界状态下的特殊理化性质,对混合物中的某些组分进行提取和分离的技术。与传统萃取技术相比,超临界流体萃取具有萃取产物不含或极少含有有机溶剂、萃取可以在室温下进行、操作方便、能耗低、无污染和适合处理易受热分解的高沸点物质等特性,使其应用越来越广泛,在化学工业、能源、食品和医药等领域都有应用。

一、超临界流体萃取的基本原理

超临界流体萃取技术是利用超临界流体,从固体或液体中萃取出来某种高沸点或热敏性组分,以达到分离或提纯的目的。超临界流体是指温度和压力均在本身临界点以上的高密度流体,具有与液体同样的流体性质、溶解能力,其扩散系数又接近于气体,是液体的近百倍,因此,超临界流体萃取速度快、传质效果好。当超临界流体的温度与压力连续变化时,对物质的萃取能力也发生相应的变化,即超临界流体具有一定的选择性,且萃取后药物组分的分离也比较容易,因此是一种十分理想的萃取剂。

(一) 超临界流体的性质

纯物质在单相区分别以气、液、固的形态存在;在三相点,气、液、固三态处于平衡共存状态。在临界温度以上,则无论施加多大压力,气体也不会液化。

在临界温度和临界压力以上,气液界面消失,体系性质均一,不再分为气体和液体,即以超临界流体状态存在。如图 4-9 所示,在超临界纯物质的三相图状态下,流体的密度会随温度、压力的变化而变化。此时的物质既不是气体也不是液体,但始终保持为流体。

纯物质在超临界状态下,与气体、液体在密度、黏度以及扩散系数等方面均有所不同,从表 4-1 中的数

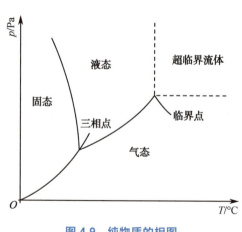

图 4-9　纯物质的相图

据可看出,超临界流体具有以下特性。

(1)溶解性能强:超临界流体的密度接近于液体,由于物质的溶解度与溶剂的密度呈正比,因此超临界流体萃取能力强。

(2)扩散性能好:超临界流体的扩散系数介于气体和液体之间,且黏度比液体要小2个数量级,因此超临界流体具有气体易于扩散的特性,传质速率高。

(3)可控性好:超临界流体的溶解能力取决于它的温度和压力,通常和流体的密度呈正相关,随流体的密度增加而增加。在临界点附近,压力、温度的微小变化会引起流体密度及其对物质溶解能力较为显著的变化。这一特性可以使在生产中通过压力、温度的变化来调整超临界流体的萃取能力,同时实现萃取与分离的操作。

表 4-1　超临界流体与气体、液体的性能比较

项目	气体(常温,常压)	超临界流体		液体(常温,常压)
		(T_c, p_c)	$(T_c, 4p_c)$	
密度 /(g/cm³)	0.002~0.006	0.2~0.5	0.4~0.9	0.6~1.6
黏度 /[kg/(m·s)]	$(1\sim3)\times10^5$	$(1\sim3)\times10^5$	$(3\sim9)\times10^5$	$(20\sim300)\times10^5$
自扩散系数 /(m²/s)	1 000~4 000	7	2	0.02~0.2

(二)超临界流体的选择

不同物质都有其相应的临界点,即临界参数不同,因此在生产中的应用也有所不同。常用超临界流体的临界参数数据见表 4-2。

表 4-2　常用超临界流体的临界参数

化合物	临界参数		
	临界温度(T_c)/℃	临界压力(p_c)/MPa	d_c/(g/cm³)
二氧化碳	31.3	7.15	0.448
乙烷	32.3	4.88	0.203
氨	132.3	11.27	0.240
水	374.4	22.20	0.334
甲醇	240.5	8.10	0.272
乙醇	243.4	6.20	0.276
异丙醇	235.5	4.60	0.273
丙烷	96.8	4.12	0.220
正丁烷	152.0	3.68	0.228
正戊烷	196.6	3.27	0.232
正己烷	234	2.90	0.234
苯	288.9	4.89	0.302
乙醚	193.6	3.56	0.267

各种萃取剂的临界性能不同,在考虑萃取能力与传质能力的同时,作为萃取剂的超临界流体还必须具备以下条件:①化学稳定性好,对设备腐蚀性小,不易与被萃取物或其他物质发生化学反应;

②临界温度不能太低或太高,最好在室温附近;③操作温度应低于被萃取溶质的分解温度;④临界压力比较容易达到,降低动力费用;⑤选择性能好,分离效果好,比较容易得到高纯度制品;⑥价格便宜,容易获得。

从表4-2中可看出,二氧化碳是首选的萃取剂。这是因为二氧化碳的临界条件(T_c = 31.3℃,p_c = 7.15MPa)容易达到,而且无毒、无味、不燃、价廉、易得。虽然乙烷的临界条件比二氧化碳优越,但其毒性及易燃易爆性使其使用受到了限制。

超临界CO_2具有如下特点:① CO_2的临界条件易于实现,整个萃取过程可以在接近室温的条件下完成。因此超临界CO_2流体萃取在分离提取具有热敏性、易氧化分解的成分方面都可应用。② CO_2临界密度是常用超临界流体萃取剂中最高的。超临界CO_2流体对有机物有很强的溶解能力和良好的选择性,其萃取能力取决于流体密度,可以通过改变操作温度和压力来改变超临界CO_2流体的密度,从而改变其溶解能力,并实现选择性萃取。③在超临界状态下,CO_2的渗透力强且有良好的流动性,溶质的传递速率较快,可大大缩短目标物质的提取时间。④ CO_2无毒,无味,无臭,具有化学惰性,不污染环境和产品。超临界CO_2还具有抗氧化、灭菌等作用,此外,CO_2价廉易得,不易燃易爆,使用安全,溶剂回收简单方便。⑤检测、分离分析方便,能与气相色谱法(gas chromatography,GC)、红外光谱(infrared spectrum,IR)、质谱法(mass spectrometry,MS)、气相色谱-质谱法(gas chromatography-mass spectrometry,GC/MS)等现代分析手段相结合,便于对萃取产品进行药物、化学或环境分析等。

但是,与传统的有机溶剂萃取相比,超临界CO_2流体萃取也存在一定局限,例如对脂溶性成分的溶解能力较强而对水溶性成分的溶解能力较弱;设备造价相对较高,更换产品时设备清洁较为困难,目前适用于高附加值产品的提取。

二、超临界流体萃取过程

超临界流体萃取过程是由萃取段与分离段组成的,如图4-10所示。固体原料经粉碎细化,液体原料则直接进入萃取设备,在超临界状态下进行萃取操作;萃取后进行萃取残质B与萃取液的分离;然后萃取液(溶剂与萃取质A)一起进入到分离装置中进行分离,分离后的萃取剂经加压、降温后循环使用,从而获得较纯净的萃取质A,完成超临界流体萃取过程。超临界流体萃取的操作方式,一般可分为3种。

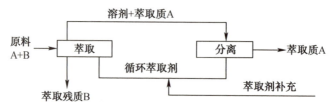

图 4-10 超临界流体萃取基本过程

(1)等温法：在温度一定的条件下，超临界流体减压、膨胀，使溶质与萃取剂分离，溶质从分离槽下部取出，萃取剂经压缩后返回萃取槽循环使用。

(2)等压法：在压力一定的条件下，超临界流体经加热、升温，使萃取剂与溶质分离，从分离槽下部取出萃取质，萃取剂经冷却后返回萃取槽循环使用。

(3)吸附法：在分离槽中，萃取液中的萃取质被吸附剂吸附，萃取剂经加压后返回萃取槽循环使用。

超临界流体萃取分离过程的3种典型流程见图4-11。其中等温法和等压法两种流程主要用于提取萃取相中的溶质，萃取槽中留下的萃余物为所需要的提纯组分；吸附法则适用于萃取质为需要除去的有害成分。

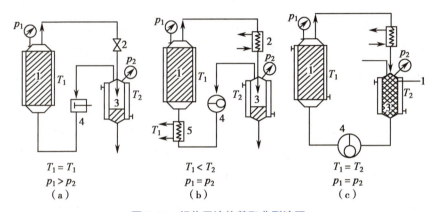

图 4-11　超临界流体萃取典型流程

注：图（a）中1为萃取槽，2为膨胀阀，3为分离槽，4为压缩机（等温法）；图（b）中1为萃取槽，2为加热器，3为分离槽，4为泵，5为冷却器（等压法）；图（c）中1为萃取槽，2为吸收剂或吸附剂，3为分离槽，4为泵（吸附法）。

三、影响超临界流体萃取的因素

1. 萃取压力的影响　萃取压力是超临界流体萃取过程中最重要的参数之一。超临界流体的溶解能力一般与密度呈正比，当萃取温度一定时，压力增加，流体的密度增大，尤其是在临界压力附近，压力的微小变化会引起密度的急剧改变，而密度的增加将提高溶解度。

对于不同的物质，其萃取压力有很大的不同。例如，对于碳氢化合物和酯等弱极性物质，萃取可在较低压力下进行，一般压力为7~10MPa；对于含有—OH、—COOH这类强极性基团的物质以及苯环直接与—OH、—COOH基团相连的物质，萃取压力要求高一些；而对于强极性的苷以及氨基酸类物质，一般在萃取压力大于50MPa才能萃取出来。

2. 温度的影响　萃取温度是超临界流体萃取的另一个重要影响参数。温度对超临界流体溶解能力的影响比较复杂，主要有两方面：一方面，在一定的压力下，升高温度，物质的蒸气压增大，提取成分的挥发性增加，扩散速度也提高，从而有利于成分的萃取；另一方面，温度升高，超临界流体的密度减小，从而导致流体溶解能力的降低，对萃取不利。因此，萃取温度对萃取效率的影响常常有一个最佳值。在实际操作过程中应详细考察不同温度条件下萃取效果,尽可能地找到最佳萃取温度。

3. 萃取剂流量、萃取时间的影响　在萃取过程中,萃取剂流量一定时,萃取时间越长,收率越高。而萃取收率一定时,流量越大,溶剂、溶质间的传质阻力越小,萃取的速度越快,所需要的萃取时间越短,但萃取剂回收负荷大。因此超临界流体萃取要综合考虑选择适宜的萃取时间和流量。

4. 物料性质的影响　物料的粒度影响萃取效果,一般情况下,粒度越小,扩散时间越短,越有利于萃取的进行。但粉碎过细会增加流动阻力,反而不利于萃取。

物料含水量是影响萃取效率的重要因素,当物料中含水量较高时,水分在物料表面形成单分子水膜,阻碍了传质的进行,增加了超临界相流动的阻力。而当含水量较低时,水分子主要以非连续的单分子存在,不能形成薄膜,对萃取过程没有明显影响。可见,破坏超临界流体与被萃取物之间界面的连续水膜,使溶质与溶剂之间进行有效接触,可有效提高传质能力,使萃取速率提高。

被萃取物质的极性强弱,影响其在萃取剂中的溶解性。在弱极性的溶剂中,强极性物质的溶解度远小于非极性物质,萃取物质的溶解性随极性增加而降低。如超临界 CO_2 是一种非极性溶剂,适合弱极性物质的萃取。为使萃取范围扩大,可通过加入夹带剂来增大 CO_2 对极性物质的溶解能力。

5. 夹带剂的选择　超临界流体萃取的溶剂大多是非极性或弱极性,对亲脂类物质的溶解度较大,对较大极性的物质溶解度较小。在纯的超临界 CO_2 流体中加入一定量的极性溶剂,可显著改善超临界 CO_2 流体的极性,拓宽其使用范围,这种溶剂便称为夹带剂,或称为提携剂、共溶剂、修饰剂。夹带剂的加入对超临界 CO_2 流体的影响主要有:①增加溶解度,相应地可能降低萃取过程的操作压力;②通过选择适当的夹带剂,有可能增加萃取过程的分离因素;③加入夹带剂后,有可能单独通过改变温度达到分离解析的目的,而不必应用一般的降压流程。

6. 药材粉碎度　大多数中药必须有一定的粉碎度才能得到较好的萃取效率,特别是种子类药材。理论上,同其他提取方法类似,原料的粒度越小,萃取速度越快,萃取越完全。但粒度过小则易堵塞气路,甚至无法再进行操作,而且还会造成原料结块而出现所谓的沟流。沟流的出现,一方面会使原料的局部受热不均匀;另一方面在沟流处流体的线速度增大,摩擦发热,严重时还会使某些生物活性成分遭受破坏。对于中药来说,由于其生物多样性,不同的中药质地有很大的差别,应根据具体品种确定是否需要粉碎及其粉碎度。

> **边学边练**
> 进行天然药物超临界流体萃取,请见"实训项目四　超临界二氧化碳流体萃取植物油"。

点滴积累

1. 超临界流体萃取技术是利用超临界流体从固体或液体中萃取出来某种高沸点或热敏性组分,以达到分离或提纯的目的。
2. 超临界流体萃取技术常选用 CO_2 作为超临界流体。
3. 超临界流体萃取技术的影响因素有压力、温度、萃取剂的流量和时间、物料性质、夹带剂等。

第五节　其他萃取技术

一、双水相萃取技术

1. 双水相萃取的原理　双水相现象是当两种聚合物或一种聚合物与一种盐溶于同一溶剂时，由于聚合物之间或聚合物与盐之间的分子存在空间阻碍作用，无法相互渗透，当聚合物或无机盐浓度达到一定值时，就会分成不互溶的两相，因为使用的溶剂是水，所以称为双水相。典型的双水相系统见表 4-3。

表 4-3　典型的双水相系统

类型	形成上相的聚合物	形成下相的聚合物
非离子型聚合物 / 非离子型聚合物	聚乙二醇（polyethylene glycol，PEG）	葡聚糖（Dex）、聚乙烯醇
	聚丙二醇	聚乙二醇、聚乙烯吡咯烷酮
高分子电解质 / 非离子型聚合物	羧甲基纤维素钠	聚乙二醇
高分子电解质 / 高分子电解质	葡聚糖硫酸钠	羧甲基纤维素钠
聚合物 / 低分子量化合物	葡聚糖	丙醇
聚合物 / 无机盐	聚乙二醇	磷酸钾、硫酸铵
有机溶剂 / 无机盐	乙醇、丙醇等	磷酸盐、硫酸盐

利用物质在互不相溶的两水相间分配系数的差异进行萃取的方法称为双水相萃取法。当物质进入双水相系统后，由于表面性质、电荷作用和各种力（如疏水键、氢键和离子键等）的存在和环境因素的影响，使其在上、下相中的浓度不同。物质在两相中的分配系数主要有两个影响因素，即表面自由能和表面电荷。

双水相萃取技术被广泛应用于所有生物活性物质的分离中，如氨基酸、多肽、核酸、各类细胞、病毒等的分离纯化，尤其是应用在蛋白质的大规模分离中。

2. 双水相萃取的特点　与一些传统的分离方法相比，双水相萃取技术具有其独有的特点：①作用条件温和；②产品活性损失小；③无有机溶剂残留；④各种参数可以按照比例放大而不降低产物收率；⑤处理量大；⑥分离步骤少，操作简单，可持续操作；⑦设备投资少。

> **课堂活动**
> 分析传统的液 - 液萃取的缺点，以及双水相萃取与传统液 - 液萃取相比的优势。

3. 双水相萃取的工艺流程　双水相萃取技术的工艺流程主要由三部分构成，目标产物的萃取、聚乙二醇（PEG）的循环、无机盐的循环。

（1）目标产物的萃取：第一步萃取是将原料匀浆液与 PEG 和无机盐在萃取器中混合，然后进入分离器分相。通过选择合适的双水相组成，一般使目标蛋白质分配到上相（PEG 相），而细胞碎片、核酸、多糖和杂蛋白等分配到下相（富盐相）。

第二步萃取是将目标蛋白质转入富盐相，方法是在上相中加入盐，形成新的双水相体系，从而将蛋白质与PEG分离,以利于使用超滤或透析将PEG回收利用和进一步加工处理目标产物。

若第一步萃取选择性不高,即上相中还含有较多杂蛋白及一些核酸、多糖和色素等,可通过加入适量的盐,再次形成PEG-无机盐体系进行纯化。目标蛋白质仍留在PEG相中。

(2)PEG的循环:在大规模双水相萃取过程中,成相材料的回收和循环使用,不仅可以减少废水处理的成本,还可以节约化学试剂。PEG的回收有两种方法:①加入盐使目标蛋白质转入富盐相来回收PEG;②将PEG相通过离子交换树脂,用洗脱剂先洗出PEG,再洗出蛋白质。

(3)无机盐的循环:将含无机盐相冷却、结晶,然后用离心机分离收集。除此之外,还有电渗析法、膜分离法回收盐类或除去PEG相的盐。

4. 影响双水相萃取的因素　在双水相萃取操作中,影响分配平衡的因素很多,主要有成相聚合物的分子量和浓度、盐的种类和浓度、体系的pH和温度、菌体或细胞的种类和浓度等。

(1)成相聚合物:成相聚合物的相对分子质量和浓度都会影响分配平衡。如果聚合物的相对分子质量减小,则蛋白质就易分配于富含该聚合物的相中。这是因为成相聚合物的疏水性会对酶等亲水性物质的分配产生较大的影响,其疏水性随相对分子质量的增大而增加。在质量浓度不变的情况下,当PEG的相对分子质量增大,其两端的羟基数减小,疏水性就增加,亲水性蛋白不再向富含PEG的相中聚集而转向另一相。因此,在PEG/Dex双水相系统中,当PEG的相对分子质量降低时,蛋白质在两相中的分配系数会明显增大。

当成相聚合物的总浓度增大时,系统远离临界点,两相的性质(如疏水性)差别相应地增加,蛋白质的分配系数将偏离临界点值($m=1$),即>1或<1。此时,系统的表面张力加大,可能会发生溶质吸附在界面上的现象。因此,成相物质的总浓度越高,系线(在双水相相图上把均相和两相区域分隔开的线称为双节线,连接双节线上两点的直线称为系线)越长,蛋白质越容易分配于其中的某一相。这种情况在处理含细胞和固体颗粒的料液时比较常见。细胞或固体颗粒可在界面上集中,增加萃取难度。而可溶性蛋白质的界面吸附少,影响不大。

(2)盐的种类和浓度:盐的种类和浓度主要通过影响相间电位和蛋白质的疏水性来影响分配系数。不同电解质的正、负离子分配系数不同,当双水相系统中含有这些电解质时,两相要保持电中性,就产生了不同的相间电位。所以,盐的种类会影响蛋白质等生物大分子的分配系数。

由于各种盐的盐析效果不同,所以当盐的浓度很大时,盐析作用强烈,蛋白质的溶解度很大,表观分配系数增加。这时,分配系数与蛋白质的浓度有关。盐的浓度(离子强度)不仅影响蛋白质的表面疏水性,还会改变两相中成相物质的组成和相体积比。不同的蛋白质受离子强度的影响程度不同,因此,调节系统中盐的浓度,可以有效地萃取分离不同的蛋白质。

(3)pH:pH会影响蛋白质的解离度,改变蛋白质的表面电荷数,从而改变分配系数。此外,pH还会影响系统中缓冲物质磷酸盐的解离程度,使$H_2PO_4^-$和HPO_4^{2-}之间的比例改变,影响相间电位差,从而影响分配系数。对于某些蛋白质,pH的微小变化会使分配系数改变2~3个数量级。理论上,在相间电位为零的双水相系统中,蛋白质的分配系数不受pH的影响,而实际上对于许多蛋白质而言,相间电位为零时的分配系数会随着pH的变化而增减,这表明,蛋白质的结构和性质(如疏水性)会随pH的变化而改变。

(4)温度：温度影响双水相聚合物的组成,同时影响分配系数和蛋白质的活性。一般在临界点附近,温度对分配系数的影响比较大,远离临界点时,影响较小。1~2℃的温度变化不会影响萃取分离的效果。

一般而言,大规模的双水相萃取操作不需要冷却,在室温下即可进行,这样可以节约操作成本。此外,由于 PEG 对蛋白质有稳定作用,因此常温下蛋白质不会失活变性;同时,相对于冷却状态下而言,常温下液体黏度较低,相分离容易进行。

(5)细胞：细胞破碎的程度以及细胞壁和细胞膜不同的化学结构会导致双水相体系上、下相比例的改变,影响蛋白质的分配系数。在细胞浓度>3% 时,双水相体系中上、下相体积的比例基本不变,但是随着细胞浓度的增加,细胞破碎后释放的内含物的分配系数会迅速下降。

二、反胶束萃取技术

1. 反胶束萃取原理　反胶束是指当油相中表面活性剂的浓度超过临界胶束浓度后,其分子在非极性溶剂中自发形成亲水基向内、疏水基向外的具有极性内核的多分子聚集体。反胶束的极性内核可以溶解某些极性物质,而且在此基础上还可以溶解一些原来不能溶解的物质,即所谓二次加溶原理。

表面活性剂在非极性的有机相中超过临界胶束浓度而聚集形成反胶束,在有机相内形成分散的亲水微环境。许多生物分子如蛋白质,是亲水憎油的,一般仅微溶于有机溶剂,而且如果使蛋白质直接与有机溶剂相接触,往往会导致蛋白质变性失活,因此萃取过程中所用的溶剂必须既能溶解蛋白质又能与水分层,同时不破坏蛋白质的生物活性。

在胶束中,表面活性剂的排列方向是极性基团在外,与水接触,非极性基团在内,形成一个非极性的核心,此核心可以溶解非极性物质。若将表面活性剂溶于非极性的有机溶剂中,并使其浓度超过临界胶束浓度,便会在有机溶剂内形成聚集体,这种聚集体称为反胶束。在反胶束中,表面活性剂的非极性基团在外与非极性的有机溶剂接触,而极性基团则排列在内形成一个极性核。此极性核具有溶解极性物质的能力,极性核溶于水后,就形成了"水池"。当含有此种反胶束的有机溶剂与蛋白质的水溶液接触后,蛋白质及其他亲水物质能够通过螯合作用进入此"水池"。由于周围水层和极性基团的保护,保持了蛋白质的天然构型,不会造成蛋白质失活。反胶束萃取蛋白质的过程如图 4-12 所示。

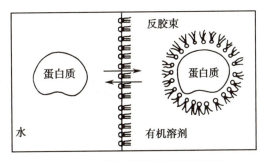

图 4-12　反胶束萃取蛋白质示意图

反胶束萃取作为一种新型的生物分离技术,能够应用于蛋白质、氨基酸等物质的分离分析。

2. 反胶束萃取的特点　反胶束萃取有很高的萃取率和反萃取率,并具有选择性;分离和浓缩可同时进行,过程简便;能解决蛋白质在非细胞环境中迅速失活的问题;由于构成反胶束的表面活性剂具有细胞破壁功能,所以可直接从完整细胞中提取具有活性的蛋白质和酶;反胶束萃取技术的成本低,溶剂可反复使用。

3. 反胶束的制备

(1)注入法:将含有蛋白质的水溶液直接注入含有表面活性剂的非极性溶剂中,然后进行搅拌直到形成透明的溶液为止。此法过程较快并可较好地控制反胶束的平均直径和含水量。

(2)相转移法:将酶或蛋白质从主体水相转移到含表面活性剂的非极性有机溶剂中形成反胶束-蛋白质溶液。即将含蛋白质的水相与含表面活性剂的有机相接触,在缓慢搅拌的情况下,一部分蛋白质转入(萃入)有机相。此过程较慢,但最终的体系处于稳定的热力学平衡状态,此法可在有机溶剂相中获得较高的蛋白质浓度。

(3)溶解法:对非水溶型蛋白质可用该法。将含有反胶束的有机溶剂与蛋白质固体粉末一起搅拌,使蛋白质进入反胶束中,该法所需时间较长。含蛋白质的反胶束是稳定的,说明反胶束"水池"中的水与普通水的性质是有区别的。

4. 影响反胶束萃取的因素

(1)水相 pH 的影响:表面活性剂的极性头是朝向反胶束的内部,使反胶束的内壁带有一定的电荷,而蛋白质是一种两性电解质,水相的 pH 决定了蛋白质分子表面可电离基团的离子化程度,当蛋白质所带电荷与反胶束内所带电荷的性质相反时,静电引力可使蛋白质转移到反胶束中;当水相 pH 大于等电点时,静电斥力使溶入反胶束的蛋白质反向萃取出来,实现蛋白质的反萃取。

(2)水相离子强度的影响:离子强度影响反胶束内壁的静电屏蔽的程度,降低蛋白质分子和反胶束内壁的静电作用力;减小表面活性剂极性头之间的相互斥力,使反胶束变小,这两方面的效应都会使蛋白质分子的溶解性下降,甚至使已溶解的蛋白质从反胶束中反萃取出来。

(3)表面活性剂的影响:蛋白质的分子量往往很大,从几万至几十万,使表面活性剂形成的反胶束的大小不足以包容大的蛋白质,而无法实现萃取,此时加入一些非离子表面活性剂,使它们插入反胶束结构中,就可以增大反胶束的尺寸,溶解相对分子质量较大的蛋白质。

(4)溶剂体系的影响:溶剂(尤其是极性溶剂)的性质对反胶束的形成和大小都有影响。常用的溶剂有烷烃类,如正己烷、环己烷、正辛烷、异辛烷等,有时也使用助溶剂,如醇类。可以通过调节溶剂体系的极性来改变反胶束的大小,增加蛋白质的溶解度。

点滴积累

1. 双水相系统是指某些高聚物之间或者高聚物与无机盐之间在水中以适当的浓度溶解,形成互不相溶的两水相或多水相系统。
2. 双水相萃取原理是利用生物大分子在两水相之间的分配比不同而达到分离纯化生物大分子的目的。
3. 反胶束是将表面活性剂溶于非极性的有机溶中,使其浓度超过临界胶束浓度,便会在有机溶剂内形成聚集体。

目标检测

ER 4-2
习题

ER 4-3
思维导图

一、简答题

1. 液-液萃取技术中,选择萃取剂应考虑哪些方面?

2. 固-液萃取一般经历哪三个阶段?

3. 超临界流体具有哪些特性?

4. 双水相萃取技术具有哪些特点?

二、实例分析

1. 挥发油传统上采用水蒸气蒸馏法进行提取,但该工艺收率较低,而且在提取过程中会导致芳香性成分大量损失及某些成分高温分解,故产品的品质较差,如何改进生产工艺?

2. 目前在中药生产过程中常用的中药浸提方法有煎煮法、浸渍法、渗漉法、回流法、水蒸气蒸馏法等,请分析浸渍法和渗漉法在应用方面各有什么优缺点。

实训项目三　红霉素有机溶剂萃取

【实训目的】

1. 通过实验,熟悉和掌握萃取操作技术。

2. 加深对分配系数的理解。

3. 了解红霉素化学效价的测定方法。

【实训原理】

由于红霉素在有机溶剂和水溶液中溶解度不同,因此,将乙酸正丁酯加到含有红霉素的水溶液后,通过混合、分离操作使红霉素从水相转移到有机相,从而达到分离和浓缩红霉素的目的。

【实训材料】

1. **实训器材**　721型分光光度计,pH计,温度计,分析天平,分液漏斗,烧杯,试管,吸管,吸耳球。

2. **实训试剂**　红霉素碱,乙酸正丁酯,碳酸盐缓冲溶液(pH为10),0.1mol/L HCl溶液,8mol/L H_2SO_4 溶液,无水乙醇,无水硫酸钠,红霉素发酵液,3.5g/L K_2CO_3 溶液。

【实训方法】

（一）红霉素的萃取

1. 准确称取 0.125g 红霉素碱 2 份，分别用少量无水乙醇溶解，然后其中一份用蒸馏水稀释至 30ml，另一份用 pH 10 的碳酸盐缓冲溶液稀释至 30ml，分别取样测定效价。

2. 分别取上述溶液 25ml 放到 125ml 分液漏斗中，然后各加入 25ml 乙酸正丁酯，盖好塞子，振摇 15 分钟，静置分层，测定操作温度并做记录，然后排放下层水相为萃余相，取样分配残液效价并测量其 pH。

3. 用吸管吸取 10ml 上层乙酸正丁酯（萃取相）放入 60ml 分液漏斗中，然后放入等体积的 0.1mol/L HCl 溶液盖好塞子，振荡 30 秒，静置分层，排放下层液（水相），并取样分配，溶液浓度换算成萃取相单位体积的浓度值。

（二）红霉素化学效价测定

吸取用缓冲溶液稀释的实验样品 5ml，加入 5ml 8mol/L H_2SO_4 溶液摇匀后，在 (50 ± 1)℃水浴中保温 30 分钟，取出冷却至室温。用 721 型分光光度计在 483nm 下比色，以蒸馏水为空白，记下吸光值，在标准曲线上查找相应浓度，乘以稀释倍数即得样品效价。

（三）标准曲线的绘制

准确称取 10~12mg 红霉素碱样品于称量皿中，加无水乙醇（10mg 样品加入 1ml 无水乙醇）后，加水稀释成 1 000μg/ml，分别吸取 0.1ml、0.2ml、0.3ml、0.4ml、0.5ml，再加入 8mol/L H_2SO_4 5ml，摇匀，于 (50 ± 1)℃水浴中保温 30 分钟取出冷却，于 721 型分光光度计在 483nm 下比色，空白为蒸馏水，以光密度为纵坐标、相应含量为横坐标，作标准曲线。

（四）红霉素发酵液中红霉素的提取和效价的测定

发酵液经过过滤后，根据确定好的倍数，吸取一定量的溶液用 3.5g/L K_2CO_3 溶液稀释，取稀释液 20ml 于分液漏斗中，加入乙酸正丁酯（工业品需处理后使用）20ml 振荡 30 秒，静置分层，排出下层液（水相）后，加入 1g 左右无水 Na_2SO_4 于乙酸丁酯中，振荡 30 秒（脱水完全），以液体透明为准。吸取此脱水液 10ml 于另一干燥分液漏斗中，准确加入 0.1mol/L HCl，振荡试管，加入 8mol/L H_2SO_4 溶液 5ml，摇匀，于 (50 ± 1)℃水浴中，30 分钟后取出冷却至室温，于 721 型分光光度计在 483nm 下比色，空白为蒸馏水。

计算：红霉素化学效价 = 发酵液稀释后体积 ×（稀释后体积 /K_2CO_3 稀释体积）×（乙酸正丁酯体积 /20）×（HCl 体积 /10）

【实训提示】

溶解过程中，尽量缩短溶解时间，溶解后立刻进行萃取。

【实训思考】

1. 计算红霉素的萃取率。

2. 将所得数据整理成表格,进行物料衡算和不同 pH 条件下分配系数数值的计算,说明溶液 pH 对分配系数的影响并分析其原因。

3. 计算红霉素萃取液的效价。

【实训报告】

包括实训目的、实训内容、实训步骤、实训问题处理、结果分析、改革成果及体会等。

【实训评价】

根据学生出勤、在实训过程中的表现、实训报告完成情况和实训测试成绩,综合评定学生的实训成绩。

实训项目四 超临界二氧化碳流体萃取植物油

【实训目的】

了解超临界二氧化碳流体萃取植物油的基本原理和超临界二氧化碳流体萃取装置的操作技术。

【实训原理】

超临界流体是指热力学状态处于临界点(critical point,CP)之上的流体,临界点是气、液界面刚刚消失的状态点,超临界流体具有十分独特的物理化学性质,它的密度接近于液体,黏度接近于气体,而扩散系数大、黏度小、介电常数大等特点,使其分离效果较好,是很好的溶剂。超临界流体萃取即在高压和合适温度下,溶剂在萃取缸中与被萃取物接触,溶质扩散到溶剂中,再在分离器中改变操作条件使溶解物质析出,以达到分离目的。

【实训材料】

1. **实训器材** 超临界二氧化碳流体萃取装置,天平,水浴锅,筛子,烘箱,多功能粉碎机,索氏提取器,一次性塑料口杯,封口膜。

2. **实训试剂** 二氧化碳气体(纯度 ≥ 99.9%),核桃仁,正己烷,无水乙醇(分析纯),三氯甲烷(分析纯),硼酸(分析纯),氢氧化钠(分析纯),石油醚(分析纯),丁基羟基茴香醚,没食子酸丙酯,维生素 E,油酸,亚油酸,亚麻酸,硫酸钾,乙酸乙酯,氢氧化钾,β- 环糊精,亚硝酸钠,钼酸铵,氨水,无水乙醚。

【实训方法】

1. **原料预处理** 取 700g 核桃仁,用多功能粉碎机粉碎,过 20 目筛。

2. **萃取** 取过 20 目筛后的 600g 核桃仁放入萃取釜 E,CO_2 由高压泵 H 加压至 30MPa,经过换热器 R 加温至 35℃左右,使其成为既具有气体的扩散性而又有液体密度的超临界流体。该流体通过萃取釜萃取出植物油料后,进入第一级分离柱 S_1,经减压至 4~6MPa,升温至 45℃,由于压力降低,CO_2 流体密度减小,溶解能力降低,植物油便被分离出来。CO_2 流体在第二级分离釜 S_2 进一步经减压,植物油料中的水分、游离脂肪酸便全部析出,纯 CO_2 由冷凝器 K 冷凝,经储罐 M 后,再由高压泵加压,如此循环使用,如图 4-13 所示。

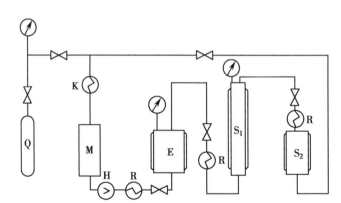

Q 为 CO_2 钢瓶;M 为储罐;S_1 为第一级分离柱;S_2 为第二级分离釜;
K 为冷凝器;R 为换热器;E 为萃取釜;H 为高压泵。

图 4-13 超临界 CO_2 萃取装置工艺流程图

3. 每隔 30 分钟从分离器中取出萃取物,并称重。

4. **计算** ①出油率 = 萃取物质量 / 原料质量;②脂肪萃取率 =(原料中的脂肪质量 – 萃取后残渣的脂肪质量)/ 原料中的脂肪质量。

【实训提示】

测定超临界二氧化碳流体萃取植物油的理化指标：米糠油相对密度（d_4^{20}）、折射率（20℃）、酸价（KOH mg/g）和色泽。

【实训思考】

1. 采用超临界流体技术，为什么选择二氧化碳？
2. 分离室的操作参数根据什么确定？

【实训报告】

包括实训目的、实训内容、实训步骤、实训问题处理、结果分析、改革成果及体会等。

【实训评价】

根据学生出勤、在实训过程中的表现、实训报告完成情况和实训测试成绩，综合评定学生的实训成绩。

（吴小瑜）

第五章 蒸馏技术

第五章 蒸馏技术（课件）

学习目标

1. **掌握** 水蒸气蒸馏、精馏和分子蒸馏的定义；精馏的分类。
2. **熟悉** 水蒸气蒸馏的基本原理和方法；精馏的基本原理、影响因素；分子蒸馏的基本原理、分子蒸馏过程及其特点。
3. **了解** 水蒸气蒸馏的特点和适用范围；精馏常用的设备；分子蒸馏常用的设备及分子蒸馏的应用。

导学情景

情景描述：

夏天傍晚，小明和一群小伙伴玩得不亦乐乎。回家后，妈妈给小明冲澡时发现小明胳膊上有好几个被蚊子叮咬出的红包，妈妈拿来风油精在叮咬处进行涂抹。小明感觉胳膊不痒也不痛了。

学前导语：

风油精具有消肿、镇痛、清凉、止痒的功效，其主要成分为薄荷脑。薄荷脑是常用的赋香剂，在医药上作用于皮肤或黏膜，有清凉止痒作用。薄荷脑可以从植物薄荷中用水蒸气蒸馏法获得，且很多药用的挥发油都可用蒸馏法获得。本章将带领同学们学习蒸馏的基本知识和基本操作，熟悉其原理和应用。

蒸馏过程主要是利用混合物中各组分的挥发程度不同而进行的分离技术。易挥发组分在气相中的相对含量比在液相中高，难挥发组分在液相中的相对含量比气相中高，故可借助多次的部分汽化、部分冷凝，达到轻、重组分成功分离的目的。例如在容器中将苯和甲苯的溶液加热使之部分汽化，形成气、液两相。当气、液两相趋于平衡时，由于苯的挥发性能比甲苯强（即苯的沸点较甲苯低），气相中苯的相对含量逐渐升高，将蒸气引出并冷凝后，即可得到含苯较高的液体。而残留在容器中的液体，甲苯的相对含量逐渐升高。这样，溶液就得到了初步的分离。多次进行上述分离过程，即可获得较纯的苯和甲苯。蒸馏过程如图 5-1 所示。

蒸馏分离的特点：①通过蒸馏分离可以直接获得所需要的产品，蒸馏操作流程通常较为简单。②蒸馏分离的适用范围广，不仅可以分离液体混合物，还可用于气态或固态混合物的分离。③蒸馏过程适用于各种浓度混合物的分离，而吸收、萃取等操作，只有在被提取组分浓度较低时才比较经济。④蒸馏操作是通过对混合液加热建立气、液两相体系的，所得到的气相还需要再冷凝液化。因此蒸馏操作耗能较大，蒸馏过程中的节能是值得重视的问题。

蒸馏是一种经济、有效的分离方法，但以下几种情况不适宜使用：①组分之间挥发度差别极小；②进料中存在高沸点组分；③化合物热力学性质不稳定；④混合物腐蚀性强。

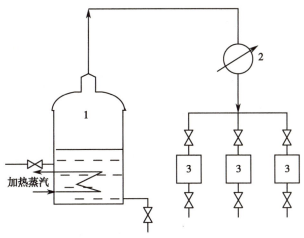

1. 蒸馏釜;2. 冷凝 - 冷却器;3. 容器。

图 5-1　蒸馏过程示意图

蒸馏是目前应用最广的一类液体混合物分离方法,可将药物原料、中间产物或粗产物进行分离,以获得符合工艺要求的产品或中间产品,被广泛应用于生物药品的制备和医药生产中药物的分离和纯化。

蒸馏操作可按表 5-1 所示分类。

表 5-1　蒸馏操作的分类

分类依据	分类	特点及应用
按蒸馏操作方式	平衡蒸馏或简单蒸馏	为一般闪蒸过程,混合液体加热后,部分液体汽化,达到初步分离的目的,多用于待分离混合物中各组分挥发度相差较大而对分离要求不高的场合,是最简单的蒸馏
	精馏	适用于待分离混合物中各组分挥发度相差不大而对分离要求较高的场合,应用最广泛
	特殊精馏	适用于待分离混合物中各组分的挥发度相差很小甚至形成共沸物,普通精馏难以分离或无法分离的场合
按蒸馏操作流程	间歇蒸馏	用于批量生产某种产品。是不稳态操作,主要应用于小规模、多品种或某些有特殊要求的场合
	连续蒸馏	是稳态操作,是工业生产中常用的蒸馏方式,适用于大规模生产的场合
按待分离混合物的组分	两组分精馏	被分离物系包含两种组分,该物系分离计算简单
	多组分精馏	被分离物系包含多种组分的混合物,在工业生产中最常见,过程更复杂
按操作压力	加压蒸馏	适用于常压下为气态(如空气)或常压下沸点接近室温的混合物
	常压蒸馏	适用于常压下沸点在 150℃左右的混合物
	减压蒸馏	适用于常压下沸点较高或热敏性物质,可降低其沸点

第一节 水蒸气蒸馏

水蒸气蒸馏是将水蒸气通入含有不溶或微溶于水但有一定挥发性的有机物的混合物中,并使之加热沸腾,从而使有机物在低于100℃的情况下随水蒸气一起被蒸馏出,达到分离提纯的目的。

水蒸气蒸馏是用于分离和提纯液态或固态有机化合物的一种方法,常用于下列几种情况:①某些沸点高的有机化合物,在常压下蒸馏虽可与副产品分离,但易被破坏,采用水蒸气蒸馏可在100℃以下蒸出;②混合物中含有大量树脂状杂质或不挥发性杂质,采用蒸馏、萃取等方法都难以分离;③从较多固体反应物中分离出被吸附的液体;④要求除去易挥发的有机物。

水蒸气蒸馏的发明和应用源于人类从植物提取精油,以用作香料。在古时候,人类提取精油的初期方法仅利用了植物中的原有水分而把精油夹带出来。为了提高产品的产量和质量,人们后来采用了加水或水蒸气蒸馏方法。虽然有超临界流体萃取、分子蒸馏等现代方法,但往往限用于少数稀贵物质的提取。从产品的产量、质量、经济效益等方面综合考虑,水蒸气蒸馏还是目前提取精油最实用的方法。

> **知识链接**
>
> #### 中国古代蒸馏酒的酿造
>
> 中国古代蒸馏酒的酿造是一门独特的技艺。工艺中有一道蒸馏工序,蒸馏器是其中的关键。上海博物馆收藏了东汉时期的青铜蒸馏器。
>
> 利用水和乙醇挥发度的差异,将10℃的乙醇原料液加热,部分汽化形成气液两相共存状态。由于乙醇挥发度比水高,气相中乙醇含量比液相中高。如果将这部分蒸汽引出冷凝,则所得冷凝液中乙醇含量一定比原料液有所提高,使乙醇和水得到初步分离。通过多次蒸馏操作后即可得到醇香适宜的白酒了。

一、基本原理

根据道尔顿分压定律,当与水不相混溶的物质与水共存时,整个体系的蒸气压应为各组分蒸气压之和,即:

$$P = P_A + P_B \qquad\qquad 式(5\text{-}1)$$

式中,P 代表总的蒸气压,P_A 为水的蒸气压,P_B 为与水不相混溶物质的蒸气压。

当混合物中各组分蒸气压总和等于外界大气压时,此时的温度即为它们的沸点。此沸点比各组分的沸点都低。因此,在常压下应用水蒸气蒸馏,就能在低于100℃的情况下将高沸点组分与水一起蒸出来。因为总的蒸气压与混合物中两者间的相对量无关,直到其中一组分几乎完全分离,温度才上升至留在瓶中液体的沸点。混合物蒸气中各个气体分压(P_A,P_B)之比等于它们的物质的量(n_A,n_B)之比,即:

$$\frac{n_A}{n_B} = \frac{P_A}{P_B} \qquad \text{式 (5-2)}$$

而 $n_A = m_A/M_A$，$n_B = m_B/M_B$。其中 m_A、m_B 为各物质在一定容积中蒸气的质量，M_A、M_B 为物质 A 和 B 的相对分子质量。因此：

$$\frac{m_A}{m_B} = \frac{M_A n_A}{M_B n_B} = \frac{M_A P_A}{M_B P_B} \qquad \text{式 (5-3)}$$

可见，这两种物质在馏液中的相对质量（即在蒸气中的相对质量）与它们的蒸气压和相对分子质量呈正比。

以苯胺为例，其沸点为 184.4℃，且和水不相混溶。当和水一起加热至 98.4℃ 时，水的蒸气压为 95.4kPa，苯胺的蒸气压为 5.6kPa，它们的总压力接近大气压力，于是液体就开始沸腾，苯胺就随水蒸气一起被蒸馏出来，水和苯胺的相对分子质量分别为 18 和 93，代入式 (5-3)，得到：

$$\frac{m_A}{m_B} = \frac{95.4 \times 18}{5.6 \times 93} \approx 3.3 \qquad \text{式 (5-4)}$$

即蒸出 3.3g 水能够带出 1g 苯胺。苯胺在溶液中的组分占 23.3%。实验中蒸出的水量往往超过计算值，是因为苯胺微溶于水，实验中尚有一部分水蒸气来不及与苯胺充分接触便离开蒸馏烧瓶。

水蒸气蒸馏是基于不互溶液体的独立蒸气压原理。在被分离的混合物中直接通入水蒸气后，当混合物各组分的蒸气分压和水蒸气的分压之和等于操作压力时，系统便开始沸腾。水蒸气和被分离组分的蒸气一起被蒸出，因被分离组分和水几乎不互溶，馏出液经过冷凝后可以分层，把水除掉即可得到产品。水蒸气蒸馏的主要优点就是能够降低蒸馏温度。

利用水蒸气蒸馏来分离提纯物质时，要求此物质在 100℃ 左右时的蒸气压在 1.33kPa 左右。如果蒸气压为 0.13~0.67kPa，则其在馏出液中的含量仅占 1%，甚至更低。为了使馏出液中的含量增高，就要提高此物质的蒸气压，也就是要提高温度，使蒸气的温度超过 100℃，即用过热水蒸气蒸馏。例如苯甲醛（沸点 178℃），进行水蒸气蒸馏时，在 97.9℃ 沸腾，这时 P_A =93.8kPa，P_B =7.5kPa，则：

$$\frac{m_A}{m_B} = \frac{93.8 \times 18}{7.5 \times 106} \approx 2.12 \qquad \text{式 (5-5)}$$

这时馏出液中苯甲醛占 32.1%。

假如导入 133℃ 过热水蒸气，苯甲醛的蒸气压可达 29.3kPa，因而只要有 72kPa 的水蒸气压，就可使体系沸腾，则：

$$\frac{m_A}{m_B} = \frac{72 \times 18}{29.3 \times 106} \approx 0.417 \qquad \text{式 (5-6)}$$

这样馏出液中苯甲醛的含量就可提高到 70.6%。

水蒸气蒸馏包括常规水蒸气蒸馏和过热水蒸气蒸馏。采用过热水蒸气蒸馏可有效地提高水蒸气蒸馏的效率，但要注意被分离组分的化学性质在操作温度范围内要稳定。

课堂活动
分析用水蒸气提纯化合物应具备的条件，以及蒸馏过程中应注意的问题。

从上面的分析可以看出,使用水蒸气蒸馏这种分离方法是有条件限制的,被提纯物质必须具备以下几个条件:①不溶或难溶于水;②与沸水长时间共存而不发生化学反应;③在100℃左右必须具有一定的蒸气压(一般不小于1.33kPa)。

二、水蒸气蒸馏方法

水蒸气蒸馏方法分为直接法和间接法两种。

直接法常用于微量实验。操作时向盛有被蒸馏物的烧瓶中加入适量蒸馏水,加热至沸腾以便产生水蒸气,水蒸气与被蒸馏物一起蒸出。对于挥发性液体和数量较少的物料,此法非常适用。

间接法是常量实验中经常使用的方法。其操作相对比较复杂,需要安装水蒸气发生器,常用水蒸气蒸馏的简单装置如图5-2所示。图中A是水蒸气发生器,可使用三颈圆底烧瓶,也可使用金属制成的水蒸气发生器,盛水量以其容积的3/4为宜。如果太满,沸腾时水将冲至烧瓶。安全玻璃管B插到发生器A的底部。当容器内气压太大时,水可沿着玻璃管上升,以调节内压。如果系统发生阻塞,水便会上升甚至从管的上口喷出,起到防止压力过高的作用。

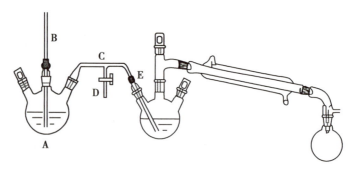

图5-2　水蒸气蒸馏装置示意图

蒸馏部分可用三颈圆底烧瓶,瓶内液体不宜超过其容积的1/3。水蒸气导入管E的末端正对瓶底中央并伸到接近瓶底2~3mm处。馏液通过接液管进入接收器,接收器外围可用冷水浴冷却。

水蒸气发生器与盛物的圆底烧瓶之间应装上一个T形管C。在T形管下端连一个带螺旋夹的胶管或两通活塞D,以便及时除去冷凝下来的水滴,应尽量缩短水蒸气发生器与圆底烧瓶之间的距离,以减少水蒸气的冷凝。

进行水蒸气蒸馏时,先将被蒸溶液置于三颈圆底烧瓶中,加热水蒸气发生器A,直至接近沸腾后再关闭两通活塞,使水蒸气均匀地进入圆底烧瓶。为了使蒸气不致在D中冷凝而积聚过多,必要时可在D下置一个石棉网,用小火加热。必须控制加热速度,使蒸气能全部在冷凝管中冷凝下来。如果随水蒸气挥发的物质具有较高的熔点,在冷凝后易析出固体,则应调小冷凝水的流速,使它冷凝后仍然保持液态。假如已有固体析出并且接近阻塞,可暂停冷凝水流动或将冷凝水暂时放去,以使物质熔融后随水流入接收器中。当冷凝管夹套中要重新通入冷却水时,要小心且缓慢,以免冷凝管因骤冷而破裂。若冷凝管被阻塞,则应立即停止蒸馏,并设法疏通(可用玻璃棒将阻塞的晶体捅出或用电吹风的热风吹化结晶,也可在冷凝管夹套中灌以热水使之熔化后流出来)。

你问我答

问题:请将异戊醇和水杨酸混合物进行分离。

答案:将 25ml 异戊醇和水杨酸的混合液倒入 100ml 三颈圆底烧瓶中,仪器安装好后,先把 T 形管上的夹子打开,加热水蒸气发生器使水迅速沸腾,当有水蒸气从 T 形管的支管冲出时,再旋紧夹子,让水蒸气通入烧瓶中。与此同时,接通冷却水,用 100ml 锥形瓶收集馏出物。当馏出液澄清透明不再有油状物时,即可停止蒸馏。旋开螺旋夹,然后才能停止加热,把馏出液倒入分液漏斗中,静置分层,将水层弃去。

在蒸馏需要中断或蒸馏完毕后,一定要先打开螺旋夹连通大气,然后方可停止加热,否则蒸馏瓶中的液体将会倒吸到 A 中。在蒸馏过程中,如发现安全管 B 中的水位迅速上升,则表示系统中发生了堵塞,此时应立即打开活塞,然后移去热源。待排除了堵塞后再继续进行水蒸气蒸馏。

在 100℃左右,蒸气压较低的化合物可利用过热蒸气来进行蒸馏。例如可在 T 形管 C 和蒸馏瓶之间串联一段铜管(螺旋形为宜),用火焰加热铜管,以提高蒸气的温度。

边学边练

从中药中提取挥发油,请见"实训项目五 从八角茴香中提取挥发油"。

点滴积累

1. 水蒸气蒸馏是将水蒸气通入不溶于水的有机物中或使有机物与水经过共沸而蒸出的操作过程。
2. 水蒸气蒸馏分为直接法和间接法两种。直接法常用于微量实验,适于挥发性液体和数量较少的物料。

第二节　精馏

精馏是多次简单蒸馏的组合,利用回流使液体混合物得到高纯度分离的蒸馏方法,是工业上应用最广的液体混合物分离操作。精馏操作可分为以下几类:①根据操作方式,可分为连续精馏和间歇精馏;②根据混合物的组分数,可分为二元精馏和多元精馏;③根据是否在混合物中加入影响气液平衡的添加剂,可分为普通精馏和特殊精馏(包括萃取精馏、恒沸精馏、加盐精馏)。若精馏过程伴有化学反应,则称为反应精馏。

一、基本原理

双组分混合液的分离是最简单的精馏操作。典型的精馏设备是连续精馏装置,如图 5-3 所示。

精馏塔供气、液两相接触,进行相际传质,位于塔顶的冷凝器使蒸气得到部分冷凝,部分冷凝液作为回流液返回塔顶,其余馏出液是塔顶产品。位于塔釜的再沸器使液体部分汽化,蒸气沿塔上升,余下的液体作为塔釜产品。进料加在塔的中部,进料中的液体和上塔段来的液体一起沿塔下降,进料中的蒸气和下塔段来的蒸气一起沿塔上升。

在整个精馏塔中,气、液两相逆流接触,进行相际传质。液相中的易挥发组分进入气相,气相中的难挥发组分转入液相。对不形成恒沸物的物系,只要设计和操作得当,馏出液将是高纯度的易挥发组分,塔釜产物将是高纯度的难挥发组分。进料口以上的塔段,把上升蒸气中易挥发组分进一步提浓,称为精馏段;进料口以下的塔段,从下降液体中提取易挥发组分,称为提馏段。两段操作的结合,使液体混合物中的两种组分较完全地分离,生产出所需纯度的两种产品。当使 n 组分混合液较完全地分离而取得 n 个高纯度单组分产品时,须有 $(n–1)$ 个塔。

精馏之所以能使液体混合物得到较完全的分离,关键在于回流的应用。回流包括塔顶高浓度易挥发组分液体和塔釜高浓度难挥发组分蒸气两者返回塔中。气液回流形成了逆流接触的气、液两相,从而在塔的两端分别得到相当纯净的单组分产品。塔顶回流入塔的液体量与塔顶产品量之比,称为回流比,它是精馏操作的一个重要控制参数,它的变化影响精馏操作的分离效果和能耗。

二、精馏设备

精馏是一种利用回流使混合液得到高纯度分离的蒸馏方法。典型的精馏设备是连续精馏装置,包括精馏塔、冷凝器、再沸器等。连续精馏操作中,原料液连续送入精馏塔内,同时从塔顶和塔釜连续得到产品(馏出液、釜残液),所以是一种定态操作过程。

1. 精馏塔　多次部分汽化和冷凝过程是在精馏塔内进行的。在精馏塔内通常装有一些塔板或一定高度的填料,前者称为板式塔,后者则称为填料塔。板式塔的塔内沿塔高装有若干层塔板,相邻两板有一定的间隔距离。塔内气、液两相在塔板上互相接触,进行传热和传质,属于逐级接触式塔设备。填料塔的塔内装有填料,气、液两相在被润湿的填料表面进行传热和传质,属于连续接触式塔设备。精馏中常采用的是板式塔。

(1)板式塔的结构:如图 5-4 所示,它是由圆柱形壳体、塔板、气体和液体的进出口等部件组成的。操作时,塔内液体依靠重力作用,自上而下流经各层塔板,并在每层塔板上保持一定的液层,最后由塔釜排出。气体则在压力差的推动下,自下而上穿过各层塔板上的液层,在液层中气、液两相密切且充分地接触,进行传质传热,最后由塔顶排出。在塔中,使两相呈逆流流动,以提供最大的传质推动力。

塔板是板式塔的核心构件,其功能是提供气、液两相保持充分接触,进行传质和传热的场所。每一块塔板上气、液两相进行双向传质,只要有足够的塔板数,就可以将混合液分离成两个较纯净的组分。

(2)塔板的流型:塔板有错、逆流两种,见表 5-2 及图 5-5。

本章只介绍错流塔板。按照塔板上气液接触元件不同,可分为多种类型,见表 5-3。

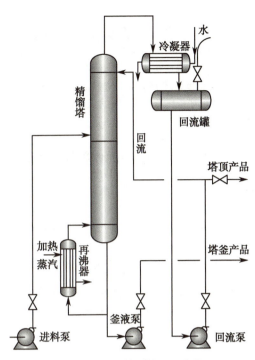

图 5-3　连续精馏装置示意图

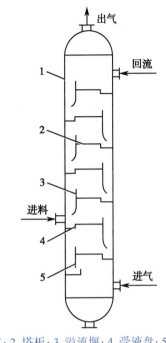

1. 塔体；2.塔板；3.溢流堰；4.受液盘；5.降液管。

图 5-4　板式塔结构示意图

表 5-2　塔板的分类

分类	结构	特点	应用
错流塔板	塔板间设有降液管。液体横向流过塔板,气体经过塔板上的孔道上升,在塔板上气、液两相呈错流接触,如图 5-5（a）所示	适当安排降液管位置和溢流堰高度,可以控制板上液层厚度,从而获得较高的传质效率。但是降液管约占塔板面积的20%,影响了塔的生产能力,而且液体横过塔板时要克服各种阻力引起液面落差,液面落差大时能引起板上气体分布不均匀,降低分离效率	应用广泛
逆流塔板	塔板间无降液管,气、液两相同时由板上孔道逆向穿流而过,如图 5-5（b）所示	结构简单,板面利用充分,无液面落差,气体分布均匀,但需要较高的气速才能维持板上液层,操作弹性小,效率低	应用不及错流塔板广泛

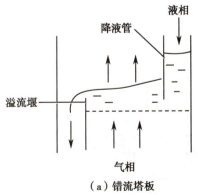

（a）错流塔板

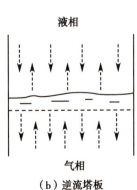

（b）逆流塔板

图 5-5　塔板分类示意图

表 5-3　塔板的类型

分类		结构	特点
泡罩塔板		每层塔板上开有圆形孔,孔上焊有若干短管作为升气管。升气管高出液面,故板上液体不会从中漏下。升气管上盖有泡罩,泡罩分圆形和条形两种,多数选用圆形泡罩,其直径尺寸一般有 80mm、100mm、150mm 三种,其下部周边开有许多齿缝,如图 5-6 所示	优点:低气速下操作不会发生严重漏液现象,有较好的操作弹性;塔板不易堵塞,对于各种物料的适应性强。 缺点:塔板结构复杂,金属耗量大,造价高;板上液层厚,气体流径曲折,塔板压降大,生产能力及板效率低。 近年来已很少应用
筛板		在塔板上开有许多均匀分布的筛孔,其结构如图 5-7 所示,筛孔在塔板上作正三角形排列,孔径一般为 3~8mm,孔心距与孔径之比常在 2.5~4.0 范围内。板上设置溢流堰,以使板上维持一定深度的液层	优点:结构简单,金属耗量小,造价低廉;气体压降小,塔板上液面落差也较小,其生产能力及板效率较高。 缺点:操作弹性范围较窄,小孔筛板容易堵塞,不宜处理易结焦、黏度大的物料。 近年来对大孔(直径 10mm 以上)筛板的研究和应用有所进展
浮阀塔板		阀片可随气速变化而升降。阀片上装有限位的三条腿,插入阀孔后将阀腿底脚旋转 90°,限制操作时阀片在板上升起的最大高度,使阀片不被气体吹走。阀片周边冲出几个略向下弯的定距片。浮阀的类型很多,常用的有 F_1 型、V-4 型及 T 型等,如图 5-8 所示	优点:结构简单,制造方便,造价低;塔板的开孔面积大,生产能力大;操作弹性大;塔板效率高。 缺点:不宜处理易结焦、黏度大的物料;操作中有时会发生阀片脱落或卡死等现象,使塔板效率和操作弹性下降。 应用广泛
喷射型塔板	舌形塔板	在塔板上开出许多舌形孔,向塔板液流出口处张开,张角 20° 左右。舌片与板面成一定的角度,按一定规律排布,塔板出口不设溢流堰,降液管面积也比一般塔板大些,如图 5-9 所示	优点:开孔率较大,故可采用较大空速,生产能力大;传质效率高;塔板压降小。 缺点:操作弹性小;板上液流易将气泡带到下层塔板,使效率下降
	浮舌塔板	将固定舌片用可上下浮动的舌片替代,结构如图 5-10 所示	生产能力大,操作弹性大,压降小
	斜孔塔板	在塔板上冲有一定形状的斜孔,斜孔开口方向与液流方向垂直,相邻两排斜孔的开口方向相反,如图 5-11 所示	生产能力比浮阀塔大 30% 左右,结构简单,加工制造方便,是一种性能优良的塔板
	网孔塔板	在塔板上冲压出许多网状定向切口,网孔的开口方向与塔板水平夹角约为 30°,有效张口高度为 2~5mm,如图 5-12 所示	具有处理能力大、压力降低、塔板效率高等优点,特别适用于大型化生产

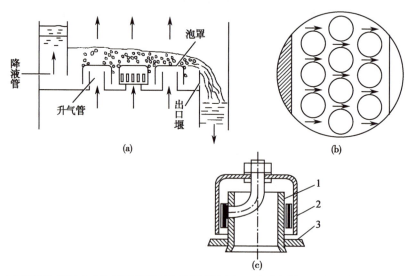

(a)为操作状况;(b)为板面布置;(c)为圆形泡罩;1 为升气管;2 为泡罩;3 为塔板。

图 5-6　泡罩塔板示意图

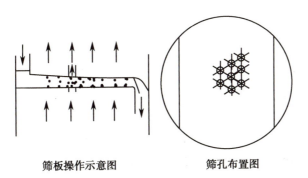

筛板操作示意图　　　　　　　筛孔布置图

图 5-7　筛板示意图

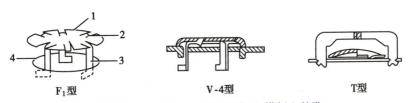

F_1型　　　　　　　V-4型　　　　　　　T型

1. 浮阀片；2. 凸缘；3. 浮阀"腿"；4. 塔板上的孔。

图 5-8　浮阀塔板示意图

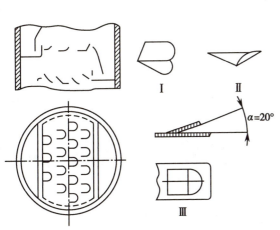

图 5-9　舌形塔板示意图

Ⅰ和Ⅱ代表舌孔的类型，Ⅰ为三面切口，Ⅱ为拱形切口。
Ⅲ为整体结构图。

图 5-10　浮舌塔板示意图

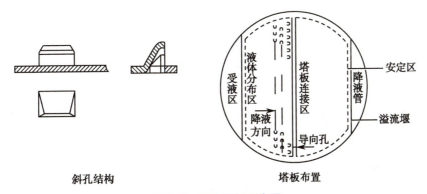

斜孔结构　　　　　　　　　　塔板布置

图 5-11　斜孔塔板示意图

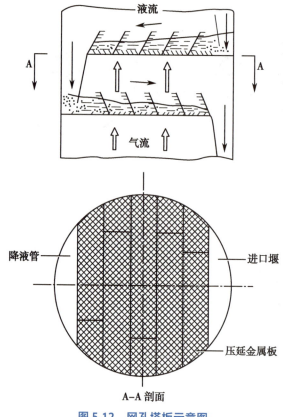

图 5-12　网孔塔板示意图

工业上常用的几种塔板的性能比较见表 5-4。

表 5-4　常见塔板的性能比较

塔板类型	相对生产能力	相对塔板效率	操作弹性	结构	相对成本
泡罩塔板	1.0	1.0	中	复杂	1.0
筛板	1.2~1.4	1.1	低	简单	0.4~0.5
浮阀塔板	1.2~1.3	1.1~1.2	大	一般	0.7~0.8
舌形塔板	1.3~1.5	1.1	小	简单	0.5~0.6
斜孔塔板	1.5~1.8	1.1	中	简单	0.5~0.6

2. 再沸器　再沸器的作用是提供一定流量的上升蒸气流,从而将部分塔釜的液体蒸发,以便进行精馏分离。再沸器是热交换设备,根据加热面安排的需要,再沸器的构造可以是夹套式、蛇管式或列管式;加热方式可以是间接加热或直接加热。

3. 冷凝器　冷凝器的任务是冷凝离开塔顶的蒸气,以便为分离提供足够的回流。冷凝器的作用是提供塔顶液相产品并保证有适当的液相回流。回流主要补充塔板上易挥发组分的浓度,是精馏连续定态进行的必要条件。部分冷凝的优点是未凝的产品富集了轻组分,冷凝器为分离提供了一块理论板。当全凝时,部分冷凝液作为回流返回,冷凝器没有分离作用。

三、精馏操作的影响因素

影响精馏装置稳态、高效操作的主要因素包括物料平衡和稳定、塔顶回流、进料状况、塔釜温度和操作压力等。

1. 物料平衡和稳定 在精馏塔的操作中,需维持塔顶和塔釜产品的稳定,保持精馏装置的物料平衡是精馏塔稳态操作的必要条件。通常由塔釜液位来控制精馏塔的物料平衡。

2. 塔顶回流 回流比是影响精馏塔分离效果的主要因素,生产中经常用回流比来调节、控制产品的质量。例如当回流比增大时,精馏产品质量提高;反之,当回流比减小时,分离效果变差。

回流比增加,可使塔内上升蒸气量及下降液体量均增加,若塔内气液负荷超过允许值,则可能引起塔板效率下降,此时应减小原料液流量。

调节回流比的方法可有如下几种:①减少塔顶采出量以增大回流比;②塔顶冷凝器为分凝器时,可增加塔顶冷剂的用量,以提高凝液量,增大回流比;③有回流液的中间贮槽的强制回流,可暂时加大回流量,以提高回流比,但不得将回流贮槽抽空。

此外,加大操作回流比意味着加大蒸发量与冷凝量,这些数值还将受到塔釜及冷凝器传热面的限制。

3. 进料状况 当进料状况发生变化时,应适当改变进料位置,并及时调节回流比。一般精馏塔常设多个进料位置,以适应生产中进料状况,保证在精馏塔的适宜位置进料。如进料状况改变而进料位置不变,必然引起馏出液和釜残液组成的变化。

进料情况对精馏操作有着重要意义。常见的进料状况有 5 种,不同的进料状况都显著地直接影响提馏段的回流量和塔内的气液平衡。精馏塔较为理想的进料状况是泡点进料(将已经达到饱和温度的液体作为进料),它较为经济,最为常用。

4. 塔釜温度 釜温是由釜压和物料组成决定的。在精馏过程中,只有保持规定的釜温,才能确保产品质量。因此,釜温是精馏操作中重要的控制指标之一。塔釜温度提高时,则塔内液相中易挥发组分减少,并且上升蒸气的速度增大,有利于提高传质效率。如果从塔顶得到产品,则塔釜排出的难挥发物中,易挥发组分减少,损失减少;如果塔釜排出物为产品,则可提高产品质量,但塔顶排出的易挥发组分中夹带的难挥发组分增多,从而损失增大。因此,在提高温度时,既要考虑到产品的质量,又要考虑到工艺损失。一般情况下,操作习惯用调控合适的温度来提高产品质量,降低工艺损失。

当釜温变化时,通常是用改变蒸发釜的加热蒸气量,将釜温调节至正常。当釜温低于规定值时,应加大蒸气用量,以提高釜液的汽化量,使釜液中重组分的含量相对增加,泡点提高,釜温提高。当釜温高于规定值时,应减少蒸气用量,以减少釜液的汽化量,使釜液中轻组分的含量相对增加、泡点降低、釜温降低。此外,还有与液位串级调节的方法等。

5. 操作压力 塔的压力是精馏塔主要的控制指标之一。在精馏操作中,常常规定操作压力的调节范围。塔压波动过大,就会破坏全塔的气液平衡和物料平衡,使产品达不到所要求的质量。

提高操作压力,可以相应地提高塔的精馏能力,使操作稳定。但在塔釜难挥发产品中,易挥发组分含量会增加。如果从塔顶得到产品,则可提高产品的质量和易挥发组分的浓度。

> **点滴积累**
>
> 1. 精馏是多次简单蒸馏的组合,利用回流使液体混合物得到高纯度分离。
> 2. 典型的精馏设备是连续精馏装置,包括精馏塔、冷凝器、再沸器等。
> 3. 精馏操作的影响因素主要有物料平衡和稳定、塔顶回流、进料状况、塔釜温度和操作压力等。

第三节 分子蒸馏

分子蒸馏是一种在极高真空下进行非平衡操作的连续蒸馏过程,是一项新兴的非常有效的液 - 液分离技术。由于在分子蒸馏过程中操作系统的压力很低(0.1~100Pa),混合物中易挥发组分的分子可以在温度远低于沸点时挥发,而且在受热情况下停留时间很短,因此,该过程是分离目的产物最温和的蒸馏方法,特别适用于低挥发度、高沸点、热敏性及易氧化物系的分离。分子蒸馏避免了分子间的相互碰撞,大大提高了分离效率,因此分子蒸馏也被称为短程蒸馏或无阻尼蒸馏。

一、基本原理

分子蒸馏是一种特殊的液 - 液分离技术,它不同于传统蒸馏依靠沸点差分离的原理,而是靠不同物质分子运动平均自由程的差别实现分离。这里,分子运动平均自由程(用 λ 表示)是指一个分子在两次连续碰撞之间所走的路程的平均值。

如图 5-13 所示,当液体混合物沿加热板流动并被加热,轻、重分子会逸出液面而进入气相,由于轻、重分子的自由程不同,因此,不同物质的分子从液面逸出后的移动距离不同,若能恰当地设置一块冷凝板,则轻分子达到冷凝板被冷凝排出,而重分子达不到冷凝板而沿混合液排出,这样就能达到物质分离的目的。

(一) 分子蒸馏过程

从图 5-13 所示,也可以看出分子蒸馏的过程可以分为 5 个步骤:①液体混合物在加热面上的液膜形成,通过机械方式在蒸馏器加热面上产生快速移动、厚度均匀的薄膜;②分子在液膜表面上的自由蒸发,分子在高真空远低于沸点的温度下进行蒸发;③分子从加热面向冷凝面的运动,只要有高真空环境,蒸发分子的平均自由程大于或等于加热面和冷凝面之间的距离,就可以保证分子向冷凝面的运动和蒸发过程迅速进行;④分子在冷凝面上的捕获,只要加热面与冷凝面之间有足够的温度差,冷凝面的形状合理且光滑,轻组分就会在冷凝面进行冷凝,该过程可在瞬间发生;⑤馏出物和残留物的收集,馏出物因重力作用在冷凝器底部收集,没有蒸发的重组分和返回到加热面上的极少轻组分残留物因重力作用或离心作用滑落到加热器底部或转盘外缘。

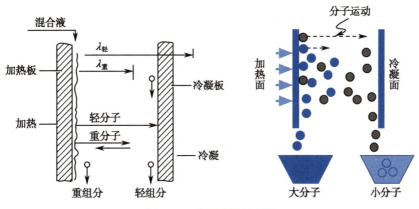

图 5-13　分子蒸馏原理图

(二) 分子蒸馏的特点

由分子蒸馏原理得知,分子蒸馏操作必须满足 3 个必要条件:①轻、重组分的分子运动平均自由程必须要有差别;②蒸发面与冷凝面间的距离要小于轻组分的分子运动平均自由程;③必须有极高真空度。

分子蒸馏技术作为一种高新分离技术,具有其他分离技术无法比拟的优点。①操作压力低:分子蒸馏设备简单,内部压降非常小,可以获得很高的真空度,有利于沸点温度降低。②操作温度低:分子蒸馏根据不同组分的分子逸出液面后的平均自由程差别进行分离,可以在远低于物料沸点的温度下进行操作,是一个没有沸腾的蒸发过程,特别适合于高沸点热敏性物质的分离。③停留时间短:物料一旦进入蒸发器,即以液膜的形式分布在加热表面上,传质和传热过程加快。蒸发面与冷凝面间距离非常短,蒸气分子几乎未经任何碰撞就到达冷凝面,物料受热时间一般只有几秒到几十秒,热分解概率大大降低。④分离效率高:分子蒸馏是一个非平衡、不可逆的蒸发过程,蒸气分子从蒸发面逸出后直接飞射到冷凝面上,破坏了蒸发平衡。

分子蒸馏与传统蒸馏的不同可由表 5-5 看出。

表 5-5　分子蒸馏与传统蒸馏的比较

项目	传统蒸馏	分子蒸馏
原理	基于沸点差别	基于分子运动自由程差别
操作压强	常压或真空(一般约几百 Pa)	高真空(一般在 0.001~10Pa)
操作温度	大于沸点	小于沸点(低 50~100℃)
受热时间	长	短(以秒或分钟计)
分离效率	低	高

由上述对比可以看出,分子蒸馏较传统蒸馏具有明显的技术及经济优势。

(1)产品质量高:由于分子蒸馏操作温度低、受热时间短,可以获得纯度高而且原有品质保持好的产品,对于天然物质尤其重要。

(2)产品成本低:由于分子蒸馏器独特的结构形式,其内部压强极低,内部阻力远比常规蒸馏小,分子蒸馏整个分离过程热损失少,因而可以大大节省能耗。分子蒸馏的分离效率高、产品得率高,因此可大大降低生产成本。

课 堂 活 动
常规真空蒸馏也可采用较高的真空度,讨论操作温度要比分子蒸馏高得多的原因。

二、分子蒸馏设备

分子蒸馏设备主要包括分子蒸发器、脱气系统、进料系统、加热系统、冷却系统、真空系统和控制系统等。根据其核心部分分子蒸发器的不同,把分子蒸馏设备分为降膜式、离心式和刮膜式等类型。目前在工业上应用较广的为离心薄膜式和转子刮膜式。这两种形式的分离装置针对不同的产品,其装置结构与配套设备要有不同的特点。

1. 离心式分子蒸馏器 离心式分子蒸馏器内部有一个高速旋转的圆锥盘,物料在到达圆锥盘上时,靠离心力的作用在蒸馏器表面进行分布。其优点有:①液膜非常薄,流动情况好,生产能力大;②物料在蒸馏温度下停留时间非常短,非常适用于难挥发物质和热敏性物料的分离;③由于离心力的作用,液膜分布非常均匀,分离效果好。但其结构复杂,如图5-14所示。制造和操作难度都比较大。由于带有高速旋转的圆盘,真空密封技术要求更高。

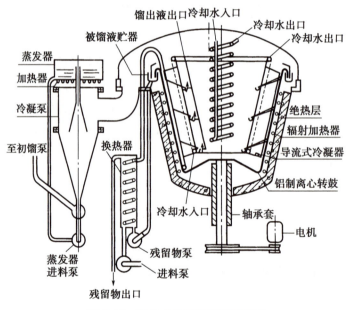

图 5-14 离心式分子蒸馏器示意图

2. 刮膜式分子蒸馏器 刮膜式分子蒸馏器的内部安装有一个旋转的刮膜转子,物料从顶部进料器进入分子蒸馏设备,在刮膜转子高速旋转的作用下,物料在蒸发表面形成均匀的液膜,使单位体积流体具有足够大的蒸发面积,如图5-15所示。同时对蒸发液膜进行不断更新,液膜呈湍流流动,既可避免局部过热,又可强化其内部质量和热量传递过程。其优点是:①液膜厚度小;②在刮膜器的作用下,可避免沟流现象的出现,能保证液膜在蒸发表面均匀分布;③被加热的物料在蒸馏温度下停留时间短,热分解的危险性小,而且可以通过改变刮膜器的形状来控制液膜在蒸发面的停留时间;④蒸馏过程可连续进行,生产能力大;⑤可以在刮膜器的后面加挡板,使雾沫夹带的液体在挡板上冷凝,在离心力的作用下回到蒸发面;⑥向下流的液体得到充分搅动,强化了传热和传质。

三、分子蒸馏应用

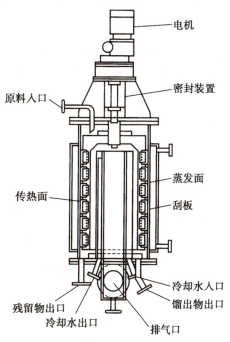

图 5-15　刮膜式分子蒸馏器示意图

分子蒸馏作为一种温和、高效、清洁的分离技术,已被广泛应用于制药行业。

1. **广藿香油的精制**　广藿香为常用中药,其主要成分为高沸点的广藿香醇和广藿香酮。采用三级分子蒸馏,在温度 40~60℃、压力为 8~10Pa 下,可使原油中有效成分的含量由 30% 提高到 80%,馏分中低沸点组分(单萜及倍半萜、烯类化合物)的相对含量明显下降,使广藿香油中高沸点的有效成分广藿香酮、广藿香醇与低沸点组分能得到较好的分离。

2. **从鱼油中提取二十碳五烯酸(eicosapentaenoic acid,EPA)和二十二碳六烯酸(docosahexoenoic acid,DHA)**　EPA 和 DHA 是人体必需的活性物质,它们对脑细胞的形成和构造,防止心血管疾病,治疗和预防动脉硬化、老年性痴呆及抑制肿瘤等方面有着重要作用。鱼油中 DHA 含量为 5%~36%、EPA 含量为 2%~16%。EPA 及 DHA 为含有不饱和双键的脂肪酸,性质极不稳定,在高温下容易聚合。采用多级分子蒸馏(一般为五级分子蒸馏),可从鱼油中提取 EPA 和 DHA,含量均大于 80%,同时经多级分子蒸馏后,鱼油中低分子饱和脂肪酸和低分子易氧化成腥味的物质被有效除去。

3. **油脂加工的大豆脱臭物中提取天然维生素 E 和植物甾醇**　大豆油加工的脱臭馏出物中含有 3%~15% 的天然维生素 E 和 5%~8% 的植物甾醇,若采用二级分子蒸馏,可使维生素 E 浓度达到 40% 以上且回收率达到 50%,若用分子蒸馏与结晶相结合,可得到 90% 以上的植物甾醇。

4. **胡萝卜素的提取分离**　棕榈油中含有较高的 β- 胡萝卜素,采用一级分子蒸馏提取后酯化,再用分子蒸馏脱脂肪酸酯,可得到含 30% 以上 β- 胡萝卜素的浓缩液。

5. **脱除中药制剂中的残留农药和有害重金属**　目前大宗中药材一般都是人工种植,传统的道地药材越来越少,为防止人工种植过程中病虫害对药材的危害和追求高产量,药农一般都给种植的药材施肥和喷洒农药,这样就会造成中药材中残留农药和重金属超标。采用这样的原材料制备的中药制剂一般也会存在残留农药和重金属超标问题。分子蒸馏技术可对中药制剂中残留农药和重金属进行脱除,是比其他传统方法更高效和有效的分离技术。

习题

思维导图

目标检测

一、简答题

1. 蒸馏过程有何特点?如何分类?

2. 精馏的定义和原理是什么?

3. 简述分子蒸馏技术的蒸馏过程和特点。

4. 简述精馏操作的影响因素有哪些。

二、实例分析

1. 某药厂要处理含正辛醇的废水,采用水蒸气蒸馏分离正辛醇(沸点为195℃),在一个标准大气压 (101 325Pa)下,废水的沸点为99.4℃,此时水的蒸气压为99 192Pa。试计算水蒸气蒸馏馏出液 中正辛醇的质量比。(正辛醇的相对分子质量为130,水的相对分子质量为18)

2. 某药厂要处理含苯甲醛的废水,采用水蒸气蒸馏分离苯甲醛(沸点为178℃),在一个标准大气压 下,废水的沸点为97.9℃,此时水的蒸气压为100 317Pa,苯甲醛的蒸气压为1 008Pa。(苯甲醛的 相对分子质量为106,水的相对分子质量为18)

(1)试求苯甲醛在馏出液的含量。

(2)假如通入133℃的过热蒸气进行蒸馏,其中苯甲醛的蒸气分压增加为29 330.9Pa,水的分压为 71 994.1Pa,试求苯甲醛在馏出液的含量。

实训项目五　从八角茴香中提取挥发油

【实训目的】

1. 掌握水蒸气蒸馏法提取挥发油的操作方法。

2. 熟悉水蒸气蒸馏的原理。

3. 了解水蒸气蒸馏的特点和适用范围。

【实训原理】

水蒸气蒸馏法适用于具有挥发性、能随水蒸气蒸馏而不被破坏、在水中稳定且难溶或不溶于水的挥发性成分的浸提。

八角茴香为木兰科植物八角茴香 *Illicium verum* Hook.f. 干燥成熟的果实,含挥发油约5%。主要成分是茴香脑(占挥发油80%~90%),其结构式见图5-16。

本实训是从八角茴香中提取以茴香脑为主的挥发油。挥发油含量测定器见图5-17,对八角茴香进行水蒸气蒸馏,待充分冷却后,分取油层即得八角茴香油。

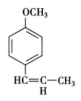

图 5-16 茴香脑结构式

【实训材料】

1. **实训器材** 圆底烧瓶,挥发油含量测定器,连接胶皮管的冷凝管,铁架台,铁夹,电热套。

2. **实训试剂** 八角茴香。

【实训方法】

1. 称取八角茴香50g捣碎,置挥发油含量测定器烧瓶中,加500ml水,连接挥发油测定器与回流冷凝管。

2. 自冷凝管上端加水使充满挥发油含量测定器的刻度部分,并使之溢流入烧瓶时为止,缓缓加热至沸腾,开始提取,至测定器中油量不再增加,停止加热,放冷,分取油层,计算得率。

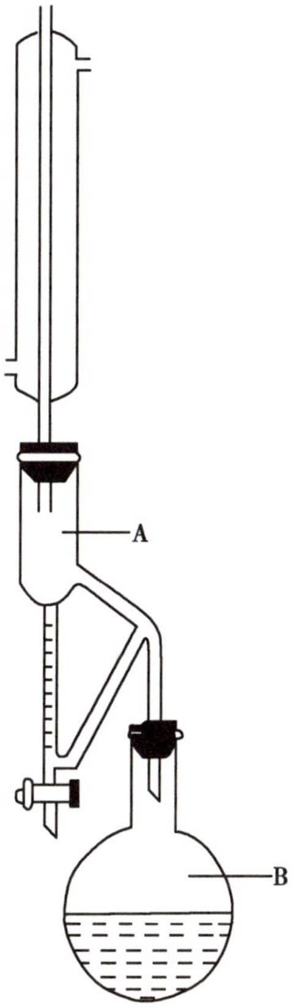

【实训提示】

1. 八角茴香提取前需要进行预处理,掰成小块,但不可粉碎太细。

2. 提取完毕,须待油水完全分层后,再将挥发油放出。

A. 挥发油提取器;B. 蒸馏瓶

图 5-17 挥发油含量测定器

【实训思考】

1. 能用水蒸气蒸馏提纯的物质应具备什么条件?

2. 挥发油含量测定器分为两种,一种适用于相对密度小于1.0的挥发油测定,另一种适用于测定相对密度大于 1.0 的挥发油。本实验应选择哪种?

【 实训报告 】

包括实训目的、实训内容、实训步骤、实训问题处理、结果分析、改革成果及体会等。

【 实训评价 】

根据学生出勤、在实训过程中的表现、实训报告完成情况和实训测试成绩,综合评定学生的实训成绩。

(赵鲁亚)

第六章　膜分离技术

学习目标

1. **掌握**　微滤、超滤、纳滤及反渗透等常用膜分离技术的原理和应用；影响膜分离效果的因素。
2. **熟悉**　膜分离的特点、分类及膜的污染与防治。
3. **了解**　膜组件的组成；透析、电渗析及液膜分离技术的原理和应用。

导学情景

情景描述：

　　某同学在路过商场时发现某家电产品在搞活动，销售人员正在现场演示净水器的用法及特点。工作人员将一杯加了墨汁的水倒入净水器的进水口，结果在出水口接出来的是干干净净、无异味、无颜色的水，为了证实该水的洁净度，工作人员甚至还直接将接出来的水喝掉了。

学前导语：

　　家用净水器实际上是水深度处理的小型设备，其工作原理主要涉及膜分离技术（包括微滤、超滤、纳滤、反渗透）及吸附技术。本章将带领同学们学习各类膜分离技术的基本原理，熟悉其特点及应用。

　　膜分离技术是以选择性透过膜为分离介质，在推动力（浓度差、压力差、电位差、温度差等）作用下，利用膜的选择性分离功能实现混合物中不同组分的分离、纯化、浓缩的操作过程。通常称进料流侧为膜上游，透过液流侧为膜下游。膜分离过程如图 6-1 所示。

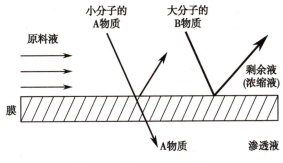

图 6-1　膜分离过程示意图

第一节　概述

一、膜分离特点和分类

(一)膜分离的特点

1. 膜分离的优点　①膜分离是一种高效的分离过程,可以实现混合物高纯度的分离;②无相态变化,能耗极低,其生产成本为蒸发浓缩或冷冻浓缩的1/8~1/3;③无化学变化,不用化学试剂和添加剂,产品不受污染,是典型的物理分离过程;④无须加热,在常温下进行,不破坏产物的生物活性,适用于热敏性物质,如抗生素、酶、蛋白质的分离与浓缩;⑤膜分离装置结构简单,分离过程易于放大,便于操作和维护,装置通用性强,处理规模可大可小,可以连续操作也可间歇操作,易于自动化;⑥膜分离技术适用范围广,不仅适用于无机物和有机物,而且适用于许多特殊溶液体系的分离,如溶液中大分子和无机盐的分离。

膜分离因具有独特的优势而被广泛应用于医药生产中药物的分离、浓缩和纯化(如制药用水制备,制药生产的除杂、除菌、除热原,血液制品的分离,抗生素和干扰素的纯化,蛋白质的分级和纯化等)。

2. 膜分离缺点　①因物料成分,处理温度,pH及膜的耐药性、耐热性和耐溶剂能力差异等,料液被浓缩的程度有限;②适用范围受限制;③大规模生产时,一般需与其他生产工艺相结合才能使目的物得到高度纯化;④在膜分离过程中,易产生浓差极化现象,导致膜分离性能降低;⑤膜易污染,其清洗成本较高。

(二)膜分离的分类

膜分离的推动力是膜两侧的浓度差、压力差、电位差、温度差等。分离推动力、分离原理、应用范围的不同,膜分离的类型也不同。表6-1列出了常见膜分离的类型和特点。

表 6-1　膜分离的类型和特点

类型	分离目的	截留物	透过物性质	推动力	原理	原料、透过物相态
微滤(micro filtration,MF)	脱除或浓缩液体中的颗粒	0.02~10μm 的微粒、细菌等	溶液或气体	压力差(0.01~0.2MPa)	筛分	液体或气体
超滤(ultrafiltration,UF)	脱除溶液中大分子或大分子与小分子溶质分离	1~20nm 的大分子、细菌、病毒	低分子	压力差(0.1~1MPa)	筛分	液体
纳滤(nanofiltration,NF)	脱除低分子有机物或浓缩低分子有机物	1nm 以上溶质、多价离子	溶剂和无机物及相对分子质量<200 的物质	压力差(0.5~1.5MPa)	溶解 - 扩散及筛分	液体
反渗透(reverse osmosis,RO)	纯水制备,小分子物质浓缩	0.1~10nm 溶解性小分子	溶剂	压力差	溶解 - 扩散	液体

类型	分离目的	截留物	透过物性质	推动力	原理	原料、透过物相态
渗析（dialysis，D）	大分子溶液脱除低分子溶质，或低分子溶液脱除大分子溶质	大于0.02μm的物质	低分子和小分子溶剂	浓度梯度	筛分、阻碍扩散	液体
电渗析（electrodialysis，ED）	脱除溶液中的离子或浓缩溶液中的离子成分	非离子型化合物、大分子物质	有机、无机离子	电势梯度	反离子传递	液体
气体分离（gas separation，GS）	气体的浓缩或净化	大分子或低溶解性气体	小分子或高溶解性气体	浓度梯度（分压差）	溶解 - 扩散	气相
渗透蒸发（pervaporation，PV）	液体的浓缩或提纯	大分子或低溶解性物质	小分子或高溶解或高挥发性物质	浓度梯度、温度梯度	溶解 - 扩散	进料：液相 透过物：气相
蒸气渗透（vapor permeation，VP）	有机溶剂的脱水	难渗液体	蒸汽	压力差	溶解 - 扩散	气相
膜蒸馏（membrane distillation，MD）	纯水制备，水溶液的浓缩和分离	非挥发的小分子和溶剂	高蒸气压的挥发组分	温度差	蒸气扩散渗透	液体

课 堂 活 动

选择正确的膜分离类型完成下述纯化分离：①除菌；②蛋白质、多肽和多糖的回收和浓缩；③氨基酸、糖的浓缩；④氨基酸和有机酸的分离；⑤有机溶剂与水的分离。

二、膜及膜组件

（一）膜

膜是分隔两相界面，并以特定的形式限制和传递各种物质的分离介质。膜分离过程能否满足生产要求，膜的分离性能是关键，而膜材料的化学性质和膜的结构对膜分离性能起决定作用，因此膜分离性能决定了膜分离操作的可行性和经济性。

1. 膜的种类　分离膜按材料的来源可分为天然生物膜与人工合成膜；按膜分离过程的推动力可分为压力差、电位差、浓度差、温度差等膜；按状态可分为固膜、液膜、气膜；按结构形态可分为对称膜、不对称膜（非对称膜、复合膜）；按电性可分为非荷电膜和荷电膜等。各种膜的结构如图 6-2 所示。

（1）对称膜：膜两侧截面的结构及形态相同，且孔径与孔径分布也基本一致的膜称为对称膜，又称为均质膜。对称膜有疏松的多孔膜和致密的无孔膜两大类，如图 6-2（a）所示，膜的厚度为 10~200μm，传质阻力由膜的总厚度决定，降低膜的厚度可以提高透过速率。根据孔径大小，多孔膜可用于微滤、超滤及纳滤等过程，具有疏水或亲水功能的对称多孔膜还可用于膜蒸馏等过程。致密的无孔膜有玻璃态聚合物膜和橡胶态聚合物膜两类，可用于气体分离等过程。致密的无孔膜的传递阻力与膜的总厚度有关，降低膜的厚度能提高渗透率。

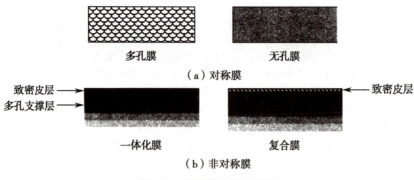

（a）对称膜

致密皮层 ——→
多孔支撑层 ——→

致密皮层

一体化膜　　　　　　　　　复合膜

（b）非对称膜

图 6-2　各种膜结构示意图

（2）非对称膜：非对称膜的横断面具有不对称结构，如图 6-2（b）所示。一体化非对称膜是用同种材料制备、由厚度为 0.1~0.5μm 的致密皮层和 50~150μm 的多孔支撑层构成，其支撑层结构具有一定的强度，在较高的压力下也不会引起很大的形变。此外，也可在多孔支撑层上覆盖一层不同材料的致密皮层构成复合膜。显然，复合膜也是一种非对称膜。对于复合膜，可优选不同的膜材料制备致密皮层与多孔支撑层，使每一层独立地发挥最大作用。非对称膜的分离主要或完全由很薄的皮层决定，传质阻力小，其透过速率较对称膜高得多，机械强度大且不易堵塞，因此非对称膜在工业上应用十分广泛。

（3）荷电膜：常用的荷电膜即离子交换膜，按膜的作用机制可分为阳离子交换膜、阴离子交换膜以及具有特种性能的离子交换膜。阳离子交换膜上带有阴离子固定基团以及与阴离子连接的可解离阳离子；反之，阴离子交换膜带有阳离子固定基团，使膜带正电荷，能选择性地吸附和透过阴离子。离子交换膜通常用于渗析、电渗析、膜电解过程，带有正或负电荷的微孔膜也可用于微滤、超滤、纳滤等过程。

2. 膜材料　各种膜分离过程所需的常用膜材料可分为天然高分子膜、有机合成高分子膜和无机材料膜等 3 大类。

（1）天然高分子膜：主要为纤维素衍生物，是应用最早也是目前应用最多的膜材料。在注射针剂生产中，药液除菌过滤使用的大多是醋酸纤维膜，醋酸纤维素是纤维素与醋酸反应而制成的，常用于反渗透膜、超滤膜和微滤膜的制备。醋酸纤维素膜的优点是价格便宜，具有一定的亲水性，截留盐能力强，分离和透过性能良好。缺点是使用的 pH 范围比较窄，一般仅为 3~8，不耐氯（使用时游离氯含量应小于 1.0mg/L，短期接触可耐 10mg/L 含量的氯），容易被微生物分解，且在高压下长时间操作时容易被压密而引起膜通量下降。

（2）有机合成高分子膜：这类材料成膜性能较好，一般能承受 70~80℃ 的温度，某些可高达 125℃，任何 pH 下都有很好的稳定性，使用寿命较长。有机合成高分子膜主要为聚砜类、聚酰胺类、聚烯烃类等：①聚砜类膜具有耐酸、耐碱（pH 范围 1~13）、耐氯（清洗时耐氯量达 200mg/L，长期贮存耐氯量达 50mg/L）的优点，可用作制备超滤和微滤膜的材料，由于此类材料的性能稳定、机械强度好，因而也可作为反渗透膜、气体分离膜等复合膜的支撑材料；缺点是耐有机溶剂的性能较差，因此可通过化学反应将聚砜类制成带荷电的膜材料来使用。②聚酰胺类是指分子中含酰胺键的一类聚合物。聚酰胺类膜具有良好的分离与透过性能，且耐高压、耐高温、耐溶剂，是制备耐溶剂超滤膜和非水溶液分离膜的首选材料；缺点是耐氯性能较差。③聚丙烯腈也是制备超滤、微滤膜的常用材料,其亲水性能使膜的水通量比聚砜类膜的要大。

(3)无机材料膜:例如陶瓷膜、微孔玻璃膜、金属膜和碳分子筛膜等,优点是有一定的机械强度、耐高温、耐酸和弱碱介质、耐有机溶剂、耐污染、分离性能好;缺点是不易加工,造价较高。在注射剂生产中,提高药液的澄明度多采用陶瓷膜。

膜的选择不仅要考虑药物自身和料液的性质,还要考虑膜本身的特性,三者综合考虑,选择分离效果好且水通量大的膜并由实验验证,才能成为适合生产的膜。

3. 膜的分离性能 表征膜性能的参数主要有:膜的孔道特性(如孔径大小、孔径分布、孔隙率等)、膜的荷电性与亲水性能、膜的选择性(截留率与截留分子量)、膜的透过性等。

(1)孔道特征:膜的孔径一般用两个物理量来表述,即最大孔径和平均孔径。它们在一定程度上反映了模孔的大小,但各有局限性。孔径分布是指膜中一定大小的孔占整个孔的体积分数;孔径分布数值越大,说明孔径分布较窄,膜的分离选择性越好。孔隙率是指整个模孔所占的体积分数;孔隙率越大,流动阻力越小,但膜的机械强度会降低。

(2)选择性

1)截留率:

$$R_E = \left(1 - \frac{c_p}{c_b}\right) \times 100\% \qquad \text{式(6-1)}$$

式(6-1)中,R_E表示截留率,c_b、c_p分别表示高压侧膜表面的溶质浓度、透过液的溶质浓度。

截留率反映膜对溶质的截留程度,对盐溶液又称为脱盐率。截留率为100%时,表示溶质全部被膜截留;截留率为0时,则表示溶质全部透过膜,无分离作用。通常截留率在0~100%之间。

2)截留分子量:通常用于表示膜的分离性能。截留分子量是指截留率为90%时所对应的溶质相对分子质量。截留分子量的高低,在一定程度上反映了膜孔径的大小;通常可用一系列不同分子量的标准物质进行测定。通过测定相对分子质量不同物质的截留率,可得到截留分子量与膜截留率之间关系的曲线,称为截留曲线。从图6-3中可看出,相同截留率的3个膜,截留曲线越陡直,膜的孔径分布数值越窄,其截留分子量范围越窄,说明膜的分离性能越好。

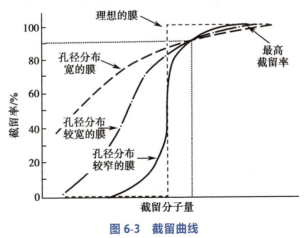

图6-3 截留曲线

(3)透过性:单位时间内通过单位膜面积的透过物的量。膜分离的最基本条件是能使被分离的混合物选择性透过,透过性是表征膜透过性能的参数。

$$J_{\omega} = \frac{V}{St} \qquad\qquad 式(6-2)$$

式(6-2)中，J_{ω} 为透过性，V 为透过液的容积或质量，S 为膜的有效面积，t 为运转时间。膜的透过性与膜材料的化学特性和分离膜的形态结构有关，且随推动力的增加而增大。

案例分析

案例：某制药厂的药物提取液中的目标产物相对分子质量为 6 000，杂蛋白相对分子质量为 20 000，车间现有截留分子质量为 1kDa、10kDa 和 100kDa 的超滤膜，请选用合适的膜分离目标产物。

分析：选用截留分子质量为 10kDa 的超滤膜比较合适，能够将药物提取液中的目标产物和杂蛋白分离；如果选用截留分子质量为 1kDa 的超滤膜，目标产物和杂蛋白均被膜截留，不能分离；如果选用截留分子质量为 100kDa 的超滤膜，目标产物和杂蛋白均能透过膜，不能分离。

（二）膜组件

将膜按一定的技术要求组装在一起即为膜组件，它是所有膜分离装置的核心部件，其基本要素包括膜、膜的支撑体或连接物、流体通道、密封件、壳体及外接口等。将膜组件与泵、过滤器、阀、仪表及管路等按一定的技术要求装配在一起，即为膜分离装置。根据生产规模的需要，在膜分离装置中，一般可设置数个乃至数千个膜组件。

对膜组件的一般要求：①原料侧与透过侧的流体有良好的流动状态，以减少返混、浓差极化和膜污染；②具有尽可能高的填充密度，使单位体积的膜组件中具有较高的有效膜面积；③对膜能提供足够高的机械支撑，密封性良好，膜的安装和更换方便；④设备费和操作费低；⑤适合特定的操作条件，安全可靠，易于清洗、维修等。

1. 膜组件的类型　常见的膜组件有卷绕式、中空纤维、板框式和管式膜组件。四种膜组件的性能比较，见表 6-2。

表 6-2　四种膜组件的性能比较

项目	卷绕式	中空纤维	管式	板框式
填充密度 /(m²/m³)	200~800	500~30 000	30~328	30~500
流动阻力	中等	大	小	中等
抗污染	中等	差	极优	好
易清洗	较好	差	优	好
膜更换方式	组件	组件	膜或组件	膜
组件结构	复杂	复杂	简单	非常复杂
膜更换成本	较高	较高	中	低
料液预处理	需要	需要	不需要	需要
高压操作	适合	适合	困难	困难
相对价格	较高	低	较高	高

（1）板框式膜组件：将平板膜、支撑板和挡板以适当的方式组合在一起就构成板框式膜组件。典型平板膜片的长和宽均为 1m，厚度为 200μm。板框式膜组件构造示意图如图 6-4（a）所示，板框式膜组件流向如图 6-4（b）所示。

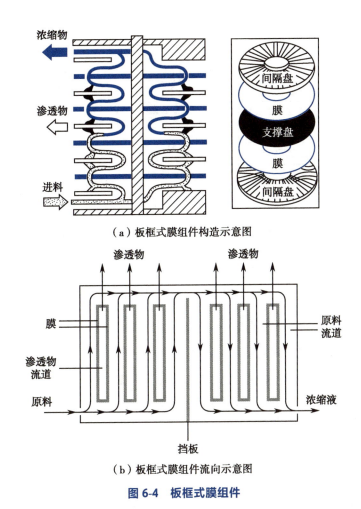

（a）板框式膜组件构造示意图

（b）板框式膜组件流向示意图

图 6-4　板框式膜组件

板框式膜组件的优点是：①每 2 片膜之间的渗透物都是被单独引出来的，因此可以通过关闭各个膜组件来消除操作中的故障，而不必使整个膜组件停止运转；②组装比较简单，可以通过增加膜的层数以提高处理量；③操作比较方便。

板框式膜组件的缺点是：①组装零件较多；②膜的机械强度要求较高；③填充密度低。

(2)管式膜组件：将膜制成直径约几毫米或几厘米、长约 6 米的圆管，即为管式膜。管式膜可以以玻璃纤维、多孔金属或其他适宜的多孔材料作为支撑体。将一定数量的管式膜安装于同一个多孔的不锈钢、陶瓷或塑料管内，即为管式膜组件，如图 6-5 所示。管式膜组件有内压式和外压式两种安装方式。当采用内压式安装时，管式膜位于几层耐压管的内侧，料液在管内流动，而渗透液则穿过膜并由外套环隙中流出，浓缩液从管内流出；当采用外压式安装时，管式膜位于几层耐压管的外侧，原料液在管外侧流动，而渗透液则穿过膜进入管内，并由管内流出，浓缩液则从外套环隙中流出。

管式膜组件的优点是：①能有效地控制浓差极化，流动状态好，可大幅度地调节料液流速；②容易清洗膜产生的污垢；③对料液的预处理要求不高，且可处理含悬浮固体的料液；④结构简单，安装操作方便。

管式膜组件的缺点是：①单位体积内膜的面积较低，即填充密度较小；②设备成本和运行费用较高。

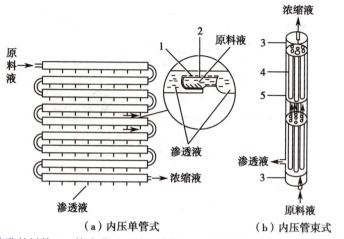

（a）内压单管式　　　　（b）内压管束式

1. 多孔外衬管；2. 管式膜；3. 耐压端套；4. 玻璃钢管；5. 渗透液收集外壳。

图 6-5　管式膜组件

（3）卷绕式膜组件：将一定数量的膜袋同时卷绕于一根中心管上而成，如图 6-6 所示。膜袋由两层膜构成，其中三个边沿被密封而粘连在一起，另一个开放的边沿与一根多孔的产品收集管即中心管相连。膜袋内填充多孔支撑材料以形成透过液流道，膜袋之间填充网状材料以形成料液流道。工作时料液平行于中心管流动，进入膜袋内的透过液，旋转着流向中心收集管。为减少透过侧的阻力，膜袋不宜太长。若需增加膜组件的面积，可增加膜袋的数量。

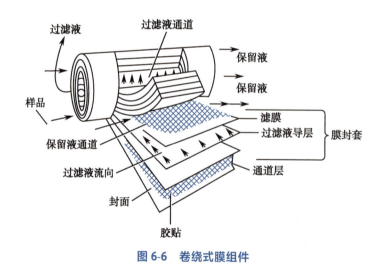

图 6-6　卷绕式膜组件

卷绕式膜组件的优点是：①结构简单，设备成本低；②填充密度高；③因为有进料分隔板，物料交换效果好；④能耗低。

卷绕式膜组件的缺点是：①膜必须是可焊接和可粘连的；②料液的预处理要求严格；③渗透物侧流体流动路径较长；④膜清洗困难。

（4）中空纤维膜组件：将一端封闭的中空纤维管束装入圆柱形耐压容器内，并将纤维束的开口端固定于由环氧树脂浇注的管板上，即成为中空纤维膜组件，如图 6-7 所示。大多数中空纤维膜组件采用外压式，工作时，加压原料液由膜件的一端进入，当料液经纤维管壁由一端向另一端流动时，渗进入管内通道,并由开口端排出。

中空纤维膜组件的优点是填充密度高,是小型化组件。由于不需外加支撑材料,在组件内能装几十万至上百万根中空纤维,因而有极高的膜填充密度。

中空纤维膜组件的缺点是:①膜易堵塞,膜面污垢较难除去,不能使用机械清洗,只能使用化学清洗;②原料液要求严格的预处理;③中空纤维膜损坏后无法更换。

2. 膜组件的流型 如图 6-8 所示,微滤和超滤常采用错流过滤流型,而不采用常规过滤流型。常规过滤时,溶剂和小于膜孔的颗粒在压力作用下透过膜,大于膜孔的颗粒则被膜截留而停留在膜表面,形成一层污染层。错流过滤时,料液流经膜表面产生的高剪切力可使沉积在膜表面的颗粒扩散返回主体流,从而被带出微滤组件,使污染层不能无限增厚。

对于某一个膜分离过程,究竟采用何种形式的膜组件及流型,还需要根据原料情况和产品要求等实际条件具体分析,优化选定。

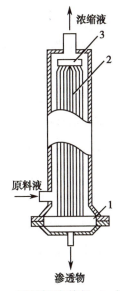

1. 环氧树脂管板;2. 纤维束;3. 纤维束端封。

图 6-7 中空纤维膜组件

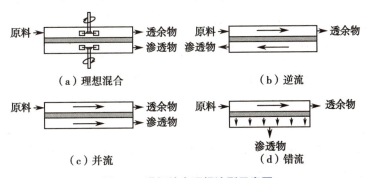

图 6-8 膜组件中理想流型示意图

三、膜的污染与防治

膜污染是指处理物料中的微粒、乳浊液、胶体或溶质分子等受某种作用而使其吸附或沉积在膜表面或膜孔内,造成膜孔径变小或堵塞等不可逆现象。这种作用可以是膜与被处理物料的物理化学作用、浓差极化作用或机械作用等。其结果是造成膜的透过通量下降,对某些体系,膜污染比浓差极化的影响更为严重,足以使过程难以进行。

膜污染现象十分普遍,不仅会造成透过通量的大幅度下降,而且影响目标产物的回收率,因此,膜污染是膜分离过程中一个十分重要的问题。膜污染的机制非常复杂,对于一种给定溶液,其污染程度不仅取决于溶液本身的特性及其与膜的相互作用力,如浓度、pH、离子强度等,还取决于具体的分离过程。污染大多发生在微滤、超滤、纳滤等以压力差为推动力的膜过程中,这是由于这些过程适用的多孔膜易被截留的颗粒、胶粒、乳浊液、悬浮液等在膜表面沉积或吸附,同时也与这些过程所处理的原料特征有关。在反渗透中,仅盐等低相对分子质量溶质被截留,故膜污染的可能性较低。

为保证膜分离操作高效、稳定地进行,必须对膜进行定期清洗,除去膜表面及膜孔内的污染物,以恢复膜的透过性能。

1. 减轻膜污染的方法 膜分离过程中的污染现象是客观存在的,但可以通过选取适当的方法减轻膜污染现象。

(1)原料液预处理及溶液特性控制:为减少污染,首先要确定适当的预处理方法,有时采用很简单的方法可以取得良好的效果。预处理方法包括热处理、调节 pH、加螯合剂(EDTA 等)、氯化、活性炭吸附、化学净化、预微滤和预超滤等。对被处理溶液特性控制也可改善膜的污染程度,如对蛋白质的分离或浓缩,将 pH 调节到其等电点时,即蛋白质为电中性时,污染程度较轻。另外,对溶液中溶质浓度、料液流率与压力、温度等的控制在某种条件下也是有效的。

(2)膜材料与膜的选取:膜的亲疏水性、荷电性会影响膜与溶质间的相互作用大小。通常认为亲水性膜及膜材料电荷与溶质电荷相同的膜较耐污染,疏水性膜则可通过膜表面改性引入亲水基团,或用复合手段复合一层亲水分离层等方法降低膜的污染。多孔的微滤与超微滤,由于通量较大,因而其污染也比一般的致密膜严重得多,使用较低通量的膜能减轻浓差极化。根据分离的体系,选择适当膜孔结构与孔径分布的膜也可以减轻污染。通常,具有窄孔径分布的膜有助于减轻污染;选用亲水性膜也有利于降低蛋白质在膜面上的吸附污染。因为一般状况下,蛋白质在疏水膜表面比在亲水膜表面更容易吸附且不易除去;当原料中含有带负电荷微粒时,使用带负电荷膜也有利于减少污染。另外,还可以利用膜对某些溶质具有优先的特性,预先除去这些组分;选用高亲水性膜或对膜进行适当的预处理,均可缓解污染程度,如聚砜膜用乙醇溶液浸泡、醋酸纤维膜用阳离子表面活性剂处理。

(3)膜组件及膜运行条件的选择:通过对膜组件结构的筛选及运行条件的改善来降低膜的污染。采用错流过滤,可提高传质系数;采用不同形式的湍流强化器减少污染;对小规模应用场合,应用浸润式和转动式膜器系统也能有效降低膜的污染。

尽管上述方法均可在某种程度上减少污染,但在实际应用中,还是要采用适当的清洗方法,清洗是膜分离过程不可缺少的步骤。

2. 膜的清洗 清洗方法的选择主要取决于膜的种类与构型、膜耐化学试剂的能力以及污染物的种类。膜的清洗方法大致可以分成水力清洗、机械清洗、电清洗和化学清洗 4 种。

(1)水力清洗:方法有膜表面低压高速水洗、反冲洗、在低压下和空气混合流体或空气喷射冲洗等,清洗水可用进料液或透过水。在清洗时,可以以一定频率交替加压、减压和改变流向,经过一段时间操作后,原料侧减压,渗透物反向流回原料侧以除去膜内或膜表面的污染层,这种方法可使膜的透水性得到一定程度的恢复;抽吸清洗类似于反清洗,在某些情况下,清洗效果较好。

(2)机械清洗:有海绵球清洗或刷洗,通常用于内压式管膜的清洗。海绵球的直径比膜管径稍大一些,通过水力使海绵球在管内表面流动,强制性地洗去膜表面的污染物,该法几乎能全部去除软质垢,但若对硬质垢进行清洗则易损伤膜表面。

（3）电清洗：是通过在膜上施加电场，使带电粒子或分子沿电场方向迁移，达到清除污染物的目的。电清洗的具体方法有电场过滤清洗、脉冲电解清洗、电渗透反洗、超声波清洗等。

（4）化学清洗：是选用合适的化学药剂浸泡膜组件，并循环清洗，以实现去除膜上污染物的目的，是减少膜污染的最重要方法之一，一般选用稀酸或稀碱溶液、表面活性剂、络合剂、氧化剂和酶制剂等为清洗剂。具体采用何种清洗剂，则要根据膜和污染物的性质及它们之间的相互作用而定，原则是选用的清洗剂既具有良好的去污能力，同时又不能损害膜的过滤性能。如果用清水即可恢复膜的透过性能，则尽量不要使用其他清洗剂。

膜清洗效果常用纯水透水率恢复系数 r 来表征，可按式（6-3）计算：

$$r = \frac{J_Q}{J_0} \times 100\% \qquad\qquad 式（6-3）$$

式（6-3）中，J_Q 为清洗后膜的纯水透过通量，J_0 为膜的初始纯水透过通量。

3. 膜的消毒与保存　有些药物需在无菌条件下生产，因此膜分离装置要进行无菌处理。有的膜（如无机膜）可以高温灭菌；而有机高分子膜一般采用化学消毒剂浸泡膜组件的方式进行消毒，常用的化学消毒剂有乙醇、甲醛、环氧乙烷等。如果膜分离装置较长时间处于停机状态，应将膜组件清洗干净，选用能长期保存的消毒剂浸泡。

四、影响膜分离的因素

影响膜分离的因素很多，一般从料液性质、操作条件、膜本身三方面考虑。

1. 料液性质的影响

（1）料液浓度：膜通量与浓度的对数呈直线关系。一般而言，随着料液浓度的升高，料液黏度会增大，形成浓差极化层的时间会缩短，从而使水通量和分离效率降低。因此，在进行膜分离时应注意控制料液的浓度。

（2）蛋白质含量、电荷及粒径：当料液内蛋白质含量较高时，膜表面会形成一层致密的凝胶层，严重时可出现膜堵塞，造成水通量急剧降低。若蛋白质的荷电性与膜的电性相反，电位差越大，凝胶层越厚；若蛋白质的荷电性与膜的电性相同，膜污染程度较轻。当溶液中的颗粒直径与孔径尺寸相近时，则可能被截留在膜孔道的一定深度上而产生堵塞，造成膜的不可逆污染。

（3）料液 pH 与无机盐：溶液的 pH 可对溶质的溶解特性、荷电性产生影响，同时对膜的亲疏水性和荷电性也有较大的影响。在生物制药的料液中常含有多种蛋白质、无机盐类等物质，它们的存在对膜污染可产生重大影响。在等电点时，膜对蛋白质的吸附量最高，使膜污染加重，而无机盐复合物会在膜表面或膜孔上直接沉积而污染膜。

2. 操作条件的影响

（1）操作压力：随着膜分离过程的进行，由于浓差极化的影响，膜通量会不断下降，当膜通量下降到原来的 70% 时，下降趋势更加显著，此时的操作压力称为临界压力。在临界压力以下，操作压差与膜通量基本呈正比关系；而在临界压力以上，操作压差与膜通量不再存在线性关系，其曲线逐渐平缓。在膜分离操作过程中,膜操作压力不应超过临界压力,在临界压力以上操作极易出现膜污染的情况,对膜的使用寿命及分离效果有严重影响。

(2)料液流速:错流操作时,料液流速是影响膜渗透通量的重要因素之一。较大的流速会在膜表面产生较高的剪切力,能带走沉积于膜表面的颗粒、溶质等物质,减轻浓差极化的影响,有效地提高膜通量。在实际操作时,料液流速的大小主要取决于料液的性质和膜材料的机械强度。一般情况下,料液流速控制在 2~8m/s。

(3)温度:温度升高,溶液黏度下降,传质扩散系数增大,可促进膜表面溶质向溶液主体运动,使浓差极化层的厚度变薄,从而提高膜通量。一般来说,只要膜与料液及溶质的稳定性允许,应尽量选取较高的操作温度,使膜分离在较高的渗透通量下进行。

3. 膜本身的影响

(1)膜材质:膜材料的理化性能构成膜材料的特性,如膜材料的分子结构决定膜表面的电荷性、亲水性、疏水性;膜的孔径大小及其分布决定膜孔性能、渗透通量、截留率和截留分子量等。一般情况下,膜的亲水性越好,孔径越小,膜污染程度越小。

(2)使用时间:膜在使用一段时间后,经过多次清洗,膜表面的活性层、膜内的网络状支撑层会遭到破坏,可能出现逐渐溶解、破坏、断裂的现象,使膜的平均孔径数值增大,膜的孔径分布变宽,此时会出现透过液色级增加、固体微粒增多、质量变差的现象。

点滴积累

1. 膜分离技术是以选择性透过膜为分离介质,在推动力作用下,利用膜的选择性分离功能实现混合物中不同组分的分离、纯化、浓缩的操作过程。
2. 常用膜材料可分为天然高分子膜、有机合成高分子膜和无机材料膜 3 大类。
3. 常见的膜组件有板框式、管式、卷绕式和中空纤维膜组件。
4. 膜污染是指处理物料中的微粒、乳浊液、胶体或溶质分子等受某种作用而使其吸附或沉积在膜表面或膜孔内,造成膜孔径变小或堵塞的不可逆现象。
5. 影响膜分离的因素一般从料液性质、操作条件、膜本身三方面考虑。

第二节 常用膜分离技术

膜分离技术的种类很多,常见的有微滤、超滤、纳滤、反渗透技术等。

一、微滤

1. 微滤原理 微孔过滤(简称微滤)是以静压差为推动力,利用膜的"筛分"作用进行分离的膜分离过程。微滤的介质为均质多孔结构的滤膜,在静压差的作用下,小于膜孔的粒子可通过滤膜,比膜孔大的粒子则被截留在滤膜表面,且不会因压力差升高而导致大于孔径的微粒穿过滤膜,从而使大小不同的组分得以分离。

微孔滤膜截留微粒的方式有机械截留、架桥及吸附。机械截留作用是指膜具有截留比它孔径大或与孔径相当的微粒等杂质的作用,即筛分作用。

微滤属于压力推动的膜工艺系列,一般来说操作的跨膜压差为 0.01~0.2MPa。微滤膜孔径范围为 0.1~10μm,可脱除或浓缩溶液中的颗粒,主要适合对悬浮液和乳液进行截留或浓缩以及低浊度液体除菌。由于微滤所分离的粒子通常远大于反渗透、纳滤和超滤所分离的溶液中的溶质及大分子,基本上属于固 - 液分离。微滤在应用中遇到的最主要问题是通量下降,主要是浓差极化和膜污染造成的。

知识链接

表面过滤和深层过滤

根据微滤过程中微粒被膜截留在表面或深层的现象,可将微滤分成表面过滤和深层过滤两种。当料液中微粒的直径与膜孔相近时,随着微滤过程的进行,微粒会被截留在膜表面并堵塞膜孔,这种过程称为表面过滤。而当微粒的粒径小于孔径时,微粒在过滤时随流体进入膜的深层并被截留下来,这种称为深层过滤。

2. 微孔滤膜的特点　微孔滤膜具有滤膜薄、孔隙率高、分离效率高、无介质脱落、不造成二次污染等特点。

(1)滤膜薄:微孔滤膜的厚度只有普通深层过滤介质的 1/10,甚至更薄,因而待分离物质被过滤介质吸附而造成的损失少。

(2)孔隙率高:微孔滤膜的表面有无数个微孔,孔隙率一般可高达 80%。膜的孔隙率越高,过滤所需的时间就越少,即渗透通量越高,通常微孔滤膜的过滤速度比同等截留能力的滤纸至少快 40 倍。

(3)分离效率高:微孔滤膜的膜孔径和孔径分布决定了膜的分离效率。微孔滤膜的孔径能精确控制,可绝对截留尺寸大于孔径的任何微粒,并且微孔滤膜的微孔分布均匀,所以微滤膜的过滤精度高,分离效率高。

(4)无介质脱落,不造成二次污染:微孔滤膜为均匀连续的整体结构,过滤时无介质脱落,不会造成滤液的二次污染。

3. 微滤的应用　微滤已在水处理、制药、食品等领域得到普遍应用。在海水淡化中,微滤可用于海水的深度预处理,去除海水中的颗粒、悬浮物及大分子有机物,可为反渗透提供原料水。在制药工业中,微滤可用于药液中微粒和细菌的滤除以及抗生素的无菌检验;在食品工业中,可有效滤除啤酒、白酒、酱油等产品中的酵母、霉菌、细菌等微生物,所得滤液不仅透明、清澈,而且保持了产品的风味和营养价值,极大提高了产品质量。

二、超滤

1. 超滤原理 超滤过程的推动力是膜两侧的压力差,属于压力驱动膜过程。当液体在压力差的推动力下流过膜表面时,溶液里直径比膜孔小的分子将透过膜进入低压侧,而直径比膜孔大的分子则被截留下来,透过膜的液体称为渗透液,剩余的液体称为浓缩液,如图 6-9 所示。

超滤可有效除去水中的微粒、胶体、细菌、热原和各种有机物,但几乎不能截留无机离子。

超滤膜孔径为 1nm~0.1μm,膜表面有效截留层的厚度较小,一般仅为 $(1~100) \times 10^{-7}$m,操作压力差一般为 0.1~0.5MPa,可分离相对分子质量在 500 以上的大分子和胶体微粒。常用的膜材料有醋酸纤维、聚砜、聚丙烯腈、聚酰胺、聚偏氟乙烯等。

超滤过程原理(动画)

在超滤过程中,单位时间内通过膜的溶液体积称为膜通量。由于膜不仅本身具有阻力,而且在超滤过程中还会因浓差极化、形成凝胶层、受到污染等原因而产生新的阻力。因此,随着超滤过程的进行,膜通量将逐渐下降。

> **课 堂 活 动**
> 分析怎样用膜分离的方式提高中药注射剂的质量。

2. 浓差极化 由于膜的选择透过性因素,在膜分离过程中,小分子物质从高压侧透过膜到低压侧,大分子溶质被截留在膜表面附近积累,造成由膜表面到溶液主体之间的具有浓度梯度的边界层,它将引起溶质从膜表面通过边界层向溶液主体反向扩散,这种现象称为浓差极化。

浓差极化如图 6-10 所示,在膜分离过程中,溶剂和小分子物质透过膜,而大分子物质被截留,随着膜分离过程的进行,膜表面的浓度 C_i 不断升高,料液内的浓度 C_f 不断降低,浓度差 (C_i-C_f) 不断增大,造成从膜表面到溶液主体的渗透压增高,使分离过程的有效推动力降低,表现为膜通量下降。生产中为了保持较高的渗透通量,常采用提高操作压力的方法,伴随压力的升高,杂质的透过率也随之增加,从而导致溶质的截留率降低,影响透过液质量。

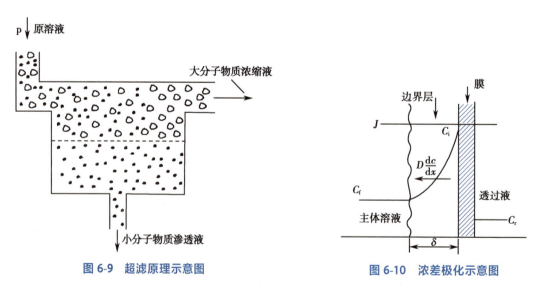

图 6-9 超滤原理示意图

图 6-10 浓差极化示意图

随着膜表面浓度的增大,溶质可能在膜表面呈最紧密排列,或形成凝胶层,阻碍液体透过膜,使渗透通量进一步下降。此时若再增加操作压力,不仅不能提高渗透通量,反而会使凝胶层厚度增加,使渗透通量降至极低。

(1)浓差极化对膜分离过程产生的不良影响有：①由于浓差极化,膜表面处溶质浓度升高,使溶液的渗透压升高,当操作压差一定时,膜分离过程的有效推动力下降,导致溶剂的渗透通量下降；②由于浓差极化,膜表面处溶质的浓度升高,使溶质通过膜孔的传质推动力增大,溶质的渗透通量升高,截留率降低,这说明浓差极化现象的存在对溶剂渗透通量的增加有了限制；③膜表面处溶质的浓度高于溶解度时,在膜表面将形成沉淀,堵塞膜孔并减少溶剂的渗透通量；④导致膜分离性能的改变；⑤出现膜污染,膜污染严重时,几乎等于在膜表面又形成一层二次薄膜,会导致膜透过性能的大幅度下降,甚至完全消失。

(2)减轻浓差极化的有效途径：即提高传质系数 k,采取的措施有提高料液流速、增强料液湍动程度、提高操作温度、对膜表面进行定期清洗和采用性能好的膜材料等。

3. 超滤操作　在超滤过程中,料液的性质和操作条件对膜通量均有一定的影响。为提高膜通量,应采取适当的措施,尽可能减少浓差极化和膜污染等所产生的阻力。

(1)料液流速：提高料液流速,可有效减轻膜表面的浓差极化。但流速也不能太快,一方面过高的料液流速会使膜透过压力下降,另一方面过高的料液流速会使混合物中目标物质离开膜的速率远大于目标物质进入膜的速率,导致膜渗透通量下降,并加速膜分离性能的衰退。对于螺旋式膜组件,可在液流通道上安放湍流促进材料,或使膜支撑物产生振动,以改善料液的流动状况,抑制浓差极化,从而保证超滤装置能正常、稳定地运行。

(2)操作压力：通常所说的操作压力是指超滤装置内料液进、出口压力的算术平均值。在一定的范围内,膜通量随操作压力的增加而增大,但当压力增加至某一临界值时,膜通量将趋于恒定。此时的膜通量称为临界膜通量。在超滤过程中,为提高膜通量,可适当提高操作压力；但操作压力不能过高,否则膜可能被压密。一般情况下,实际超滤操作可维持在临界膜通量附近进行。

(3)操作温度：温度越高,料液黏度越小,扩散系数则越大。因此,提高温度可提高膜通量。一般情况下,温度每升高1℃,膜通量约提高2.15%。因此,在膜允许的温度内,可采用相对高的操作温度,以提高膜通量。

(4)进料浓度：随着超滤过程的进行,料液主体的浓度逐渐增高,黏度和边界层厚度亦相应增大。但是无论在技术上还是在经济上,料液主体浓度过高对超滤都是不利的,因此对料液主体的浓度应加以限制。

4. 超滤过程的工艺流程　超滤的操作方式可分为重过滤和错流过滤两大类。重过滤是靠料液的液柱压力为推动力,但这样操作时浓差极化和膜污染严重,因此很少采用,而常采用的是错流操作。错流操作工艺流程又可分为间歇式和连续式。

(1)间歇式操作：适用于小规模生产,超滤工艺中工业污水处理及其溶液的浓缩过程多采用间歇工艺。间歇式操作的主要特点是膜可以保持在一个最佳的浓度范围内运行,在低浓度时,可以得到最佳的膜水通量。

(2)连续式操作：常用于大规模生产,连续式超滤过程是指料液连续不断加入贮槽和产品的不断产出,可分为单级和多级。单级连续式操作过程的效率较低,一般采用多级连续式操作。将几个循环回路串联起来,每一个回路即为一级,每一级都在一个固定的浓度下操作,从第一级到最后一级浓度逐渐增加。最后一级的浓度是最大的,即为浓缩产品。多级操作只有在最后一级的高浓度下操作,渗透通量最低,其他级操作浓度均较低,渗透通量相应也较大,因此多级操作效率高;而且多级操作所需的总膜面积较小。它适合在大规模生产中使用,特别适用于食品工业领域。

5. 超滤的应用 超滤的技术应用可分为3种类型:浓缩;小分子溶质的分离;大分子溶质的分级。绝大部分的工业应用属于浓缩,也可以采用与大分子结合或复合的办法分离小分子溶质。在制药工业中,超滤常用作反渗透、电渗析、离子交换等装置的前处理设备。如病毒及病毒蛋白的精制、制药用水制备、产物浓缩、小分子杂质和热原的去除等。

三、纳滤

1. 纳滤原理 纳滤是以压力差为推动力,用于分离溶液中相对分子质量为200~2 000的物质的膜分离技术。膜孔径为1~2nm,其分离性能介于超滤与反渗透之间。根据制备材料及条件的不同,有些纳滤膜还可以带一定的电荷,其表面分离层由聚电解质构成,对无机盐有一定的截留率。

2. 纳滤特点 纳滤能截留小分子的有机物,同时可透析出盐,是集浓缩和透析为一体的技术;纳滤操作压力低,因无机盐能通过纳滤膜而透析,使得纳滤的渗透压远比反渗透低,在膜通量一定的前提下,纳滤所需的外加压力比反渗透低得多,能够节约动力。

3. 纳滤的应用 纳滤技术已被广泛应用于医药、食品等行业的分离、精制和浓缩过程,不仅在分离小分子物质方面具有优势,而且还可将相对分子质量相近的物质分开。例如在通过酶促反应来制备低聚糖时,低聚糖和原料蔗糖相对分子质量相差很小,较难分开,采用纳滤可以获得良好的分离效果,而且可在很高的浓度区域实现低聚糖同葡萄糖、蔗糖的分离和纯化。纳滤还用于乳清蛋白和果汁的浓缩、牛乳的除盐和浓缩等。

在抗生素的生产中,纳滤已被应用于多种抗生素的浓缩和纯化工艺。将待浓缩的抗生素发酵液加入料罐中,料液经过滤、加压压入纳滤膜组件,浓缩液循环回料罐内,经过多次循环可达到要求的浓缩倍数。未经萃取的抗生素发酵液用纳滤浓缩,除去水和无机盐,然后再萃取,可大幅度提高设备的生产能力,同时减少萃取剂的用量。此外,用溶剂萃取抗生素后,用耐溶剂纳滤膜浓缩萃取液,透过的萃取剂可循环利用。

四、反渗透技术

1. 渗透和反渗透 将纯水和一定浓度的盐溶液分别置于半透膜的两侧,开始时两边液面等高,如图6-11(a)所示。由于膜两侧水的化学位不等,水将自发地由纯水侧穿过半透膜向溶液侧流动,这种现象称为渗透。随着水的不断渗透,溶液侧的液位上升,使膜两侧的压力差增大。当压力差足以阻止水向溶液侧流动时,渗透过程达到平衡,此时的压力差称为该溶液的渗透压,如图6-11(b)所示。若在盐溶液的液面上方施加一个大于渗透压的压力,则水将由盐溶液侧经半透膜向纯水侧流动,这种现象称为反渗透,如图 6-11(c)所示。

2. 反渗透的分离机制 反渗透过程就是在压力的推动下,借助于半透膜的选择透过性,实现对液体混合物的分离。反渗透膜的选择透过性与组分在膜中的溶解、吸附和扩散有关。因此,除了与膜孔大小、结构有关外,还与膜的物理、化学性质密切关联,其中膜的化学因素(膜及表面特性)在分离过程中起主导作用。

反渗透膜对盐离子的脱除率随盐离子所带电荷数增加而增大。绝大多数二价的盐离子,基本上能被反渗透膜完全脱除。相对分子质量大于 150 的大多数组分,无论是电解质还是非电解质,都能很好地被截留。

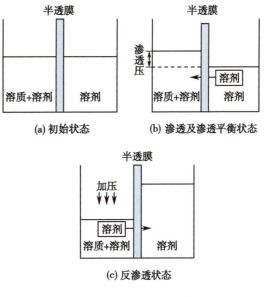

图 6-11 反渗透原理示意图

知识链接

海水淡化与膜技术

目前淡水资源短缺,但海洋却拥有大量的水资源,因此实现海水淡化技术创新发展已成为我国科学家研究的方向。

海水淡化是去除海水中的过多盐分和矿物质,从而获得可供使用的淡水。

反渗透技术是海水淡化的主流技术,能够有效去除海水中的无机盐、重金属离子、细菌等杂质,该技术成熟、脱盐率高、节约能源,为我国解决水资源短缺和水环境恶化提供了重要的技术保障。

据报道,目前我国已在膜法海水淡化工艺装备和系统集成等方面取得了重大突破,研制出了具有自主知识产权的反渗透膜元件、高压泵、压力容器、能量回收装置等核心设备,国产化膜法海水淡化技术与装备已成功进入国际市场。

3. 反渗透操作 反渗透装置的基本单元是反渗透膜组件,将反渗透膜组件与泵、过滤器、阀、仪表及管路等按一定的技术要求组装在一起,即成为反渗透装置。根据处理对象和生产规模的不同,反渗透装置主要有连续式、部分循环式和全循环式 3 种流程,下面介绍几种常见的工艺流程。

(1)一级一段连续式:图 6-12 为典型的一级一段连续式工艺流程示意图。操作时,泵将料液连续输入反渗透装置,分离所得的透过水和浓缩液由装置连续排出。一级一段连续式流程的缺点是水的回收率不高,因而在实际生产中的应用较少。

(2)一级多段连续式:当采用一级一段连续式工艺流程达不到分离要求时,可采用一级多段连续式工艺流程。如图 6-13 所示,操作时,第 1 段渗透装置的浓缩液作为第 2 段的进料液,第 2 段的浓缩液作为第 3 段的进料液,依此类推,而各段的透过液(水)经收集后连续排出。此种操作方式的优点是水的回收率及浓缩液中的溶质浓度均较高,而浓缩液的量较少。一级多段连续式流程适用于处理量较大且回收率要求较高的工艺,如苦咸水的淡化,以及低浓度盐水或自来水的净化等均采用该流程。

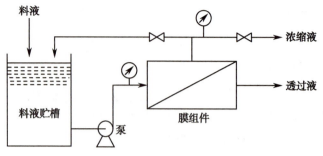

图 6-12　一级一段连续式工艺流程

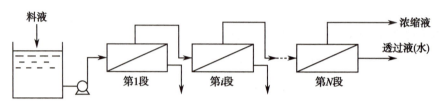

图 6-13　一级多段连续式工艺流程

（3）一级一段循环式：在反渗透操作中，将连续加入的原料液与部分浓缩液混合后作为进料液，而其余的浓缩液和透过液则连续排出，该流程即为一级一段循环式工艺流程，如图 6-14 所示。采用一级一段循环式工艺流程可提高水的回收率，但由于浓缩液中的溶质浓度要比原进料液中的高，因此透过水的水质有可能下降。一级一段循环式工艺流程可连续去除料液中的溶剂，常用于废液等的浓缩处理。

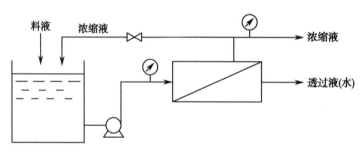

图 6-14　一级一段循环式工艺流程

4. 反渗透技术的应用　反渗透技术被大规模应用在海水和苦咸水的淡化，此外还被应用于纯水制备、废水处理，以及化工、医药和食品等行业的料液处理和浓缩等。

你问我答

问题：浓缩木糖醇生产过程中的木糖醇水溶液，为什么采用反渗透浓缩要优于三效蒸发工艺？

答案：三效蒸发工艺存在能耗高，劳动强度大，容易产生焦糖化反应和污染环境等缺点。采用反渗透浓缩木糖醇溶液，在常温下运行，无焦糖和新色素生成之忧，同时还可除去溶液中的部分酸和少量的盐离子，减轻后续离子交换树脂处理的负担，不仅生产周期短，还降低了生产成本，而且木糖醇的质量还有了很大的提高。

第三节　其他膜分离技术

一、透析

透析又称为渗析,是一种以浓度差为推动力的膜分离操作,利用膜对溶质的选择透过性,实现不同性质的溶质的分离。即利用半透膜能透过小分子和离子但不能透过胶体粒子的性质,从溶胶中除去作为杂质的小分子或离子的过程。透析能够应用于提纯生物大分子,除去小分子物质及其杂质,如蛋白质脱盐。医疗上,透析主要用于血液透析,即以透析膜代替肾脏除去血液中的尿素、肌酐、磷酸盐等有毒的低分子组分,以缓解肾衰竭和尿毒症患者的病情。

二、电渗析

电渗析是一种专门用于处理溶液中的离子或带电粒子的膜分离技术,其原理是在外加直流电场的作用下,以电位差为推动力使溶液中的离子作定向迁移,并利用离子交换膜的选择透过性,使带电离子从水溶液中分离出来。

电渗析所用的离子交换膜可分为阳离子交换膜(简称阳膜)和阴离子交换膜(简称阴膜),其中阳膜只允许水中的阳离子通过而阻挡阴离子,阴膜只允许水中的阴离子通过而阻挡阳离子。以盐水溶液中 NaCl 的脱除为例,如图 6-15 所示,在直流电场的作用下,带负电荷的阴离子即 Cl⁻ 向正极移动,但它只能通过阴膜进入浓缩室,而不能透过阳膜,因而被截留于浓缩室中。同理,带正电荷的阳离子即 Na⁺ 向负极移动,通过阳膜进入浓缩室,并在阴膜的阻挡下截留于浓缩室中。这样,浓缩室中的 NaCl 浓度逐渐升高,出水为浓缩水;而淡化室中的 NaCl 浓度逐渐下降,出水为淡水,从而达到脱盐的目的。

目前电渗析技术已是一种相当成熟的膜分离技术,主要用途是苦咸水淡化、生产饮用水、浓缩海水制盐、重金属污水处理、牛乳的脱盐、果汁的去酸及制备维生素 C 等。

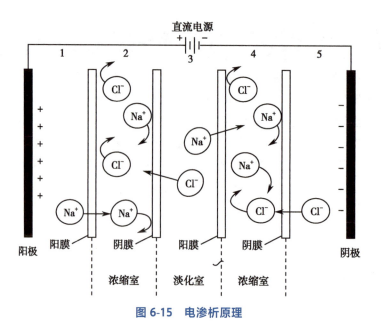

图 6-15　电渗析原理

三、液膜分离技术

液膜分离技术是一种以液膜为分离介质、以浓度差为推动力的膜分离技术,具有比表面积大、分离效率高、速度快、过程简单、成本低、用途广等特点。其在废水处理、生物医药分离、湿法冶金、化工分离等方面具有广泛的应用前景。

液膜分离技术涉及 3 种液体:通常将含有被分离组分的料液作连续相,称为外相;接受被分离组分的液体,称为内相;成膜的液体处于两者之间,称为膜相。在液膜分离过程中,被分离组分从外相进入膜相,再转入内相,浓集于内相。如果工艺过程有特殊要求,也可将料液作为内相,接受液作为外相。这时被分离组分的传递方向,则从内相进入外相。

液膜分离主要有三种分离机制,即单纯迁移、化学反应促进迁移和膜内载体输送。①单纯迁移(物理渗透):是根据料液中各种溶质在膜相中的溶解度(分配系数)和扩散系数的差异进行分离。溶质的迁移过程如图 6-16(a)所示,利用混合物中各组分透过液膜的渗透速率的差别实现组分分离,如烷烃与芳烃的液膜分离。②化学反应促进迁移:是通过在乳状液形成的液膜封闭相中引入一个具有选择性的不可逆化学反应,使特定的渗透物质与封闭相中的某一试剂发生反应,生成一种不能逆扩散穿过膜的新产物,从而使封闭相中的渗透物浓度接近于 0,保持渗透物在液膜两侧有最大的浓度梯度,此即促进输送,又称 Ⅰ 型促进迁移,其过程如图 6-16(b)所示,被分离组分 A 透过液膜后与内相中的反萃剂 R 发生化学反应,反应产物 P 不能透过液膜。如用液膜分离法使废水脱苯酚时,苯酚透过液膜后与内相中的 NaOH 反应生成苯酚钠。③膜内载体输送:含有载体的液膜分离是靠加入的流动载体进行分离的。加入的载体与特定溶质或离子所生成的配合物必须溶于液膜相,而不溶于邻接的两个溶液相。此载体在膜的一侧强烈地与特定离子配位,因而可以吸附它;但在膜的另一侧只能微弱地和特定溶质配位,因而可以释放它。这样,流动载体在膜内、外两个界面之间来回地传递被迁移物质。如图 6-16(c)所示,载体 R_1 作为渗透组分 A 在膜内传递的媒介。载体相当于萃取剂中的萃取反应剂,在外相与液膜的界面处,与渗透组分 A 生成络合物 P_1,P_1 在液膜内扩散到内相与液膜的界面,与内相中的反萃剂 R_2 作用而发生解络,组分 A 进入内相;解络后的载体在液膜内扩散返回外相与液膜界面,再一次进行络合。

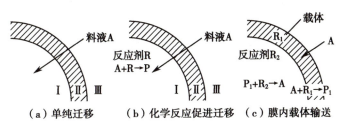

图 6-16　液膜分离机制示意图

（a）单纯迁移　（b）化学反应促进迁移　（c）膜内载体输送

此外,液膜的外界面还能选择性地吸附料液中的悬浮物。液膜分离虽具有传质推动力大、传质速率高、接受液用量少等优点,但过程的可靠性较差,操作采用乳化液膜时,制乳、破乳困难,故适用范围较小。

点滴积累

1. 透析又称为渗析,是一种以浓度差为推动力的膜分离操作,利用半透膜对溶质的选择透过性,实现不同性质溶质的分离。
2. 电渗析是在外加直流电场的作用下,以电位差为推动力使溶液中的离子作定向迁移,并利用离子交换膜的选择透过性使带电离子从水溶液中分离出来。
3. 液膜分离是一种以液膜为分离介质,以浓度差为推动力的膜分离技术。

目标检测

一、简答题

1. 简述膜分离技术的优点。
2. 简述膜组件的类型。
3. 膜污染后,可以用哪些方法清洗膜?
4. 表征膜性能的参数有哪些?

二、实例分析

1. 在某药品生产中,需要将药品从混合液中分离出来,现获知该药品的相对分子质量较小,能透过超滤膜,而杂质多为大分子物质,请分析确定该药品的膜分离操作方式。
2. 用盐析方法从牛乳中得到的酪蛋白粗品中含有少量盐析剂硫酸钠,通过哪种膜分离方式可除去该杂质?

（韩　勇）

习题

思维导图

第七章 　色谱分离技术

第七章　色
谱分离技术
（课件）

学习目标

1. **掌握**　色谱分离技术的分类及特点；色谱分离技术中常用的术语和参数。
2. **熟悉**　吸附色谱技术、分配色谱技术、离子交换色谱技术、凝胶色谱技术、亲和色谱技术的基本原
   理；常用的吸附剂、离子交换树脂、常用的凝胶；各色谱分离技术的操作方法。
3. **了解**　各类色谱技术的应用。

导学情景

情景描述：

　　某日，小明在商店里购买了一袋饼干。拆开后，包装内有一袋用透湿性小袋包装的、内为小球形
颗粒的食品干燥剂。查看包装说明后得知此为硅胶干燥剂。

学前导语：

　　硅胶是一种中性惰性物质，安全性好，吸附能力强，吸水性好，是目前唯一通过美国食品药品管
理局（Food and Drug Administration，FDA）认证的能直接与食品和药品接触的干燥剂。除了用作干
燥剂外，硅胶因其良好的吸附性能，也是吸附技术常用的吸附剂，应用广泛。但是硅胶吸水后，其吸
附性能会下降，当硅胶含水量大于 17% 时，硅胶会失活，失去吸附力。本章将带领同学们来学习包
括吸附技术在内的各类色谱分离技术的基本原理、应用及基本操作。

　　色谱分离技术是利用不同组分在两相中的物理化学性质（如吸附力、分子大小、分子亲和力、分
配系数等）的不同，通过两相不断的相对运动，使各组分以不同的速率移动而将各组分分离的技术，
是一类相关分离方法的总称。

　　色谱技术已被广泛应用于诸多领域，如石油化工、有机合成、生理生化、医药卫生、环境保护以
及空间探索等。

第一节　概述

　　在色谱分离技术中，通常将表面积较大的固体或附着在固体上且不发生运动的液体称为固定
相；将不断流动的气体或液体称为流动相。当流动相携带样品中不同组分经过固定相时，就会与固
定相发生作用，由于样品中各组分的物理化学性质不同，导致其与固定相发生相互作用的类型、强

弱也不同,所以在同一推动力的作用下,不同组分在固定相滞留的时间长短不同,产生差速迁移,从而按先后不同的次序从固定相中流出,实现组分的分离。如图 7-1 所示。

由色谱分离过程可看出,差速迁移是色谱分离的基础,混合物中各组分理化性质的差异、固定相的吸附能力和流动相的解吸(洗脱)能力是产生差速迁移的 3 个最重要的因素。

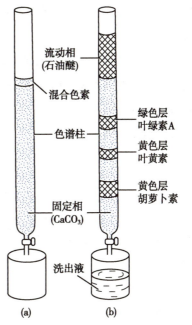

植物色素的色谱分离过程(彩图)

一、色谱分离技术分类

(一) 按流动相和固定相的状态分类

1. 按流动相的状态分类 色谱分离中的流动相可以是气体、液体或超临界流体,相应地分为气相色谱(gas chromatogram,GC)、液相色谱(liquid chromatogram,LC)和超临界流体色谱(supercritical fluid chromatography,SFC)。

2. 按固定相的状态分类 按固定相的状态分类,固定相可

图 7-1 植物色素的色谱分离过程

以是固体或液体。因此,气相色谱法又可分为气 - 固色谱法(gas-solid chromatography,GSC)与气 - 液色谱法(gas-liquid chromatography,GLC),前者以气体为流动相,固体为固定相;后者以气体为流动相,液体为固定相。液相色谱又可分为液 - 固色谱(liquid-solid chromatography,LSC)和液 - 液色谱(liquid-liquid chromatography,LLC),前者以液体为流动相,固体为固定相;后者是以一种液体为流动相,另一种不相混溶的液体为固定相。

(二) 按固定相使用的方式分类

按固定相使用的方式可分为柱色谱、平面色谱等类别。

1. 柱色谱 将固定相装在色谱柱里,色谱过程在色谱柱内进行。

2. 平面色谱 在固定相构成的平面上进行色谱过程的色谱技术,又可分为纸色谱和薄层色谱。

(三) 按分离原理分类

按色谱过程的分离原理可分为吸附色谱、分配色谱、离子交换色谱、凝胶色谱及亲和色谱等类别。

1. 吸附色谱 吸附色谱所用的固定相为吸附剂,依靠样品组分在吸附剂上的吸附系数(吸附能力)差别而分离。

2. 分配色谱 分配色谱的固定相和流动相均为液体,利用样品组分在固定相与流动相中的溶解度差异,引起分配系数的差别而分离。LLC 与 GLC 都属于分配色谱法范围。分配色谱中,流动相的极性大于固定相极性的液相色谱法,称为反相色谱;反之,称为正相色谱。

3. 离子交换色谱 离子交换色谱是靠样品离子与固定相的可交换基团间交换能力(交换系数)的差别而实现分离的色谱方法。其固定相有离子交换树脂、离子交换纤维素和离子交换凝胶 3 种。其中离子交换树脂最为常用。

4. 凝胶色谱 凝胶色谱也称为体积排阻色谱,其固定相凝胶是具有多孔隙网状结构的固体物质,在以液体为流动相时,被分离物质会按分子大小得到分离,多用于高聚物分子质量分布和含量的测定。

5. 亲和色谱 亲和色谱是将具有生物活性(如酶、辅酶、抗体等)的配位基键合到非溶性载体或基质表面上形成固定相,利用蛋白质或生物大分子与亲和色谱固定相表面上配位基的亲和力进行分离的色谱法。这种方法专用于分离与纯化蛋白质等生化样品。

(四)按色谱用途分类

1. 分析型色谱仪 分析型色谱仪可分为实验室用色谱仪和便携式色谱仪。它主要用于各种样品的分析,其特点是色谱柱较细,分析的样品量少。

2. 制备型色谱仪 制备型色谱仪可分为实验室用制备型色谱仪和工业用大型制造纯物质的制备色谱仪,可以完成一般分离方法难以完成的纯物质制备任务,如纯化学试剂的制备和蛋白质的纯化等。

3. 专属型色谱仪 专属型色谱仪只用于分析某一类化合物的色谱仪,如氨基酸自动分析仪,它属于液相色谱仪的范畴。

二、色谱分离技术的特点

与其他分离纯化方法相比,色谱分离技术具有如下特点。

1. 分离效率高 若用理论塔板数来表示色谱柱的效率,每米柱长可以达几千至几十万的塔板数,特别适合于极复杂混合物的分离,且通常收率、产率和纯度都较高。

2. 应用范围广 从极性到非极性、小分子到大分子、无机到有机或生物活性物质、热稳定到热不稳定的化合物,都可用色谱分离法分离。

3. 操作模式多样 在色谱分离中,可通过选择不同的操作模式,以适应不同样品的分离要求。

4. 高灵敏度在线检测 在分离与纯化过程中,可根据产品的性质,应用不同的物理与化学原理,采用不同的高灵敏度检测器进行连续的在线检测,从而保证了在达到要求的产品纯度下,获得最高的产率。

三、色谱分离中常用的术语和参数

在色谱分离的过程中,试样经色谱柱分离后的各组分随流动相先后进入检测器,并由检测器将浓度信号转换为电信号,再由记录仪记录下来。这种电信号强度随时间变化而形成的曲线,称为色谱流出曲线,即色谱图,如图 7-2 所示。

1. 基线 在正常操作条件下,没有组分流出,只有流动相通过检测器时的信号 - 时间曲线。基线是衡量仪器(主要是检测器)是否正常工作的标准之一。正常的基线是一条平行于时间轴的直线,在图 7-2 中 OC 为基线。

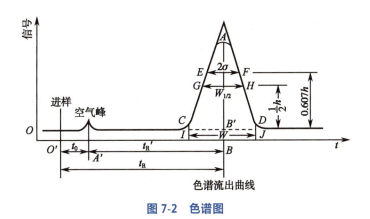

图 7-2 色谱图

2. 色谱峰 色谱流出曲线上的突起部分称为色谱峰。正常的色谱峰(又称高斯峰)为对称正态分布曲线,曲线有最高点,以此点的横坐标为中心,曲线对称地向两侧快速单调下降。但实际上流出曲线并非完全对称,不对称的色谱峰有拖尾峰和前沿峰,如图 7-3 所示。色谱峰顶点与峰底之间的垂直距离称为峰高,用 h 表示;峰与峰底之间的面积称为峰面积,用 A 表示,可作为定量分析的参数。

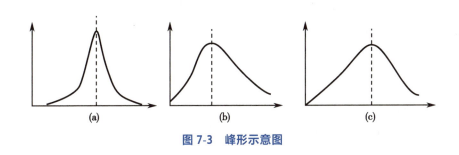

图 7-3 峰形示意图

3. 保留值

(1) 保留时间 t_R:从进样开始到某个组分在柱后出现峰极大值的时间间隔,称为该组分的保留时间,即从进样到柱后某组分出现浓度极大值的时间间隔,见图 7-2。

(2) 死时间 t_0:不被固定相保留的组分,从进样开始到惰性气体出现峰极大值的时间间隔称为死时间,见图 7-2。

(3) 调整保留时间 t_R':扣除死时间后的保留时间即为调整保留时间,见图 7-2。用公式表示为:$t_R' = t_R - t_0$。

调整保留时间可理解为:某组分因溶解于固定相或被固定相吸附的缘故,而比不溶解或不被吸附的组分在柱中多滞留了一些时间。在实验条件(温度、固定相等)一定时,调整保留时间只决定于组分的性质。因此,对混合物样品进行色谱分离时,调整保留时间是产生差速迁移的物理化学基础,是色谱法定性的基本参数之一。

(4) 保留体积 V_R:从进样开始到样品中某组分在柱后出现浓度极大值,所通过流动相的体积,称为保留体积,又称洗脱体积(线性洗脱)。对于具有正常峰形的组分,保留体积即为样品中某组分的一半被流动相带出色谱柱时所需的流动相体积。

(5)死体积 V_0：不被固定相滞留的组分，从开始进样到柱出口被测出组分出现浓度最大值所需的时间，即指填充柱内固定相颗粒间的间隙体积、色谱仪中管路和接头间的体积以及检测器内部体积的总和。

(6)调整保留体积 V_R'：扣除死体积后的保留体积称为调整保留体积。死体积 V_0 反映的是色谱柱的几何特性，它与被测组分的性质无关。保留体积 V_R 中扣除死体积 V_0 后，即校正保留体积 V_R'，将更合理地反映被测组分的保留特点。

(7)相对保留值 $R_{2,1}$：在相同的操作条件下，被测组分与参比组分的校正保留值之比，称为相对保留值，又称为选择因子。其定义式为：

$$R_{2,1} = \frac{t'R_2}{t'R_1} = \frac{V'R_2}{V'R_1} \qquad \text{式(7-1)}$$

式(7-1)中，$t'R_2$、$t'R_1$ 分别为被测物质和参比物质的校正保留时间；$V'R_2$、$V'R_1$ 分别为被测物质和参比物质的校正保留体积。

相对保留值 $R_{2,1}$ 可以消除某些操作条件对保留值的影响，只要柱温、固定相和流动相的性质保持不变，即使填充情况、柱长、柱径及流动相流速有所变化，相对保留值仍保持不变。

4. 区域宽度　色谱峰的区域宽度可衡量柱效，并且可与峰高相乘来计算峰面积，如图 7-2 所示。色谱峰的区域宽度通常有 3 种表示方法。

(1)标准偏差 σ：即 $0.607h$ 峰高处的峰宽的 $1/2$。

(2)半高峰宽 $W_{1/2}$：即 $1/2$ 峰高处的峰宽。它与标准偏差的关系为：$W_{1/2}=2.355\sigma$。

(3)峰宽 W：自色谱峰两侧的转折点（拐点）处所作的切线与峰底相交于两点，这两点间的距离称为峰宽。它与标准偏差的关系为：$W=4\sigma$。标准偏差、峰宽与半高峰宽的单位由色谱峰横坐标单位而定，可以是时间、体积或距离等。在理想的色谱中，组分的谱带应是很窄的，若谱带较宽，将直接导致分离效果下降。

5. 分离度 R　分离度又称为分辨率或分辨度，为相邻两组分色谱峰保留值之差与两组分色谱峰峰底宽度平均值的比值，即

$$R = \frac{tR_2 - tR_1}{(W_1 + W_2)/2} \qquad \text{式(7-2)}$$

分离度是一个综合性指标，既能反映柱效率又能反映选择性，称为总分离效能指标。根据分离度 R 的大小可以判断被分离物质在色谱柱中的分离情况。R 值越大，两色谱峰的距离越远，分离效果越好。一般来说，当 $R<1$ 时，两峰有部分重叠；当 $R=1$ 时，两峰基本分离，称为 4σ 分离，裸露峰面积为 95.4%；当 $R=1.5$ 时，相邻两组分已完全分离，称为 6σ 分离，裸露峰面积为 99.7%。一般用 $R=1.5$ 作为两峰完全分离的标志。

6. 平衡系数　色谱分离技术是依据混合物中各组分物理化学性质的差异，通过物质在两相间反复多次的平衡过程，使各组分在两相中的移动速率或分布程度不同，表现为各组分的流出次序不同而使各组分分离的技术。由此可知，色谱分离一般属于物理分离方法，其最基本的特征是有一个固定相和一个流动相，各组分的分离发生在两相进行相对运动的过程中。

在定温定压条件下,当色谱分离过程达到平衡状态时,某种组分在固定相 S 和流动相 m 中含量(浓度)C 的比值,称为平衡系数 K(也称分配系数、吸附系数、选择性系数等)。其表达通式可写为:

$$K = \frac{C_s}{C_m} \qquad 式(7\text{-}3)$$

式(7-3)中,K 为平衡系数;C_s 为固定相中的浓度;C_m 为流动相中的浓度。平衡系数 K 主要与以下因素有关:①被分离物质本身的性质;②固定相和流动相的性质;③色谱柱的操作温度,一般情况下温度与平衡系数呈反比。各组分平衡系数 K 的差异程度决定了色谱分离的效果,K 值差异越大,色谱分离效果越理想。

考 证 要 点

1. 掌握分配系数的概念。

2. 学会运用公式计算分配系数 K。

7. 阻滞因数或比移值 在色谱柱(纸、板)中,溶质的移动速率与流动相的移动速率之比,称为阻滞因数或比移值 R_f,其定义式可写为:

$$R_f = \frac{溶质(浓度中心)的移动速率}{流动相的移动速率} = \frac{溶质(浓度中心)的移动距离(r)}{在同一时间流动相前沿的移动距离(R)} \qquad 式(7\text{-}4)$$

R_f 与平衡系数 K 有关。

点滴积累

1. 色谱分离是利用各物质在固定相和流动相中停留的时间不同而实现分离的。

2. 色谱分离常用参数有保留值、区域宽度、分离度、比移值、平衡系数等。

第二节　吸附色谱技术

吸附技术是利用适当的吸附剂,使液体(气体)中的特定组分被吸附剂所吸附,然后再以适当的洗脱剂将其解吸下来,达到分离特定组分或纯化液体(气体)的目的。在表面上能发生吸附作用的多孔固体颗粒称为吸附剂,而被吸附的物质称为吸附质。根据吸附剂与吸附质之间作用力的不同,吸附可分为物理吸附和化学吸附两大类;吸附剂与吸附质之间作用力是分子间引力(范德瓦耳斯力)的吸附过程为物理吸附,由于分子间引力存在于吸附剂的整个自由界面与吸附质之间,故物理吸附的选择性非常低;吸附剂与吸附质之间有电子转移而生成化学键的吸附过程为化学吸附,由于化学吸附生成化学键,故其选择性较强。

一、基本原理

吸附色谱技术也称为液 - 固色谱法,是利用固定相对不同物质的吸附力不同而使混合物分离的方法。这种技术是将吸附剂(通常是具有较大表面积的活性多孔固体,如硅胶、氧化铝或活性炭)填充到柱子、板子或其他支撑结构中,以形成液 - 固色谱系统。在吸附色谱过程中,固定相为固体吸附剂,吸附剂表面的活性中心具有吸附能力,混合物被流动相带入柱内后,吸附剂对被分离组分的吸附能力越强,被分离组分就被吸附得越牢固,在色谱中移动的速度就越慢,反之移动得就越快,这样就可使混合物中各组分实现分离。

当所用的吸附剂和展开剂一定时,吸附力的大小主要取决于被分离组分的性质,不同的吸附剂对组分的吸附有着自己的规律。比如硅胶色谱中,组分极性越大则被吸附得越牢固,展开的速度就慢,反之展开的速度快,据此可把极性不同的一系列化合物分离、展开。如图 7-4 所示,吸附力不同的三组分混合物(白球分子○>黑球分子●>三角分子△),在随着洗脱剂向下流动的过程中被逐渐分开,吸附力最小的三角分子△最先流出色谱柱,依次流出黑球分子●和白球分子○,实现了混合物的分离。

ER 7-3

吸附色谱分
离过程
(动画)

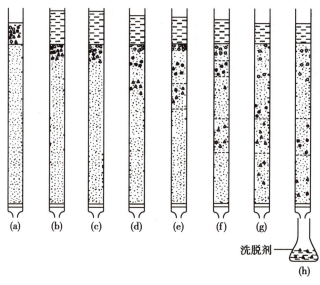

洗脱剂

图 7-4　吸附色谱过程示意图

二、常用的吸附剂

吸附色谱技术应用中最关键的因素是固体吸附剂的性能。吸附剂按其化学结构可分为两大类:一类是无机吸附剂,包括白土、氧化铝、硅胶、硅藻土等;另一类是有机吸附剂,主要有活性炭、聚酰胺、纤维素、大孔树脂等。按照吸附机制可分为物理吸附剂、化学吸附剂;按吸附剂的形态和孔结构不同可分为球形颗粒吸附剂、纤维形吸附剂、无定形颗粒吸附剂等。吸附色谱中常用的有活性炭、大孔吸附树脂、硅胶、氧化铝和聚酰胺等。

1. 活性炭　活性炭吸附剂的外观呈黑色，外形有粉末状、纤维状、颗粒状、球状、圆柱状等多种形状，结构为多孔隙、多孔径的炭化物，其表面积较大，因此具有良好的吸附能力。活性炭主要是以含碳量较高的物质制成，如木材、煤、果壳、骨、石油残渣等，不同原料生产的活性炭具有不同的孔径，活性炭孔径一般分为 3 类：大孔的孔径为 $(1\,000\sim10\,000)\times10^{-10}m$；过渡孔的孔径为 $(20\sim1\,000)\times10^{-10}m$；微孔的孔径在 $20\times10^{-10}m$ 以下。根据以上特性可以看出，针对不同的吸附对象，需选用相应的活性炭，以达到较好的吸附效果。因此，在液相吸附中，一般选用较多过渡孔径及平均孔径较大的活性炭。

粉末状活性炭的总表面积最大，其吸附力和吸附量也最大，但其颗粒太细，影响过滤速率，且色黑质轻，污染环境；另外由于活性炭生产原料来源不同、制备方法不同，其吸附力有所不同，给生产控制带来不便。活性炭是非极性吸附剂，在水溶液中的吸附力最强，在有机溶剂中的吸附力较弱。在选用吸附剂时不仅要考虑有较好的吸附力，还要考虑洗脱难易程度，防止洗脱剂用量过大，洗脱高峰不集中等问题。

活性炭主要用于除去水中的污染物，为各种注射剂脱色，过滤净化液体，抗生素、维生素及其原料药的脱色，去除热原，对空气的净化处理，废气回收，贵重金属的回收及提炼等领域；在环境保护方面，活性炭也发挥着越来越重要的作用，随着科学的发展，活性炭的用途也越来越广泛。

2. 大孔吸附树脂　大孔吸附树脂是一种不溶于酸、碱及各种有机溶剂的有机高分子聚合物，只有多孔骨架，没有引入离子交换功能团，其性质与活性炭等吸附剂类似，根据骨架极性强弱可分为非极性、中等极性和极性 3 类。大孔吸附树脂是一种非离子型共聚物，它能够借助范德瓦耳斯力从溶液中吸附各种有机物质，其吸附能力不仅与树脂的化学结构和物理性能有关，还与溶质及溶液的性质有关。根据"类似物容易吸附类似物"的原则，一般非极性吸附树脂适用于从极性溶剂中吸附非极性溶质，极性吸附树脂适用于从非极性溶剂中吸附极性溶质，而中等极性的吸附树脂则对上述两种情况都具有吸附能力。

大孔吸附树脂的内部具有三维空间立体孔结构，其孔径与比表面积都比较大、物理化学性质稳定，具有吸附容量大、选择性好、吸附速度快、解吸条件温和、再生处理方便、使用周期长、易于构成闭路循环、节省费用等诸多优点。大孔吸附树脂已被广泛用于中草药有效成分的提取、分离和纯化工作中。

3. 硅胶　硅胶是一种常用的极性吸附剂，其主要的优点是惰性、吸附量大和容易制备成各种类型（具有不同孔径和表面积）的硅胶。硅胶化学通式为 $SiO_2\cdot nH_2O$，是具有多孔性的硅氧交联结构，表面有许多硅醇基（—Si—OH）的多孔微粒。硅胶的吸附性是由于其表面含硅醇基，即—OH 能与极性化合物或不饱和化合物形成氢键所致，一般来说，成分的极性越大，被吸附得越牢固。水能与硅胶表面羟基结合成水合硅醇基而使其失去活性，但当硅胶加热到 100℃，该水能被可逆地除去。硅胶具有微酸性，常用于有机酸、氨基酸、萜类、甾类化合物的分离。

硅胶的分离效率取决于其颗粒大小和粒度分布范围。颗粒大小和粒度分布范围宽的硅胶分离效果差，且扩散较为严重，但分离速度快。

4. **氧化铝** 氧化铝也属于极性吸附剂,其吸附规律与硅胶类似。色谱用的氧化铝分为酸性、中性和碱性3种。碱性氧化铝(pH 9)、中性氧化铝(pH 7~7.5)及酸性氧化铝(pH 3.5~4.5)都是由氢氧化铝制得的,但条件不同。碱性氧化铝用于碳氢化合物、对碱稳定的中性色素、甾类化合物、生物碱的分离;中性氧化铝应用最广,能够用于分离生物碱、挥发油、萜类化合物、甾类化合物,以及酸碱中不稳定的苷类、酯、内酯等;酸性氧化铝用于分离酸性物质如氨基酸及对酸稳定的中性物质。氧化铝的活性分5级,其含水量分别为0(Ⅰ级)、3%(Ⅱ级)、6%(Ⅲ级)、10%(Ⅳ级)、15%(Ⅴ级)。Ⅰ级吸附能力太强,Ⅴ级吸附能力太弱,所以一般常用Ⅱ至Ⅲ级。

5. **聚酰胺** 聚酰胺是用尼龙-6(或尼龙-66)溶于乙酸或浓盐酸制成的。由于它们有较好的亲水及亲脂性能,所以用于分离一些水溶性和脂溶性的物质,如酚类、氨基酸等。

此外,硅藻土、硅酸镁等也可作为吸附剂,但应用较少。

> ### 知识链接
>
> #### 吸附剂的再生
>
> 吸附剂被使用一段时间以后,其吸附能力下降,常需对吸附剂进行再生。吸附剂再生是指在不破坏吸附剂原有结构的前提下,用物理或化学方法,使吸附于吸附剂表面的吸附质脱离或分解,恢复其吸附功能,使吸附剂可以重复使用的过程。通过再生可以实现吸附剂的循环使用,降低处理成本,减少废渣的产生,减轻环境污染。
>
> 热再生法是目前应用最广泛、技术最成熟的再生方法,一般采用加热法排出解吸溶剂,然后再对吸附剂进行干燥。

三、影响吸附的因素

固体在溶液中的吸附过程比较复杂,影响因素很多,主要从吸附剂、吸附质、溶剂和吸附操作条件等方面考虑。

1. **吸附剂** 不同吸附剂对同一吸附质的吸附能力不同,同一吸附剂因其结构、理化性能不同,对吸附的影响也很大。比表面积越大,空隙度越高,吸附容量就越大;而吸附剂的颗粒度越小,孔径大小适当、分布均匀,吸附速率就越快。一般吸附相对分子质量大的物质应选择孔径大的吸附剂;吸附相对分子质量小的物质则要选择表面积大及孔径较小的吸附剂。

2. **吸附质** 不同吸附质在同一吸附剂上的吸附能力是不同的。一般情况下,能使表面张力降低的吸附质易于被吸附;吸附质的溶解度越大,吸附量越小;根据"相似相溶"原理,溶解在非极性溶剂中的极性吸附质易被极性吸附剂吸附,溶解在极性溶剂中的非极性吸附质易被非极性吸附剂吸附。根据吸附平衡可知,吸附质的浓度越高,吸附量也越大。

3. **溶剂** 一般吸附质溶解在单溶剂中易被吸附,若溶解在混合溶剂中则不易被吸附;因此,一般单溶剂吸附用混合溶剂解吸。

4. **吸附操作条件** 操作温度的影响与吸附过程的吸附热大小有关。对于物理吸附,一般吸附热较小,温度变化对吸附的影响不大;但温度对吸附质的溶解度有影响,温度越高,溶解度越大,不利于吸附。对于化学吸附,吸附热越大,温度对吸附的影响越大。溶液 pH 对吸附有一定的影响,吸附操作的最佳 pH 通常由实验决定。

5. 其他组分 当从含有两种以上组分的溶液中进行吸附时,由于各组分的性质不同,对吸附的影响可能不同,可以互相促进、互相干扰或互不干扰。其中,盐类对吸附作用的影响比较复杂,在有些盐浓度下能阻止吸附,但在另一些盐浓度下能促进吸附,如利用硅胶对某种蛋白质进行吸附时,加入硫酸铁可使吸附量增加。

四、吸附色谱的操作

以常用的吸附柱色谱的分离操作为例。

1. 色谱柱的选择 色谱柱一般是在圆柱形容器内装各类固定相而制得的。圆柱形容器直径要均匀,通常用玻璃制成,工业中的大型色谱柱可用金属制造,为了便于观察,一般在柱壁上嵌一条玻璃。色谱柱类型多种多样,如图 7-5 所示,长径比一般为 20(有些高达 90~100)。若柱粗而短,则分离效果较差;若柱过长而细,分离效果虽好,但流速慢,消耗时间太长。样品长时间吸附在固定相上和长时间被光照射会使样品中的某些成分发生变化,过长的柱子装填均匀难度也较大,故通常分离复杂样品前先使用短而粗的柱子进行粗分,然后对于已经过粗分且成分相对较简单的样品,再用细而长的柱子进行分离。所用的色谱柱应比装入吸附剂的柱长再长一段,以备存有一定量的洗脱剂。

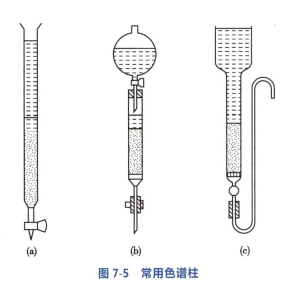

(a)   (b)   (c)

图 7-5 常用色谱柱

2. 固定相的选择 进行色谱分离时,应根据待分离成分的性质选择合适的吸附剂。一般要求吸附剂:①有较大的表面积和一定的吸附能力;②颗粒均匀,且不与被分离物质发生化学作用;③对被分离物质中各组分吸附能力不同。

吸附剂的用量要根据被分离样品的组成及其是否容易被分开而决定。一般来说,吸附剂用量为样品量的 20~50 倍。若样品中所含成分的性质很相似,则吸附剂的用量要加大,可增至 100 倍或更大些。

3. 洗脱剂（展开剂）的选择　洗脱剂是根据被分离物质各组分的极性大小进行选择的。即容易被吸附的组分，被洗脱的速度慢；相反，不太容易吸附于吸附剂的组分，则洗脱速度快，从而达到分离物质的目的。各组分在洗脱剂中的溶解能力，基本原理是"相似相溶"，即欲洗脱极性大的组分应选择极性大的洗脱剂（如水、乙醇、氨等）；欲洗脱极性小的组分应选用极性小的洗脱剂（如石油醚、乙醚等）。另外，被分离物质与洗脱剂不发生化学反应，洗脱剂要求纯度合格，沸点不能太高（一般为 40~80℃）。

实际上，单纯一种洗脱剂有时不能很好地分离各组分，故常用几种洗脱剂按不同比例混合，配成最合适的洗脱剂。

4. 操作方法　柱色谱操作方法分为装柱、上样、洗脱、收集等步骤。

(1)装柱：装柱前柱子应干净、干燥，柱的底部要先放一些玻璃棉、玻璃细孔板等可拆卸的支持物，以支持固定相。常用的装柱方法有两种。①干法装柱：将固定相直接均匀地倒入柱内，中间不应间断，装柱时通常在柱的上端放一个玻璃漏斗，使固定相经漏斗形成细流状慢慢地加入柱内。必要时轻轻敲打色谱柱，使填装均匀，尤其是在填装较粗的色谱柱时更应小心。色谱柱装好后打开下端活塞，然后沿管壁轻轻倒入洗脱剂（注意在倒入洗脱剂时，严防固定相被冲起）。待固定相湿润后，注意柱内不能带有气泡。如有气泡需通过搅拌等方法除去，也可以在柱的上端再加入洗脱剂，然后通入压缩空气使空气泡随洗脱剂从下端流出。②湿法装柱：因湿法装柱容易赶走固定相内的气泡，故常被采用。量取一定体积(V_0)的准备用作首次洗脱的洗脱剂，倒入色谱柱中，并将活塞打开，使洗脱剂滴入接收瓶内，同时将固定相慢慢加入；或将固定相放置于烧杯中，加入一定量的洗脱剂，经充分搅拌，待固定相内的气泡被除去后再加入柱内（此法基本上可完全去除固定相内的气泡）。需一边沉降一边添加，直到加完为止。固定相的加入速度不宜太快，以免带入气泡。必要时可在色谱柱的管外轻轻敲打，使固定相均匀下降，有助于使带入的气泡外溢。

(2)上样：样品的加入有两种方法。①湿法上样：先将样品溶解于用作首次使用的洗脱剂的溶剂中，如果样品在首次使用的洗脱剂中不溶解，可改用极性较小的其他溶剂，但溶剂的极性要尽可能小，否则会大大降低分离效果，并有可能导致分离的失败（需完全溶解，不得有颗粒或固体）。溶液的体积不能过大，体积太大往往会使色带分散不集中，影响分离效果，通常样品溶液的体积不要超过色谱柱保留体积的15%。操作时先将色谱柱中固定相面上的多余洗脱剂放出，再用滴管将样品溶液慢慢加入，在加入样品时勿使柱面受到扰动，以免影响分离效果。样品溶液全部加完后，打开活塞将液体徐徐放出，当液面与柱面相平时，再用少量溶剂洗涤盛样品的容器数次，洗液全部加入色谱柱内，开始收集流出的洗脱液。②干法上样：先将样品溶解在易溶的有机溶剂中。称取一定量固定相，慢慢加入样品溶液，边加边搅拌，待固定相已完全被样品溶液湿润时，在水浴锅上蒸除溶剂，如果样品溶液还没有加完，则可重复上述步骤，直到加完为止。将拌好的样品轻轻撒在色谱柱吸附剂上面，再撒一层细砂。

(3)洗脱、收集：上样完成后，缓缓加入洗脱溶剂，使洗脱剂的液面高出柱面约10cm，并收集洗脱液。有色物质在日光或紫外线灯下可观察到明显的色谱带，可按色谱带收集。但是很多物质没有明显色带,而且一个色带中往往含有多种成分,故现在常常采用等馏分收集法收集,即分取一定洗脱液为一份,连续收集。每份洗脱液的收集体积应根据所用固定相的量和样品分离难易程度的具体情况而定,通常每份洗脱液的量与柱的保留体积或固定相的用量大体相当。为了及时了解洗脱液中各洗脱部分的情况,以便调节收集体积的多少和选择或改变洗脱剂的极性,现在多采用薄层色谱来鉴定。根据色谱的结果,可将成分相同的洗脱液合并或更换洗脱剂。

在整个操作过程中,必须注意不要使吸附剂表面的液体流干,否则会使色谱柱中进入气泡或形成裂缝。同时洗脱液流出的速度也不应太快,流速过快会导致柱中交换达不到平衡,影响分离效果。

五、吸附色谱的应用

吸附色谱在生物技术和药学领域应用比较广泛,主要对生物小分子物质的分离,如生物碱、萜类、苷类、色素等次级代谢小分子物质的分离。吸附色谱技术在天然药物的分离制备中占有很大比例。

点滴积累

1. 吸附色谱法是依据固定相对不同物质的吸附力不同而使混合物分离的方法。
2. 常用吸附剂有活性炭、大孔吸附树脂、硅胶、氧化铝等。
3. 吸附质、吸附剂及吸附操作条件对吸附都会产生影响。

第三节　分配色谱技术

一、基本原理

一种物质在两种互不相溶的溶剂中振摇,当达到平衡时,在同一温度下,该物质在两相溶剂中浓度的比值是恒定的,这个比值就称为该物质在这两种溶剂中的分配系数。在药物提取分离工作中常用的溶剂萃取,就是利用药物中化学成分在互不相溶的两相溶剂中的分配系数不同,从而达到分离的目的。如果需要分离的物质在两相溶剂中的分配系数相差很小,用液 - 液萃取的方法无法分离,则需通过分配色谱使其在两相溶剂中不断地反复分配才能达到分离。

分配色谱法是以一种多孔性物质作为支持剂,将一种溶剂在色谱过程中始终固定在支持剂上,因为它在色谱过程中始终是不移动的,故称之为固定相。用另一种与固定相溶剂不相混溶的溶剂来洗脱,因为它在色谱过程中始终是移动的,故称为流动相。由于流动相的连续加入,混合物中各成分一次又一次地在固定相与流动相之间按其分配系数进行无数次的分配,实际上就是流动相把成分从固定相中连续不断地提取出来并向前移动。结果是,在流动相中分配量大的成分迁移速率快,先被分离出;在流动相中分配量小的成分迁移速率慢,后分离出,从而使混合物中各成分达到彼此分离的目的。

将支持剂装在柱中的称为柱分配色谱,以滤纸作为支持剂的称为纸分配色谱。

课 堂 活 动
分析液 - 液萃取分离方法与分配色谱法的异同点,讨论能否用分配色谱法代替萃取分离。

柱分配色谱所用的支持剂有硅胶、硅藻土、纤维素等。硅胶由于规格不同,往往使分离结果不易重现。硅藻土由于所含的氧化硅质地较致密,几乎不发生吸附作用。用纤维素作为支持剂进行分配色谱,实际上相当于纸色谱的扩大。常规的分配色谱固定液容易流失,为了解决这一问题,常通过化学反应将不同的有机官能团键合到载体(大多为硅胶)表面的游离羟基上,生成化学键合固定相,发展成键合相分配色谱法。

根据固定相与流动相的极性差别,分配色谱法可以分为正相分配色谱法和反相分配色谱法。流动相的极性小于固定相极性的是正相分配色谱法,常用的固定相有氰基与氨基键合相,主要用于分离极性及中等极性的物质,出峰顺序是弱极性的先出,强极性的后出。流动相的极性大于固定相极性的是反相分配色谱法,是应用最广的色谱法,常用的固定相有 C_{18} 或 C_8 键合相,主要用于分离非极性及中等极性的化合物,出峰顺序是强极性的先出、弱极性的后出。

课 堂 活 动
分析为什么硅胶在吸附色谱中是作为固定相,而在分配色谱中是作为支持剂。

使用分配色谱的分离工作难易主要取决于混合物中各成分分配系数的差异,如果分配系数相差较大,只要用较小的柱和较少的支持剂(如硅胶)就能获得满意的分离。如果分配系数相差较小,则分离同样质量的样品往往需要用较大的柱和较多的支持剂才能分开。通常在溶剂萃取中,所用的两相溶剂比大致为 1∶1,而在分配色谱中流动相的体积常常大于固定相 5~10 倍,在某些情况下甚至更大。分配系数的含义为溶质在两相溶剂中的浓度比,若体积增大,实际分离出的量也大。因此在分配色谱中选择固定相和流动相时,要考虑样品在两相溶剂中的分配比(样品在流动相中的浓度 / 样品在固定相中的浓度),通常分配系数选择在 0.1~0.2 为宜。分配系数较大时,样品很快从柱上被洗脱下来,分离效果较差。如果分配系数过大,则可采用反相分配色谱的方法进行分离,即以极性较小的溶剂作固定相,极性较大的溶剂作流动相。

二、分配色谱的操作

分配色谱的基本操作与吸附色谱大体相同,但也有其特殊性,在使用时要引起注意,否则会直接影响它的分离效果。

1. 装柱　装柱前要先将支持剂与一定量的固定相搅拌混合均匀,然后将混有固定相的支持剂倒入盛有流动相溶剂的柱中,按一般湿法装柱操作方法进行操作。色谱柱固定相支持剂段直径与长度的比通常为(1∶10)~(1∶20),对分配系数比较接近的成分的分离,往往可加大到1∶40以上。一般1m长的色谱柱分离效果能相当于数百支逆流分溶管或数百个分液漏斗的萃取效果。

支持剂的用量通常较吸附色谱大,一般样品与支持剂的用量之比为(1∶100)~(1∶1 000)。其具体用量主要取决于分离工作的难易,对分配系数比较接近的成分的分离甚至可采用1∶10 000。

2. 上样 上样有3种方法:①如样品能溶于流动相溶剂,可用少量流动相溶剂溶解,加于柱顶再行展开;②如样品难溶于流动相而易溶于固定相时,则可用少量固定相溶剂溶解,再用支持剂(硅胶)吸着,装于柱顶再行展开;③如果样品在两相溶剂中的溶解度均不大,则可另选其他有机溶剂溶解后,加干燥支持剂拌匀,待溶剂挥发除尽后,加0.5~1.0倍量固定相溶剂拌匀,再装于柱顶。

3. 洗脱 上样完毕后,根据有效成分和杂质的溶解度来选择适当的溶剂系统作为流动相溶剂进行洗脱,分别收集各馏分,回收溶剂,用薄层色谱等方法鉴定,相同者合并。

三、分配色谱的应用

分配色谱适用于分离极性比较大、在有机溶剂中溶解度小的成分,或极性很相似的成分。若分离的化合物基团相同或相似,但非极性部分的大小及构型不同,或者所分离的各种化合物溶解度相差较大,或者所分离的化合物极性太强不适于吸附色谱分离的,可考虑采用分配色谱分离。分配色谱多用于分离亲水性的成分,如苷类、糖及氨基酸类。

> **点滴积累**
>
> 1. 分配色谱是根据在两种互不相溶的液体中的分配系数不同而实现分离的方法。
> 2. 分配色谱的固定相为液体。

第四节　离子交换色谱技术

一、基本原理

离子交换色谱技术是利用离子交换反应(如中和反应、复分解反应等),将混合液中的某些特定离子暂时交换到离子交换剂上,然后选用合适的洗脱剂,将该离子洗脱下来,使该离子从原溶液中分离、浓缩或提纯的操作技术。

离子交换色谱法分离效果好,交换容量大,设备简单,不仅是分析化学中常用的分离方法,也是工业生产中常用的提纯方法。

二、离子交换树脂

离子交换色谱技术的核心是离子交换剂。凡具有离子交换能力的物质均可作为离子交换剂。天然的离子交换剂有黏土、沸石、淀粉、纤维素、蛋白质等,但目前使用更多的是合成离子交换树脂。

离子交换树脂是一种不溶性的、具有网状立体结构的、可解离出正离子或负离子基团的固态物质。根据离子交换剂的纯度、粒度、密度等不同要求,按用途可分为工业级、食品级、分析级等多种类型。离子交换树脂被广泛应用于氨基酸、蛋白质、糖类等各种生化物质的分离纯化。

1. 离子交换树脂的结构 离子交换树脂是带有活性基团的高分子聚合物,通常制成颗粒状球使用,其内部骨架部分呈三维多孔的网状结构,称为载体。网状结构上通过共价键连接有活性基团,也称功能基团,如—SO_3^-、—$N^+(CH_3)_3$ 等,这些活性基团不能自由移动。活性基团通过离子键连接有可自由移动的活性离子,也称可交换离子,它能够与料液中带有相同电荷的离子发生交换反应。可交换离子决定了离子交换树脂的主要性能。当可交换离子为阳离子时,树脂为阳离子交换树脂;当可交换离子为阴离子时,树脂为阴离子交换树脂。

以聚苯乙烯磺酸型阳离子交换树脂为例,它是苯乙烯和二乙烯苯聚合后磺化制得的聚合物。如图 7-6 所示,苯乙烯和二乙烯苯聚合形成了具有网状骨架结构的树脂小球,它具有不溶性和可伸缩性,使树脂具有化学稳定性和机械强度,其中二乙烯苯在苯乙烯长链之间起到"交联"作用,被称为交联剂。通过磺化,在树脂的网状结构上引入许多活性离子交换基团——磺酸基团(—SO_3H)。磺酸根固定在树脂的骨架上,称为固定离子;当这种树脂浸没于溶液中时—SO_3H 中的 H^+ 可与溶液中的阳离子发生的离子交换反应,称为交换离子。这种离子交换反应是可逆反应:$R^-A^+ + B^+ \rightleftharpoons R^-B^+ + A^+$。磺酸阳离子交换树脂与 NaCl 的交换过程如图 7-7(a)所示。能解离出阴离子的树脂为阴离子交换树脂,阴离子交换树脂与溶液中 NaCl 的交换过程如图 7-7(b)所示。

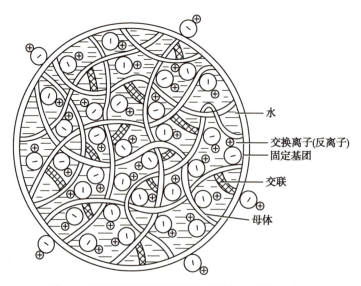

图 7-6 聚苯乙烯磺酸型阳离子交换树脂结构示意图

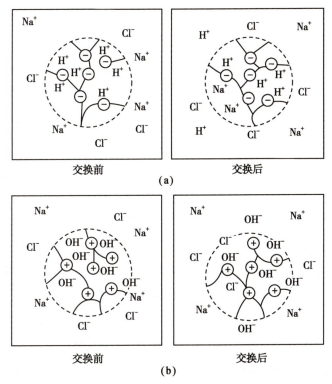

交换前   交换后

(a)

交换前   交换后

(b)

图 7-7 离子交换树脂与 NaCl 交换示意图

2. 离子交换树脂的性能参数

(1)外观:树脂的颜色有白色、黄色、黄褐色及棕色等;有透明的,也有不透明的。大多数树脂为球形颗粒,少数呈膜状、棒状、粉末状或无定形状;球形的优点是液体流动阻力较小,耐磨性能较好,不易破裂。

(2)粒度:树脂颗粒在溶胀状态下的直径的大小即为其粒度。在筛分树脂时,颗粒总量的 10%通过,而 90% 体积的树脂颗粒保留的筛孔直径称为有效粒径。通过 60% 体积树脂的筛孔直径与通过 10% 体积树脂的筛孔直径的比值称为均一系数。

(3)含水量:每 100g 干树脂吸收水分的质量称为含水量。由于干燥的树脂易破碎,故商品树脂常以湿态密封包装。干树脂初次使用前应用盐水浸润后,再用水逐步稀释,以防止暴胀破碎。

(4)交联度:是表征离子交换树脂骨架结构的重要性质参数,是衡量离子交换树脂孔隙度的一个指标。交联度是树脂聚合反应中交联剂所占的质量百分数。交联度小,则树脂孔隙大,方便离子进出树脂,交换反应速度快,选择性较差;交联度大,则树脂孔隙小,交换反应速度慢,但其只允许小体积离子进入,大体积离子难以进入树脂内部进行交换,选择性较高。

(5)交换容量:表征离子交换树脂活性基团的重要性质参数。它是指每克干树脂所能交换的物质的量(单位为 mmol)。它决定于网状结构中活性基团的数目。

(6)溶胀性:将干燥树脂浸泡到水中时,由于磺酸基等亲水性基团的存在,树脂要吸收水分而使树脂体积膨胀,其溶胀程度与交联度、交换容量、所交换离子的价态等有关。交联度越小,交换容量越大,溶液中所交换离子价态越小,树脂溶胀程度越大。

3. 离子交换树脂的分类　一般先按离子交换树脂的交换基类型进行分类,在此基础上再按离子交换树脂的活性基团分类。

(1)强酸性阳离子交换树脂:这类树脂含有强酸性基团,最常用的为磺酸基($—SO_3H$)和次甲磺酸基团($—CH_2SO_3H$)。电离程度大,不受溶液 pH 变化影响,当 pH 在 1~14 时,均能进行离子交换反应。

强酸性阳离子交换树脂是用强酸进行再生处理,此时树脂放出被吸附的阳离子,再与 H^+ 结合复原。

(2)弱酸性阳离子交换树脂:这类树脂含有弱酸性基团,如羧基—COOH、酚羟基—OH 等,能在水中离解出 H^+ 而呈弱酸性。这类树脂由于离解性较弱,在低 pH 条件下难以离解和进行离子交换,羧基和酚羟基弱酸性阳离子交换树脂分别需要在 pH>6 和 pH>10 的介质中,其上的 H^+ 才能与溶液中的阳离子交换。这类树脂也是用酸进行再生。

(3)强碱性阴离子交换树脂:这类树脂含有强碱性基团,最常用的有季铵基($R_4N^+OH^-$)强碱性阴离子交换树脂。在 pH<12 的介质中,树脂上的季铵基能解离出 OH^-,与溶液中其他阴离子发生阴离子交换作用,这类树脂的离解性很强,使用的 pH 范围一般没有限制,再生一般用强碱(如 NaOH)进行。

(4)弱碱性阴离子树脂:这类树脂含有弱碱性基团,常见的有伯胺基($RN^+H_3OH^-$)、仲胺基($R_2N^+H_2OH^-$)等弱碱性阴离子交换树脂。这类树脂的离解能力较弱,只能在 pH 为 1~9 的条件下工作,可以用 Na_2CO_3、NH_4OH 等进行再生。

(5)两性离子交换树脂:将两种性质相反的阴、阳离子交换官能团连接在同一树脂骨架上,就构成两性树脂。这种树脂骨架上的两种类型官能团彼此接近,在与溶液里的阴阳离子交换以后,只要利用水稍稍改变体系的酸碱条件,即可发生相反的水解反应,恢复树脂原来的形式。还有一种蛇笼树脂,与两性树脂相似,它适用于从有机物质(如甘油)水溶液吸附盐类,再生时用大量水洗,就可将吸附离子洗下来。

(6)选择性离子交换树脂:这类树脂又叫螯合性离子交换树脂,它能与金属离子形成螯合物基团,其选择性高于一般的强酸性和弱酸性树脂。树脂内如含有可与其中某一离子生成螯合物的有机分子基团,在交换中可以选择性地优先与这种离子结合。利用这种选择性反应,可制备含某一金属离子的树脂来分离含有此官能团的化合物。

(7)氧化还原树脂:树脂含可逆的氧化还原基团,可与溶液中的离子发生电子转移。

常用于分离生物大分子的离子交换树脂的特征如表 7-1 所示。

表 7-1　常用离子交换树脂的特征

类型		离子交换树脂名称	活性基团结构	简写	交换当量 /($\mathrm{mmol \cdot g^{-1}}$)	pK	特点
阳离子交换树脂	强酸性	甲基磺酸纤维素	$—O—CH_2—SO_3^-$	SM-C	—	—	低 pH
		乙基磺酸纤维素	$—O—(CH_2)_2—SO_3^-$	SE-C	0.2~0.3	—	低 pH
	中强酸	磷酸纤维素	$—PO_4^{2-}$	P-C	0.7~7.4	pK_1=1~2,pK_2=6.0~6.2	低 pH
	弱酸性	羧基纤维素	$—OCH_2—CO_2^-$	CM-C	0.5~1.0	3.6	pH>4

类型		离子交换树脂名称	活性基团结构	简写	交换当量/$(mmol \cdot g^{-1})$	pK	特点
阴离子交换树脂	强碱性	二乙基氨基乙基纤维素	$—O(CH_2)_2N^+H(C_2H_5)_2$	DEAE-C	0.1~1.1	9.1~9.2	pH<8.6
		三乙基氨基乙基纤维素	$—O(CH_2)_2N^+(C_2H_5)_3$	TEAE-C	0.5~1.0	10	在极高 pH 条件仍可使用
		胍乙基纤维素	$—O(CH_2)_2NHC(NH_2)=NH$	CE-C	0.2~0.5	≥12	适用于核苷、核酸、病毒分离
	中强碱性	氨基乙基纤维素	$—O(CH_2)_2NH_3^+$	AE-C	0.3~1.0	8.5~9.0	—
		ECTEOLA-纤维素	$—O(CH_2)_2N^+(C_2H_5OH)_3$	ECTEOLA-C	0.1~0.5	7.4~7.6	适用于核酸分离
		苄基化的 DEAE-纤维素	—	DBD-C	0.8	—	—
		苄基化萘酸基 DEAE-纤维素	—	BND-C	0.8	—	—
		聚乙亚胺吸附的纤维素	$—(C_2H_4NH)_n—C_2H_4NH_2$	PEL-C	—	9.5	—
	弱碱性	对氨基苄基纤维素	$—O—CH_2—C_6H_4—NH_2$	PAB-C	—	—	—

注：pK 为在 0.5mol/L NaCl 中的表观解离常数的负对数。"—"表示无内容。

知识链接

"中国离子交换树脂之父"——何炳林

何炳林先生是中国著名的高分子化学家、教育家和化学工程师,是中国离子交换树脂工业的开创者,被誉为"中国离子交换树脂之父"。何炳林先生在离子交换树脂领域的研究方面作出了重大贡献,发明大孔离子交换树脂并对其结构与性能进行了系统研究,其研究成果不仅推动了离子交换树脂技术的发展,还为中国功能高分子的科研方向和树脂产业带来了深远的影响。此外,何炳林先生的研究成果对中国的核工业,特别是第一颗原子弹的研发起到了重要作用。

三、离子交换色谱的操作

(一) 操作方式

离子交换色谱的操作方式分为静态法和动态法两种。

1. 间歇操作(静态法)　将少量交换树脂放于样品溶液中,或搅拌或静止,反应一段时间后分离。该法非常简便,但分离效率低。常用于离子交换现象的研究。在分析上用于简单组分富集或大部分干扰物的去除。

2. 柱色谱操作（动态法） 是目前常用的方法，将树脂颗粒装填在交换柱上，让试液和洗脱液分别流过交换柱进行分离。

（二）离子交换工艺过程

1. 离子交换树脂的选择 选用离子交换树脂，必须考虑被分离物质带何种电荷及其电性强弱、分子的大小与数量，同时还要考虑环境中存在哪些其他离子及它们的性质。可以从以下几方面考虑。

（1）被分离物质的性质：一方面，要考虑的是被分离物质的离子类型，一般带正电荷的碱性目标物用阳离子交换树脂，带负电荷的酸性目标物用阴离子交换树脂。另一方面，要考虑被分离物质酸碱性的强弱，强碱性和强酸性目标物宜选用弱酸性和弱碱性树脂，这样可以提高交换容量和选择性，有利于洗脱；不宜选用强酸性和强碱性树脂，以防树脂与目标物结合过强，不易洗脱。弱碱性和弱酸性目标物则需选择强酸性或强碱性树脂，因为弱酸性或弱碱性树脂对于这类成分的吸附能力低。对于蛋白质、酶等成分多采用弱碱性和弱酸性树脂，防止这些成分变性。

（2）树脂可交换离子的形式：阳离子交换树脂有酸型（氢型）和盐型（钠型、钾型等），阴离子交换树脂有碱型（羟型）和盐型（氯型、硫酸型等）。一般来说，为使树脂可交换离子离解以提高吸附能力，弱酸性和弱碱性树脂应采用盐型，而强酸性和强碱性则根据用途任意选用，对于在酸、碱条件下易破坏的生物活性物质，则不宜使用氢型或羟型树脂。

（3）树脂的体积交换容量和使用寿命：在工业化生产中，这些因素关系到工艺技术的可行性、设备生产能力和经济效益的好坏。因此，必须尽可能选用体积交换容量高、选择性好、使用寿命长的树脂，即主要选择交联度、孔度、比表面适中的树脂。交联度小、溶胀度高的树脂有装填量小、机械强度差、设备罐批产量少、寿命短等缺点。反之，交联度大、结构紧密的树脂难以交换大分子，生产能力差，使用前应综合考虑。

你问我答

问题：从样品液中提取生物碱（含叔胺基团），该如何选择离子交换树脂？

答案：带正电荷的碱性目标物用阳离子交换树脂，带负电荷的酸性目标物用阴离子交换树脂。对弱碱性和弱酸性目标物则需用强酸性或强碱性树脂，若用弱酸性或弱碱性树脂，则吸附后易水解，吸附能力降低。所以选用强酸性的阳离子交换树脂，类型选用氢型。

---

2. 离子交换树脂的预处理

（1）粉碎：粒度过大时可稍加粉碎，对于粉碎后的树脂或粒度不均匀的树脂应进行筛选和浮选处理，以求得粒度适宜的树脂以供使用。

（2）预处理：新树脂在生产过程中会残存有机溶剂、低分子聚合物等杂质，在包装、储存、运输过程中会混入泥沙、木屑等杂质，因此在使用前需对过筛后的树脂进行物理和化学处理。让干树脂充分溶胀，除去树脂内部杂质。如果是强酸性阳离子交换树脂，预处理流程见图 7-8。如果是强碱性阴离子交换树脂，先酸后碱浸泡进行预处理。

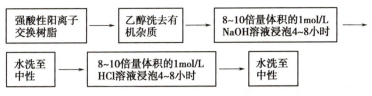

图 7-8　强酸性阳离子交换树脂预处理流程示意图

(3)再生：离子交换树脂使用后，有的可直接重复使用，有的则需进行再生处理，将使用过的树脂恢复原状才能使用，再生过程包括除杂和转型。处理时通常将使用后的树脂先用大量的水冲洗，以去除树脂表面和孔隙内部物理吸附的各种杂质，然后再用酸、碱反复处理，以除去与功能基团结合的杂质。如果使用的树脂类型不是氢型或羟型，还需进行转型处理。用酸(碱)处理使之变为氢型(羟型)树脂的操作被称为转型，转型的目的是使树脂带上使用时所希望含有的平衡离子。

(4)复活：树脂被长期使用后，由于大分子有机物或沉淀物严重堵塞孔隙、活性基团脱落、生成不可逆化合物等因素，使交换容量降低或丧失，此现象称为树脂的毒化。发生毒化的树脂用一般的再生手段不能使其重获交换能力，应及时清洗复活。一般用 40~50℃的强酸、强碱浸泡，以溶出难溶杂质，也可用有机溶剂加热浸泡处理，根据具体的毒化原因选择复活方法，但不是所有被毒化的树脂都能复活，因此使用时要尽可能避免毒化现象的发生。

3. 装柱

(1)柱管选择：交换柱的直径与长度主要由所需要的物质的量和分离的难易程度所决定，较难分离的物质一般需要较长的柱子，交换用的色谱柱直径和柱长比一般为(1∶10)~(1∶50)，离子交换色谱的上样时，上样量一般为柱床体积的 1%~5%，离子交换柱如图 7-9 所示。

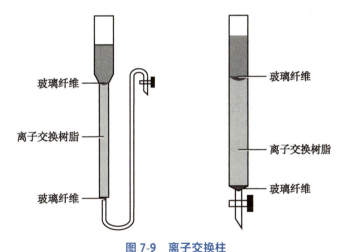

图 7-9　离子交换柱

(2)装柱：离子交换树脂采用湿法装柱，先在柱管底部装填少量玻璃纤维，然后向柱管注一定量的水，将处理好的湿树脂倒入，让其自然沉降到一定高度。装柱时应防止树脂层中夹有气泡，要保证树脂颗粒浸泡在水中。

4. 上样(样品交换)

随着样品的流入，试液中那些与离子交换树脂上可交换离子电荷相同的离子，将与树脂发生交换保留在柱上，而那些带异性电荷的离子或中性分子不发生交换作用。随着液相继续向下流动。当试液不断地倒入交换柱，流经离子交换层，交换层的树脂就从上而下地一层层地依次被交换。在不断交换的过程中,交界层逐渐向下移动。当交界层底部到达交换层底部时,在流出液开始出现未被交换的样品离子,交换过程达到"始漏点"。此时,对应交换柱的有效交换容量称为"始漏量"。如离子交换树脂中可交换的离子为锂离子,现交换样品中有钠离子、钙离子、铁离子,图 7-10 为离子交换过程的示意图。

始漏量指离子交换柱的有效交换容量,而树脂的交换容量又称为"总交换量"。在实际分离中,离子交换过程往往只能进行到始漏点为止,因此始漏量比总交换量更为重要。影响始漏量大小的实验因素有:①离子的种类;②树脂颗粒的大小;③溶液的流速;④溶液的酸度;⑤温度;⑥交换柱的直径。

5. 洗脱 离子交换树脂的洗脱过程是交换过程的逆过程。当洗脱液不断地倾入交换柱时,已交换在柱上的样品离子就不断地被置换下来。置换下来的离子在下行过程中又与离子交换树脂上新鲜的可交换离子发生交换,重新被柱保留。在淋洗过程中,待分离的离子在下行过程中反复地进行着"置换 - 交换 - 置换"的过程。洗脱过程可用洗脱曲线表示。

根据离子交换树脂对不同离子的亲和力差异,通过洗脱使同种电性的不同离子得到分离。亲和力大的离子更容易被柱保留而难以置换,故向下移动的速度慢,而亲和力小的离子向下移动的速度快,借此可以将它们逐个洗脱下来,亲和力最小的离子最先被洗脱下来。因此,淋洗过程也就是分离过程。洗脱曲线如图 7-11 所示。

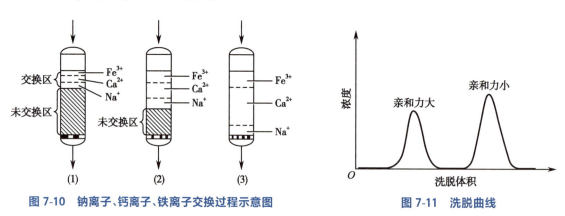

图 7-10　钠离子、钙离子、铁离子交换过程示意图　　　　图 7-11　洗脱曲线

洗脱条件的选择:①树脂颗粒的大小;②洗脱剂浓度;③洗脱液中络合剂及酸度控制;④洗脱液的流速。

洗脱还能使交换树脂上的可交换离子恢复为交换前的离子,以便再次使用。有时洗脱过程就是再生过程。

你问我答

问题:离子交换树脂用于角蒿总生物碱纯化时如何进行树脂类型和洗脱剂的选择?
答案:①树脂类型的选择:角蒿的主要成分是叔胺类生物碱,碱性较弱,在水中以离子形式存在,能与阳离子交换树脂的氢离子交换而被吸附于树脂上,从而达到与其他非离子性成分分离的目的,故选用强酸性阳离子交换树脂;②洗脱剂:选用不同浓度的氨进行洗脱,由于角蒿酯碱在水中溶解度较小,故用氨的乙醇溶液作为洗脱剂。

四、离子交换色谱的应用

离子交换色谱应用范围比较广泛,不仅可以用于小分子物质(如无机离子、有机酸、氨基酸、抗生素等)的分离纯化,还适用于生物大分子(如蛋白质等)的分离纯化。另外,还可用于药物的脱盐、脱色和盐型转换等,如使用强酸性钠型阳离子交换树脂可将青霉素钾盐转换为青霉素钠盐。

边 学 边 练
用磺酸阳离子交换树脂分离天冬氨酸、丙氨酸和赖氨酸的混合液。请见"实训项目六 离子交换色谱分离混合氨基酸"。

点滴积累

1. 离子交换色谱利用离子交换反应,将混合液中的某些特定离子暂时交换到离子交换剂上,然后选用合适的洗脱剂,将该离子洗脱下来而达到分离的操作技术。
2. 离子交换树脂主要分为阴离子交换树脂和阳离子交换树脂。
3. 离子交换色谱的操作主要有离子交换树脂的选择和预处理、装柱、上样、洗脱等。

第五节 凝胶色谱技术

凝胶色谱技术是基于分子大小不同而进行分离的方法,具有设备简单、操作方便、不会使物质变性、凝胶不需要再生、可反复使用等优点,适用于不稳定的化合物分离。凝胶色谱技术的缺点是分离速度较慢。凝胶色谱分离过程和过滤类似,因此又可称为分子筛色谱。由于物质在分离过程中有阻滞减速现象,也称为分子排阻色谱等。

一、基本原理

凝胶色谱的固定相是被称为凝胶的多孔性物质,是凝胶色谱产生分离作用的核心。流动相有水或有机溶剂,据此不同可分为凝胶过滤色谱(以水为流动相)和凝胶渗透色谱(以有机溶剂为流动相)。

凝胶色谱是利用凝胶的分子筛效应来实现分离的色谱分离方法。凝胶色谱分离原理,如图7-12 所示。凝胶具有三维网状结构,它的内部有着不均匀、大小在一定范围内的孔隙。当样品进入色谱柱后,样品中的各组分在柱内同时进行着两种不同的运动:垂直向下的移动和无定向的扩散运动。由于大分子物质的直径大,不易进入凝胶颗粒的微孔,而只能分布于颗粒之间,在凝胶床内移动距离较短,所以在洗脱时向下移动的速度较快。中等大小的分子物质除了可在凝胶颗粒间隙中扩散外,还可以进入凝胶颗粒的微孔中,但不能深入,凝胶对其阻滞作用不强,会在大分子之后被洗脱下来。而小分子物质可以进入凝胶相内更多的微孔中,在向下移动过程中,从一个凝胶内扩散到颗粒间隙后再进入另一凝胶颗粒,如此不断进入和扩散,小分子物质的下移速度落后于前两种物质,最晚出柱。这样混合样品在经过色谱柱后,各组分基本上按分子大小先后流出色谱柱,从而实现分离。

凝胶色谱原理(动画)

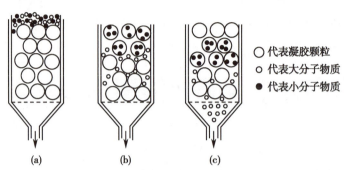

○ 代表凝胶颗粒
○ 代表大分子物质
● 代表小分子物质

(a) 表示待分离的混合物在层析床表面;(b) 表示样品进入层析床,小分子进入凝胶颗粒内,大分子随溶液流动;(c) 表示大分子行程近,流出层析柱,小分子仍在缓慢移动。

图 7-12 凝胶色谱原理示意图

> **案例分析**
>
> **案例**:某工厂以大豆卵磷脂等为载体材料来制备苦参碱脂质体,制备后的处理中常通过凝胶色谱柱的方式来分离未包合的游离苦参碱。
>
> **分析**:由于苦参碱脂质体分子比游离的苦参碱分子大,不易进入凝胶内部,较后者先被洗脱,未被包合的游离苦参碱则较晚被洗脱,从而实现两者的分离。

二、常用的凝胶

凝胶是凝胶色谱的核心,是产生分离的基础。要达到分离要求,必须选择合适的凝胶。用于色谱分离的凝胶,除必须具有分离特性外,应满足下列几点要求:①凝胶骨架的化学性质必须是惰性的,即在分离过程中不应与被分离物质发生结合;②凝胶的化学稳定性好,应在很宽的 pH 和温度范围内不发生化学变化、不分解;③凝胶本身应是中性物质,不含有(或仅含有最少量)能解离的基团,不会产生离子交换现象;④具有一定的孔径分布范围;⑤机械强度高,允许较高的操作压力(流速)。

凝胶有不同的分类方法。按材料来源可把凝胶分成有机凝胶与无机凝胶。按机械性能可分成软胶、半硬胶和硬胶。软胶的交联度小,机械强度低,不耐压,溶胀性大,主要用于低压水溶性溶剂的场合,其优点是效率高、容量大。硬胶如多孔玻璃或硅胶,它们的机械强度好。目前商品凝胶常用的是交联葡聚糖凝胶、琼脂糖凝胶、聚丙烯酰胺凝胶和聚苯乙烯凝胶。

1. 交联葡聚糖凝胶　交联葡聚糖凝胶一种由葡萄糖残基构成的多聚物。交联葡聚糖凝胶主要有葡聚糖凝胶和羟丙基葡聚糖凝胶两种。

葡聚糖凝胶（Sephadex G）是由葡聚糖（右旋糖酐）和甘油基通过醚桥相交联而成的多孔性网状结构。它具有很强的亲水性，只能在水中溶胀和使用。葡聚糖凝胶以环氧氯丙烷作交联剂将链状结构连接起来，加入交联剂越多，交联度越大，网孔结构越紧密，孔径越小，吸水膨胀也越小；反之则网孔稀疏，吸水后膨胀大。葡聚糖凝胶的商品型号即按交联度大小分成 8 种型号，并以吸水量（干凝胶每克吸水量 ×10）表示，如 Sephadex G-25，含义是此干凝胶吸水量为 2.5ml/g，各型号交联葡聚糖的性能详见表 7-2。不同规格的葡聚糖凝胶适合分离不同分子量的物质。

表 7-2　各型号交联葡聚糖的性能

型号	颗粒大小 / 目	干胶吸水量 / (ml/g 干胶)	干胶溶胀度 / (ml/g 干胶)	溶胀时间 / (20-25℃)	分离范围 /（蛋白质的相对分子质量）
G-10	40~200	1.0 ± 0.1	2~3	2	至 700
G-15	40~120	1.5 ± 0.2	2.5~3.5	2	至 1 500
G-25	20~80	2.5 ± 0.2	5	2	100~5 000
	100~300				
G-50	20~80	5.0 ± 0.3	10	72	500~10 000
	100~300				
G-75	40~120	7.5 ± 0.5	12~15	72	1 000~10 000
G-100	40~120	10.0 ± 1.0	15~20	72	5 000~10 000
G-150	40~120	15.0 ± 1.5	20~30	72	5 000~150 000
G-200		20.0 ± 2.0	30~40	72	5 000~200 000

羟丙基葡聚糖凝胶（Sephadex LH-20）是在 Sephadex G-25 的羟基上引入羟丙基而成醚状结合态的一种交联葡聚糖凝胶。与 Sephadex G 比较，其亲脂性增加，因此不仅可在水中应用，也可在有机溶剂以及它们与水组成的混合溶剂中膨胀使用，扩大了使用范围。

2. 琼脂糖凝胶　琼脂糖凝胶是依靠糖链之间的次级键如氢键来维持网状结构，网状结构的疏密依靠琼脂糖的浓度。其化学稳定性不如葡聚糖凝胶。琼脂糖凝胶在 40℃ 以上开始熔化，也不能进行高压灭菌，可用化学灭菌处理。新开发的交联琼脂糖是把琼脂糖珠体与 2,3- 二溴丙醇反应后具有共价键交联的产物，增强机械强度和稳定性，在中性条件下可经受 120℃ 消毒。

琼脂糖凝胶是由琼脂中分离出的天然凝胶，没有带电基团，对蛋白质的非特异性吸附小于葡聚糖凝胶，它能分离几万至几千万相对分子质量的物质，颗粒强度随凝胶浓度上升而提高，而分离范围却随浓度上升而下降。适用于核酸类、多糖类和蛋白类物质的分离。

3. 聚丙烯酰胺凝胶　聚丙烯酰胺凝胶是一种人工合成凝胶，是以丙烯酰胺为单位，由亚甲基双丙烯酰胺为交联剂交联成的网状聚合物，经干燥粉碎或加工成型制成颗粒状干粉，遇水溶胀成凝胶。控制交联剂的用量可制成不同型号的凝胶，交联剂越多，孔隙越小。

4. 聚苯乙烯凝胶　具有大网孔结构，是一种疏水凝胶，适用于有机多聚物分子量测定和脂溶性天然物的分级,凝胶机械强度好。

三、凝胶色谱的操作

1. 凝胶的选择 凝胶对混合物的分离主要与凝胶颗粒内部微孔的孔径和被分离物质分子量(空间体积)的分布范围有关。小分子化合物的分离宜用交联度较高的凝胶,大分子化合物的分离则宜用交联度较小的凝胶分离,大分子与小分子的分离宜用交联度较小的凝胶。如对肽类和低分子量物质的脱盐可采用 Sephadex G-10、Sephadex G-15,对分子量再大一些物质的脱盐可采用 Sephadex G-25。

通常分离相对分子质量悬殊的物质,使用较粗的颗粒(如 100~150 目),采用慢速洗脱,即可达到要求。但对于相对分子质量比较接近,洗脱曲线易引起重叠的样品,不仅要选择合适的凝胶类型、粒度,而且对商品凝胶还要作适当的处理。通常凝胶的粒度越细,分离效果越好,但流速慢,因此要根据实际情况选择合适的粒度和流速。

2. 装柱 凝胶色谱一般采用湿法装柱,要尽量一次装柱。粗分时可选用较短的色谱柱,如果要提高分离效果则可适当增加柱的长度,但柱太长会大大降低流速。

交联葡聚糖和交联聚丙烯酰胺凝胶的商品通常为干燥的颗粒,因此,在装柱前,凝胶必须彻底溶胀。为了使凝胶颗粒均匀,在使用前可采用自然沉降法或水浮选法除去凝胶的单体、粉末和碎片。

装好的色谱柱至少要用相当于 3 倍量床体积的洗脱液平衡,待平衡液流至床表面以下 1~2mm 时,关闭出口,再上样。上样前必须检查装柱的质量。最简单的方法是观察色谱床有没有气泡或纹路。还可以用完全被凝胶排阻的标准有色物质来检查,如蓝色葡聚糖 -2000、细胞色素 C 等。

3. 上样 凝胶色谱一般采用湿法上样,样品在上柱前要过滤或离心。与其他色谱法相比,样品的浓度可以高一些,但也不能太高,浓度太高黏度会相应增大,影响分离效果。具体的加样量与凝胶的吸水量有关,吸水量越大,可加入样品的量就越大。

4. 洗脱 对于水溶性物质的洗脱,常以水或不同离子强度的酸、碱、盐的水溶液或缓冲溶液作为洗脱剂,洗脱剂的 pH 与被分离物质的酸碱性有关。多糖类物质以水溶液洗脱最佳。有时为了增加样品的溶解度可使用含盐的洗脱剂,在洗脱剂中加入盐类的另一个作用是盐类可以抑制交联葡聚糖和琼脂糖凝胶的吸附性质。对于水溶性较小或不溶于水的物质,可选用有机溶剂作为洗脱剂。对于阻滞较强的成分,也可使用水与有机溶剂的混合溶剂作为洗脱剂,如水 - 甲醇、水 - 乙醇、水 - 丙酮等。

5. 凝胶的再生 凝胶色谱的载体不会与被分离物质发生任何作用,因此通常使用过的凝胶无须经过任何处理,只要在色谱柱用完之后,用缓冲液稍加平衡即可进行下一次色谱。但有时往往有一些"污染物"会使柱床表面的凝胶改变颜色,可将此部分的凝胶用刮刀刮去,加一些新溶胀的凝胶再进行平衡。如果整个色谱柱有微量污染,可用 0.8% 氢氧化钠(含 0.5mol/L 氯化钠)溶液处理。如果色谱柱床污染严重,则必须用 50℃ 左右的 2% 氢氧化钠和 0.5mol/L 氯化钠的混合液浸泡,将凝胶再生后方可使用。

6. 凝胶柱的保养　经常使用的凝胶以湿态保存较好,只要在其中加入适当的抑菌剂就可放置
1 年,不需要干燥,尤其是琼脂糖,干燥操作比较麻烦,干燥
后又不易溶胀,通常多以湿法保存。如需进行干燥时,应先
将凝胶按一般再生方法彻底浮选,除去碎片,以大量水洗去
杂质,然后用逐步提高乙醇浓度的方法使之脱水皱缩(依次
用 70%、90%、95% 乙醇脱水),最后在 60~80℃条件下干燥
或用乙醚洗涤干燥。

边 学 边 练
用凝胶柱色谱分离胰岛素和牛血
清蛋白。请见"实训项目七　凝胶
色谱分离蛋白质"。

四、凝胶色谱的应用

凝胶色谱的应用主要包括:①蛋白质和酶类药物等脱盐,用凝胶色谱脱盐操作简便、快速,而且
不会引起蛋白质和酶的变性;②去除氨基酸中的热原物质;③分离提纯相对分子质量差别较大的
混合物;④测定高分子物质(如蛋白质等)的相对分子质量;⑤对高分子溶液进行浓缩等。

点滴积累

1. 凝胶色谱是利用凝胶的分子筛效应进行分离的方法。
2. 常用的凝胶有交联葡聚糖凝胶、琼脂糖凝胶、聚丙烯酰胺凝胶等。

第六节　亲和色谱技术

一、基本原理

生物体内的许多大分子具有与某些相对应的专一分子可逆结合的特性,例如抗原和抗体、酶和
底物等都具有这样的特性。生物分子之间这种特异的结合能力称为亲和力。利用生物分子之间专
一的亲和力进行分离纯化的色谱方法,称为亲和色谱法。亲和色谱中两个进行专一结合的分子互
称对方为配基,如抗原和抗体,抗原可认为是抗体的配基,反之抗体也可以认为是抗原的配基。将
一个水溶性配基在不伤害其生物学功能的情况下与水不溶性载体结合,称为配基的固相化。

亲和色谱法操作时一般在色谱柱中进行,常用化学方法是将配基连接到某种固相载体上,并将
固相载体装柱,当待分离提纯物通过色谱柱时,待提纯物与载体上的配基特异性结合留在柱上,其
他物质则被冲洗出去。然后再用适当的方法使这种待提纯物从配基上分离并洗脱下来,从而达到
分离提纯的目的,如图 7-13 所示。

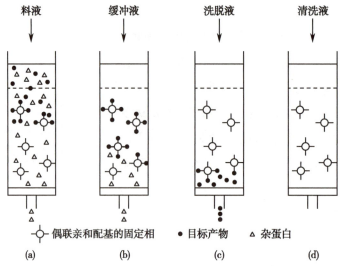

（a）为进料吸附；（b）为清洗；（c）为洗脱；（d）为色谱柱再生。

图 7-13　亲和色谱法示意图

案例分析

案例：某工厂从菌液中提取苹果酸脱氢酶和 3- 羟基酪酸脱氢酶，以活性染料为亲和配基，改变盐的浓度，可得到活力较高的两种酶。

分析：两种脱氢酶与活性染料的亲和作用不同，而且随着盐浓度的增大而降低，因此可以采用逐渐增大盐浓度的线性梯度洗脱法或采用盐溶液和含 NADH（还原型辅酶 I）的梯度洗脱法分离两种脱氢酶。

二、载体和配基的选择

（一）载体的选择

一般情况下，需根据目标产物选择适合的亲和配基来修饰固体粒子，以制备所需的固定相。固体粒子称为配基的载体。作为亲和色谱的载体物质应具备以下特征：①载体为不溶性的多孔网状结构并具有良好的渗透性，以便大分子物质能够自由进入；②载体必须具有较高的物理化学稳定性、生物惰性及机械强度，最好为粒径均匀的球形粒子，以便能耐受亲和、洗脱等处理并保证良好的流速，提高分离效果；③载体必须具有亲水性及水不溶性，无非特异性吸附；④含有可活化的反应基团，有利于亲和配基的固化；⑤能够抵抗微生物和酶的侵蚀。

亲和色谱固定相载体特性因载体的不同而不同，常见的载体如下。

1. 琼脂糖凝胶　具有极松散的网状结构，亲水性强，理化性质稳定，可以允许相对分子质量达百万以上的大分子通过。

2. 聚丙烯酰胺凝胶　理化性质稳定，耐有机溶剂及去污剂，抗微生物能力强，特别适用于配基与提取物亲和力比较弱的物质。

ER 7-5

亲和色谱原理（动画）

3. **葡聚糖凝胶** 有良好的理化稳定性,多孔性较差,应用有一定的局限性。

4. **纤维素** 非特异性吸附严重,较经济,易得。

5. **多孔玻璃** 耐酸、碱、有机溶剂及生物侵蚀,易于键合安装分子臂,但价格昂贵,有时呈硅羟基的非特异性吸附。

(二) 配基的选择

亲和配基可选择酶的抑制剂、抗体、凝集素、辅酶等。根据配基应用和性质不同,可将其分为两类:特殊配基和通用配基。亲和色谱中常用的特殊配基有某一种抗原的抗体、某一种酶的专用抑制剂、某一种激素的受体等。通用配基则与待分离物质没有生物学上的专一亲和力,可适用于一类物质的分离提纯,如用 NADH 作为脱氢酶类亲和色谱的通用配基。

一个理想的配基应具有以下的性质:①配基与被分离物质之间具有专一性;②配体与被分离物质之间有足够的亲和力,以便两者能够结合,但两者的结合也应具有一定的可逆性,才能在随后的洗脱过程中不会因为结合得过于牢固而不被洗脱;③配基要有一定的稳定性,否则进行强烈洗脱时会导致配基的性质改变;④配基的大小合适;⑤配基必须具有适当的化学基团,这些活化基团可与载体发生偶联。

三、亲和色谱的操作

1. **配基的固定化** 选择与纯化对象有专一结合作用的物质,偶联或共价在水不溶性载体上,制成亲和吸附剂后装柱。

2. **亲和吸附** 将含有纯化对象的混合物通过亲和柱,纯化对象可吸附在柱上,其他物质流出色谱柱。

3. **解吸附** 用某种缓冲液或溶液通过亲和柱,把吸附在亲和柱上的欲纯化物质洗脱出来。

四、亲和色谱的应用

亲和色谱具有快速、专一和高效等特点,主要用于分离纯化生物大分子,特别是样品组分之间的溶解度、分子大小、电荷分布等理化性质差异较小,应用传统分离技术有困难的生物大分子。此外,利用配基与病毒、细胞表面受体的相互作用,亲和色谱也可以用于病毒和细胞的分离。利用凝集素、抗原、抗体等作为配基都可以用于细胞的分离。

> **点滴积累**
>
> 1. 亲和色谱是利用生物分子之间专一的亲和力进行分离纯化的色谱方法。
> 2. 亲和色谱要选择合适的载体和配基。

目标检测

一、简答题

1. 与其他分离技术相比,色谱分离技术具有哪些特点?

2. 各种色谱分离技术的基本原理是什么?

3. 简述柱色谱的操作过程。

4. 简述离子交换树脂的预处理过程。

二、实例分析

1. 如何用离子交换法从中药中提取有机酸类化合物?

2. 请选用下面的一种方法进行生物碱的提取分离,并简述提取分离步骤:①碱水浸润后用有机溶剂萃取;②酸水提取结合离子交换树脂纯化;③大孔树脂提取分离。

实训项目六 离子交换色谱分离混合氨基酸

【实训目的】

1. 了解离子交换色谱的工作原理及操作技术。

2. 学会用离子交换树色谱法分离混合氨基酸。

【实训原理】

离子交换树脂是一种合成的高聚物,不溶于水,能吸水膨胀。高聚物分子由能电离的极性基团及非极性的树脂组成。极性基团上的离子能与溶液中的离子发生交换作用,而非极性的树脂本身物性不变。通常离子交换树脂按所带的基团分为强酸性(如磺酸)、弱酸性(如羧酸)、强碱性(如季铵)和弱碱性(如叔胺)。

离子交换树脂分离小分子物质如氨基酸、腺苷、腺苷酸等是比较理想的。但对生物大分子物质(如蛋白质)是不适当的,因为它们不能扩散到树脂的链状结构中。因此,若分离生物大分子,可选用以多糖聚合物如纤维素、葡聚糖为载体的离子交换剂。

本实训用磺酸阳离子交换树脂分离酸性氨基酸(天冬氨酸)、中性氨基酸(丙氨酸)和碱性氨基酸(赖氨酸)的混合液。在特定的 pH 条件下,它们解离程度不同,通过改变洗脱液的 pH 或离子强度可分别洗脱分离。

【实训材料】

1. **实训器材**　色谱柱(1.6cm×20cm),恒流泵,梯度混合器,试管及试管架,紫外分光光度计,磺酸型阳离子交换树脂(Dowex 50),烧杯,玻璃棒。

2. **实训试剂**　2mol/L HCl 溶液,2mol/L NaOH 溶液,0.1mol/L HCl 溶液,0.1mol/L NaOH 溶液,pH 4.2 的枸橼酸缓冲液(0.1mol/L 枸橼酸 54ml 加 0.1mol/L 枸橼酸钠 46ml),pH 5 的乙酸缓冲液(0.2mol/L NaAc 70ml 加 0.2mol/L HAc 30ml),0.2% 中性茚三酮溶液(0.2g 茚三酮加 100ml 丙酮),氨基酸混合液(丙氨酸、天冬氨酸、赖氨酸各 10ml,加 0.1mol/L HCl 3ml)。

【实训方法】

1. **树脂的处理**　100ml 烧杯中置约 10g 树脂,加 2mol/L HCl 溶液 25ml 搅拌 2 小时,倾弃酸液,用蒸馏水洗涤树脂至中性。加 2mol/L NaOH 溶液 25ml 至上述树脂中搅拌 2 小时,倾弃碱液,用蒸馏水洗涤至中性。将树脂悬浮于 50ml pH 4.2 枸橼酸缓冲液中备用。

2. **装柱**　取直径为 0.8~1.2cm、长度为 10~12cm 的色谱柱,底部垫玻璃棉或海绵圆垫,自顶部注入经处理的上述树脂悬浮液,关闭色谱柱出口,待树脂沉降后放出过量的溶液,再加入一些树脂,至树脂沉积至 8~10cm 高度即可。于柱子顶部继续加入 pH 4.2 枸橼酸缓冲液洗涤,使流出液 pH 为 4.2 为止,关闭柱子出口,保持液面高出树脂表面 1cm 左右。

3. **加样、洗脱及洗脱液收集**　打开出口使缓冲液流出,待液面几乎平齐树脂表面时关闭出口(不可使树脂表面干燥)。用长滴管将 15 滴氨基酸混合液仔细直接加到树脂顶部,打开出口使其缓慢流入柱内。当液面刚平齐树脂表面时,加入 0.1mol/L HCl 溶液 3ml,以 10~12 滴 /min 的流速洗脱,收集洗脱液,每管 20 滴,逐管收存。当 HCl 液面刚平树脂表面时,用 1ml pH 4.2 的枸橼酸缓冲液冲洗柱壁一次,接着用 2ml pH 4.2 的枸橼酸缓冲液洗脱,保持流速为 10~12 滴 /min,并注意勿使树脂表面干燥。

在收集洗脱液的过程中,逐管用茚三酮检验氨基酸的洗脱情况。方法是:于各管洗脱液中加 10 滴 pH 5 的乙酸缓冲液和 10 滴中性茚三酮溶液,沸水浴中煮 10 分钟,如溶液呈紫蓝色,表示已有氨基酸洗脱下来。显色的深度可代表洗脱的氨基酸浓度,可比色测。

在用 pH 4.2 的枸橼酸缓冲液把第二个氨基酸洗脱出来之后,再收集两管茚三酮反应阴性部分,关闭色谱柱出口,将树脂顶部剩余的 pH 4.2 枸橼酸缓冲液移去。

于树脂顶部加入 0.1mol/L NaOH 溶液 2ml,打开出口使其缓慢流入柱内,按上面所述继续用 0.1mol/L NaOH 溶液洗脱并逐管收集(注意仍然保持流速 10~12 滴 /min),每管 20 滴。做洗脱液中氨基酸检验,在第三个氨基酸用 0.1mol/L NaOH 溶液洗脱下来以后,再继续收集两管茚三酮反应阴性部分。

最后以洗脱液管号为横坐标、洗脱液各管光密度(以水作空白,在 570nm 波长读取吸光度)或颜色深浅(以 −,±,+,++……表示)为纵坐标作图,即可画出一条洗脱曲线。

【实训提示】

1. 装柱要求连续、均匀、无纹格、无气泡、表面平整。液面不低于树脂。
2. 一直保持流速为 10~12 滴 /min,并注意勿使树脂表面干燥。

【实训思考】

1. 为什么混合氨基酸能从磺酸型阳离子交换树脂上逐个洗脱下来?
2. 树脂为什么要预处理? 树脂装柱有几种操作方法? 在进行装柱操作时应注意哪几点? 为什么要保证树脂装填均匀?

【实训报告】

包括实训目的、实训内容、实训步骤、实训问题处理、结果分析、改革成果及体会等。

【实训评价】

根据学生出勤、在实训过程中的表现、实训报告完成情况和实训测试成绩,综合评定学生的实训成绩。

实训项目七 凝胶色谱分离蛋白质

【实训目的】

了解凝胶色谱的基本原理,并学会用凝胶色谱分离纯化蛋白质。

【实训原理】

凝胶色谱也称为凝胶过滤、凝胶过滤色谱、分子排阻色谱和分子筛选色谱。凝胶是具有一定孔径的网状结构物质,凝胶色谱是一种分子筛选效应,主要用于分离分子大小不同的生物分子以及测定其相对分子质量。相对分子质量小的物质可通过凝胶网孔进入凝胶颗粒内部,而相对分子质量大的物质不能进入凝胶内部,被排阻在凝胶颗粒外,随着洗脱的进行,相对分子质量小的物质由于进入凝胶内部,不断地从一个网孔穿到另外一个网孔,这样"绕道"而移动,走的路程长,下来得慢(迁移速度慢),而相对分子质量大的物质不能进入凝胶内部即随洗脱液从凝胶颗粒之间的空隙挤落下来,走的路程短,下来得快(迁移速度快),这样即可达到分离的目的。

【实训材料】

1. **实训器材** 色谱柱(1cm×90cm),恒流泵,紫外检测仪,部分收集器,记录仪,试管等普通玻璃皿。

2. **实训试剂** 待分离样品(胰岛素、牛血清蛋白),葡聚糖凝胶 Sephadex G-75,蓝色葡聚糖2000,洗脱液(0.1mol/L,pH 6.8 磷酸缓冲液)。

【实训方法】

1. **凝胶的处理** Sephadex G-75 干粉经蒸馏水室温充分溶胀 24 小时,或沸水浴中 3 小时,这样可大大缩短溶胀时间,而且可以杀死细菌和排出凝胶内部的气泡。溶胀过程中注意不要过分搅拌,以防颗粒破碎。凝胶颗粒大小要求均匀,使流速稳定。凝胶充分溶胀后倾去不易沉下的较细颗粒。将溶胀后的凝胶抽干,用 10 倍体积的洗脱液处理约 1 小时,搅拌后继续倾去悬浮的较小的细颗粒。

2. **装柱** 将色谱柱垂直装好,关闭出口,加入洗脱液约1cm高。将处理好的凝胶用等体积洗脱液搅成浆状,自柱顶部沿管内壁缓缓加入柱中,待底部凝胶沉积约1cm高时,再打开出口,继续加入凝胶浆,至凝胶沉积至一定高度(约70cm)即可。装柱要求连续,均匀,无气泡,无"纹路"。

3. **平衡** 将洗脱液与恒流泵相连,恒流泵出口端与色谱柱入口相连,用2~3倍床体积的洗脱液平衡,流速为 0.5ml/min。平衡好后在凝胶表面放一片滤纸,以防加样时凝胶被冲起。

柱装好和平衡后可用蓝色葡聚糖2000检查色谱行为,在色谱柱内加1ml(2mg/ml)蓝色葡聚糖2000,然后用洗脱液进行洗脱(流速0.5ml/min),若色带狭窄并均匀下降,说明装柱良好,然后再用2倍床体积的洗脱液平衡。

4. **加样与洗脱** 将柱中多余的液体放出,使液面刚好盖过凝胶,关闭出口,将1ml样品沿色谱柱管壁小心加入,加完后打开底端出口,使液面降至与凝胶面相平时关闭出口,用少量洗脱液洗柱内壁2次,加洗脱液至液层4cm左右,连上恒流泵,调好流速(0.5ml/min),开始洗脱。

上样的体积,分析用量一般为床体积的 1%~2%,制备用量一般为床体积的 20%~30%。

5. **收集与测定** 用部分收集器收集洗脱液,每管 4ml。在紫外检测仪 280nm 处检测,用记录仪或将检测信号输入色谱工作站系统,绘制洗脱曲线。

6. **凝胶柱的处理** 一般凝胶用过后反复用蒸馏水通过柱(2~3 倍体积)即可,若凝胶有颜色或比较脏,需用 0.5mol/L NaCl 洗涤,再用蒸馏水洗。冬季一般放 2 个月无长霉情况,但在夏季如不用,则要加 0.02% 的叠氮钠防腐。

【实训提示】

1. 装柱时要注意凝胶的流速不宜过快,同时要保证凝胶能充分沉淀且分布得比较均匀。

2. 凝胶溶胀所用的溶液应与洗脱用的溶液相同,否则由于更换溶剂,凝胶体积会发生变化而影响分离效果。

3. 样品的浓度和加样量的多少是影响分离效果的重要因素。样品浓度应适当大,但大分子物质的浓度大时,溶液的黏度也随之变大,会影响分离效果,分离时要兼顾浓度与黏度两方面。加样量和加样体积越少,分离效果越好,加样量一般为柱床体积的 1%~2%,制备用量一般为柱床体积的 20%~30%。

4. 凝胶用完后可再加入防腐剂低温保存。

5. 叠氮钠属于有毒性物质,在使用过程中需注意安全。

【实训思考】

1. 对于蛋白质的分离纯化,目前研究使用较多的还有哪些方法?

2. 凝胶色谱的主要原理是什么?

3. 装柱的要点有哪些? 怎样检查柱是否装得均匀? 影响分离效果的主要因素有哪些?

【实训报告】

包括实训目的、实训内容、实训步骤、实训问题处理、结果分析、改革成果及体会等。

【实训评价】

根据学生出勤、在实训过程中的表现、实训报告完成情况和实训测试成绩,综合评定学生的实训成绩。

(李 艳)

第八章　其他分离纯化技术

学习目标

1. **掌握**　电泳的基本原理和影响因素;手性药物的特性。
2. **熟悉**　常用的电泳技术操作;手性药物的制备方法。
3. **了解**　其他电泳技术。

导学情景

情景描述:

　　小明去药店买药,发现货架上摆的药有右旋糖酐铁口服液和左旋氨氯地平片等,出于好奇,他就询问药店的药师左旋和右旋是什么意思,为什么药品名称要特别标明呢?

学前导语:

　　左旋和右旋代表药物的旋光性,这类药物属于手性药物,在人体内的药理活性、代谢过程和毒性存在着显著差异,因此,必须标明其旋光性。电泳技术是制备手性药物的方法之一。本章将带领同学们学习电泳分离技术和手性分离技术,熟悉基本原理、方法和应用。

第一节　电泳分离技术

　　电泳是带电颗粒在电场作用下,向其自身所带电荷相反的电极方向迁移的现象。电泳技术是利用溶液中形状、大小及带电性质、电荷量不同的物质,在一定的电场中以不同的迁移速度向其对应的电极移动而进行分离、鉴定和提纯的技术。电泳技术在无机化学、有机化学、生物化学、分子生物学等学科以及化工、医药等领域,已成为分离、鉴定各种带电物质的常用、快速、准确的分离分析手段。

一、电泳的基本原理

　　带电粒子在电场中的移动方向取决于粒子所带电荷的种类,带正电荷的粒子向电场的负极移动,带负电荷的粒子向正极移动,净电荷为零的粒子不移动。粒子移动的速率取决于所带净电荷量、粒子的形状和大小,通常用泳动度(或迁移率μ)来表示,泳动度是带电粒子在单位电场强度下的泳动速率。

$$\mu = \frac{v}{E} = \frac{Q}{6\pi r\eta}$$

式(8-1)

式中，v 为质点移动速度，单位为 m/s；E 为电场强度，单位为 N/c；Q 为质点所带净电荷量，单位为 C；r 为质点半径，单位为 m；η 为介质黏度，单位为 N·s/m²。

由此可见，带电粒子的泳动速率除了受自身性质的影响外，还与电场强度、溶液的 pH、离子强度、电渗等其他外界因素有密切关系。

二、影响电泳的因素

1. 带电粒子的性质　一般情况下，带电颗粒所带净电荷量越多、直径越小、形状越接近球形，其在电场中的泳动速率就越快，反之则越慢。

2. 电场强度　电场强度是指单位长度（cm）的电位降，也称为电势梯度。通常电场强度越大，带电颗粒的迁移速度越快，越省时。但当电场强度大时，会产生大量热量，应配备冷却装置以维持恒温。

3. pH　溶液的 pH 决定带电颗粒的解离程度，即决定其带电性质及所带净电荷的量。例如蛋白质分子，它是既有酸性基团（—COOH）又有碱性基团（—NH₂）的两性电解质，在某一溶液中所带正、负电荷相等，即分子的净电荷等于零，此时，蛋白质在电场中不再移动，溶液此时的 pH 为该蛋白质的等电点（pI）。若溶液 pH 处于等电点酸侧，即 pH<pI，则蛋白质带正电荷，在电场中向负极移动；若溶液 pH 处于等电点碱侧，即 pH>pI，则蛋白质带负电荷，向正极移动。溶液的 pH 离 pI 越远，蛋白质所带净电荷越多，电泳迁移率越大。因此，在电泳时，应根据样品性质，选择合适的 pH 缓冲液。

4. 缓冲液的离子强度　缓冲液的离子强度低，电泳速度快，但分离区带不清晰；离子强度高，电泳速度慢，但区带分离清晰。如果离子强度过低，缓冲液的缓冲量小，难维持 pH 的恒定；离子强度过高，则会降低颗粒的带电量使电泳速度过慢。因此，离子强度在 0.02~0.20mol/L 之间时，电泳较合适。

5. 电渗现象　在电场作用下，液体对于固体支持物的相对移动称为电渗。其产生的原因是固体支持物多孔，且带有可解离的化学基团，因此常吸附溶液中的正离子或负离子，使溶液相对带负电或正电。如以滤纸作支持物时，纸上纤维素可吸附 OH⁻ 带负电荷，与纸接触的水溶液因产生 H₃O⁺，带正电荷移向负极，若带电颗粒原来在电场中移向负极，其泳动速度加快；若带电颗粒原来移向正极，其泳动速度减慢，甚至在电场力等于电渗力或小于电渗力时，带电颗粒泳动速度降为零或者向反方向移动。因此，应尽可能选择低电渗作用的支持物以减少电渗的影响。

三、常见电泳技术

电泳的分类有很多种，根据分离原理，可将电泳分为区带电泳、界面电泳、等速电泳、等电聚焦电泳等。

区带电泳是指在电泳迁移中以一种缓冲溶液饱和的固相介质作为支持介质,减少外界干扰的电泳技术。目前区带电泳的种类很多,其应用比较广泛,可根据不同的方式进行分类。

(1)按支持物物理性状不同区分:①滤纸及其他纤维素膜电泳,如醋酸纤维素膜、玻璃纤维膜、聚胺纤维膜电泳;②粉末电泳,如纤维素粉、淀粉、玻璃粉电泳;③凝胶电泳,如琼脂糖、琼脂、淀粉胶、聚丙烯酰胺凝胶电泳。

(2)按支持物的装置形式不同区分:①平板式电泳,支持物水平放置,是最常用的电泳方式;②垂直板式电泳,支持物垂直放置;③连续流动电泳,首先应用于纸电泳,将滤纸垂直竖立,两边各放一个电极,缓冲液和样品自顶端下流,与电泳方向垂直。

(3)按 pH 的连续性不同区分:①连续 pH 电泳,电泳的全过程中缓冲液 pH 保持不变,如纸电泳、醋酸纤维薄膜电泳;②非(不)连续 pH 电泳,缓冲液与支持物之间有不同的 pH,如等电聚焦电泳、等速电泳等,能使分离物质的区带更加清晰,可用于纳克级微量物质的分离。

本节仅对常用的几种区带电泳分别加以叙述。

(一) 醋酸纤维素薄膜电泳

醋酸纤维素薄膜电泳是以醋酸纤维素薄膜为支持介质的电泳技术,介质孔径大,没有分子筛效应,主要凭借被分离组分中各组分所带电荷的差异进行分离,适用于血清蛋白、免疫球蛋白、脂蛋白、糖蛋白、类固醇激素及同工酶等的检测。

1. 醋酸纤维素薄膜电泳特点　醋酸纤维素是粗纤维素的羟基乙酸化形成的纤维素醋酸酯,由该物质制成的薄膜称为醋酸纤维素薄膜,厚度为 0.1~0.15mm。

醋酸纤维素薄膜电泳的优点:①分离速度快,电泳后区带界限清晰;②电泳时间短,通电时长一般为 20 分钟至 1 小时;③样品用量少,5μg 的蛋白质可得到满意的分离效果,因此,特别适合于病理情况下微量异常蛋白质的检测;④薄膜对各种蛋白质样品(如血清白蛋白、溶菌酶及核糖核酸酶等)吸附性小,几乎能完全消除纸电泳中出现的"拖尾"现象;⑤薄膜对染料不吸附,因此,不结合的染料能完全洗掉,无样品处几乎完全无色。

2. 醋酸纤维素薄膜电泳的操作

(1)醋酸纤维素薄膜:将醋酸纤维素薄膜裁好(一般为 2cm×8cm),把无光泽面朝下,浸入缓冲液中,待完全浸透,取出夹于滤纸中,轻轻吸去多余的缓冲液,将膜条无光泽面向上,置电泳槽架上(见图 8-1),经滤纸桥浸入巴比妥缓冲液中。

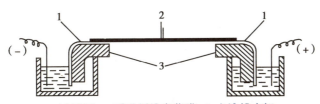

1. 滤纸桥;2. 醋酸纤维素薄膜;3. 电泳槽支架。

图 8-1　醋酸纤维素薄膜电泳装置示意图

(2) 点样与电泳：于膜条上距负极端 2cm 处，条状滴加蛋白质含量约为 5% 的供试品溶液 2~3μl，一般应在 10~12V/cm 稳压或 0.4~0.6mA/cm 稳流条件下电泳至区带距离 4~5cm 为宜。

(3) 染色：电泳后取出膜条浸于氨基黑或丽春红染色液中，2~3 分钟后用脱色液浸洗数次，直至脱去底色。

(4) 透明：将漂洗干净的薄膜吹干，浸入透明液中浸泡 10~15 分钟，取出平铺在洁净的玻璃板上，干后即成透明的薄膜，可用于相对含量、纯度测量和做标本长期保存。

(5) 含量测定：未经透明处理的醋酸纤维素薄膜电泳图可采用洗脱法或扫描法，测定各蛋白质组分的相对含量（%）。

边学边练

用醋酸纤维素薄膜电泳分离白蛋白、α- 球蛋白、β- 球蛋白、γ- 球蛋白。请见"实训项目八　醋酸纤维素薄膜电泳分离血清蛋白"。

(二) 琼脂糖凝胶电泳

琼脂糖凝胶电泳是以琼脂糖凝胶作为支持介质的电泳法。除电荷效应外，还有分子筛效应，可根据被分离物质的形状和大小不同进行分离，大大提高了分辨率。本法适用于免疫复合物、核酸和核蛋白等的分离、鉴定与纯化。

1. 琼脂糖凝胶电泳的特点　天然琼脂由琼脂糖和琼脂胶组成，它们都是由 D- 半乳糖和 3,6- 脱水 -L- 半乳糖交替组成的链状多糖，在其碳骨架上连接有不同含量的羧基和硫酸基。许多琼脂糖链相互盘绕形成绳状琼脂糖束，构成大网孔型的凝胶。琼脂糖凝胶主要特征有：孔径较大（因此可用于免疫固定、免疫电泳以及分离分子量比较大的物质，如 DNA），容易制胶，机械强度较高，琼脂糖无毒，易于染色、脱色及储存电泳结果。但是琼脂糖凝胶具有不同程度的电内渗，凝胶容易脱水收缩。

琼脂糖凝胶电泳的优点：①琼脂糖含液量大，可达 98%~99%，近似自由电泳；②琼脂糖作为支持介质，分辨率高、重复性好；③电泳速度快；④透明而不吸收紫外线，可直接用紫外检测仪进行定量测定；⑤区带可染色，样品易回收，有利于制备。

2. 琼脂糖凝胶电泳的操作

(1) 制胶：根据所需的琼脂糖凝胶的浓度，称取适量，先加少量水或缓冲液，迅速加热使琼脂糖溶胀完全，趁热将胶液涂布于玻璃板（2.5cm × 7.5cm 或 4cm × 9cm）上，厚度约为 3mm，静置，待胶液凝固成无气泡的均匀薄层，即得。

(2) 点样与电泳：将制好的胶板通过滤纸桥与缓冲液相连，或将琼脂糖凝胶板放入电泳槽中，加入浸过胶面约 1mm 的电泳缓冲液，在胶板负极端点样约 1μl。立即接通电源，在电压梯度为 30V/cm、电流强度 1~2mA/cm 的条件下，电泳约 20 分钟，关闭电源。

(3) 染色与脱色：取下胶板，根据样品的性质选择不同的染色剂进行染色。用水洗去多余的染色液至背景无色为止。

(三) SDS- 聚丙烯酰胺凝胶电泳

SDS- 聚丙烯酰胺凝胶电泳是一种变性的聚丙烯酰胺凝胶电泳法。其分离蛋白质的原理是根据大多数蛋白质都能与阴离子表面活性剂十二烷基硫酸钠（sodium dodecylsulfate，SDS）按质量比结合成复合物，使蛋白质分子所带的负电荷远远超过天然蛋白质分子的净电荷，消除了不同蛋白质分子的电荷效应,使蛋白质按分子大小分离。

1. SDS- 聚丙烯酰胺凝胶电泳的特点 SDS 是一种阴离子表面活性剂,它能使蛋白质的氢键、疏水键打开,并结合到蛋白质分子上,形成 SDS- 蛋白质复合物,然后以一个整体发生迁移。而且在一定条件下,迁移率与蛋白质的相对分子质量的对数呈正比。

聚丙烯酰胺凝胶是由单体丙烯酰胺和交联剂 N,N'- 亚甲基双丙烯酰胺在增速剂和催化剂的作用下聚合而成的三维网状结构的凝胶,其凝胶孔径可以调节。它是目前最常用的电泳支持介质。

SDS- 聚丙烯酰胺凝胶电泳的优点:①几乎无电渗作用;②化学性能稳定,与被分离物不起化学反应,对 pH 和温度变化较稳定;③在一定浓度范围内凝胶无色透明,有弹性,机械性能好,易观察;④凝胶孔径可调;⑤分辨率高,尤其在不连续凝胶电泳中,集浓缩、分子筛和电荷效应为一体,因而有更高的分辨率。

2. SDS- 聚丙烯酰胺凝胶电泳操作

(1)制备分离胶溶液:根据不同分子量的需求,制成不同的分离胶溶液,灌入模具内至一定的高度,加水封顶,室温下聚合(室温不同,聚合时间不同)。

(2)制备浓缩胶溶液:待分离胶溶液聚合后,用滤纸吸去上面的水层,再灌入浓缩胶溶液,插入样品梳,注意避免气泡出现。

(3)加样:待浓缩胶溶液聚合后小心拔出样品梳,将电极缓冲液注满电泳槽前后槽,在加样孔加入供试品溶液。

(4)电泳:垂直板电泳,恒压电泳,初始电压为 80V,进入分离胶时调至 150~200V,当溴酚蓝迁移至胶底,停止电泳。

(5)固定与染色:电泳完毕,取出胶条,置固定液中 30 分钟,取出胶条,置染色液中 1~2 小时,用脱色液脱色至凝胶背景透明后保存在保存液中。

知识链接

空间电泳技术与逐梦太空

空间电泳技术是在地面电泳技术的基础上发展起来的,可以获得纯度更高、质量更优的生物活性物质。在地面电泳时,由于重力因素影响,即使是相对分子质量较小的物质,在液体介质中也会发生沉降,同时受热对流的影响,分离效果不好。而在空间微重力环境下,重力引起的沉降和热对流几乎消失,大大提高了生物活性物质的分离纯度和产量。

2002 年发射的神舟四号飞船将我国自主研发的小型的、无人操作的连续流电泳设备送入太空,这标志着我国在空间电泳技术研究方面的一个飞跃。随着我国载人航天工程事业的发展,我国科学家利用自己研制的电泳仪,进行了细胞色素 C 和血红蛋白的分离实验,取得了可喜的成就。未来,空间电泳技术将持续为我国生物医药发展贡献力量。

(四)其他电泳法简介

1. 等电聚焦电泳 等电聚焦电泳是利用一个稳定、连续、线性的 pH 梯度的介质分离等电点不同的蛋白质的电泳技术。等电聚焦电泳的优点:①分辨率高,可将等电点相差 0.01~0.02 个 pH 单位的蛋白质分开；②可直接测出蛋白质的等电点，其精确度可达 0.01 个 pH 单位。因此，等电聚焦电泳特别适合用于分离相对分子质量相近而等电点不同的蛋白质组分。但是等电聚焦也有缺点：①等电聚焦要求使用无盐溶液，而在无盐溶液中蛋白质可能发生沉淀；②被分离样品中的成分必须停留在其等电点处，因此，不适用于分离在等电点不溶或发生变性的蛋白质。

等电聚焦电泳的基本原理是在电场的阳极和阴极之间建立 pH 梯度，阴极的 pH 高于阳极，蛋白质作为两性电解质，在 pH 低于其等电点时带正电，在 pH 高于其等电点时带负电，因此，不管蛋白质处于此梯度中的什么位置，都会向相当于其等电点的位置迁移，当迁移至 pH 等于等电点处时，就不再泳动。等电聚焦对蛋白质的分离仅取决于蛋白质的等电点，与加样位置无关且无须加成窄带。

2. 二维聚丙烯酰胺凝胶电泳　二维聚丙烯酰胺凝胶电泳又称二维电泳，是同时利用分子大小和等电点这两种性质的不同而进行蛋白质等生物大分子分离的电泳技术，也称双向电泳。将等电聚焦电泳和 SDS- 聚丙烯酰胺凝胶电泳组合，即先进行等电聚焦电泳(按照等电点分离)，然后再进行 SDS- 聚丙烯酰胺凝胶电泳(按照分子大小分离)。

二维聚丙烯酰胺凝胶电泳的原理是在相互垂直的两个方向上，分别基于蛋白质等电点和相对分子质量的不同，运用等电聚焦和 SDS- 聚丙烯酰胺凝胶电泳，把复杂的蛋白质混合物中的蛋白质在二维平面上分离展开。完整的双向凝胶电泳分析，包括样品制备、等电聚焦电泳、平衡转移、SDS-聚丙烯酰胺凝胶电泳、斑点染色、图像捕捉和图谱分析等步骤。

二维聚丙烯酰胺凝胶电泳的优点：分离度极高，可分离等电点差值小于 0.01 个 pH 单位的蛋白质。缺点：处理量很小，适用于分离微量的高纯度目标产物，而且比较费时。对于包含大量蛋白质的样品，由于高负荷蛋白质浓度引起的非特异性相互作用和在迁移时与聚丙烯酰胺基质的非特异相互作用引起的蛋白质斑点的拖尾，会使分辨率显著降低。

3. 毛细管电泳　毛细管电泳又称高效毛细管电泳，是一类以弹性石英毛细管为分离通道，以高压直流电场为驱动力，根据供试品各组分淌度(单位电场强度下的迁移速度)和 / 或分配行为的差异而实现分离的一种分析方法。毛细管电泳的应用范围很广，除可用于分离蛋白质、肽、核苷酸和 DNA 片段外，还可用于分离氨基酸、糖类、有机酸及各类药物等。

毛细管电泳的优点包括：①柱效高，分析速度快；②分离模式多样化，可实现在线检测；③样品用量和试剂消耗少，样品预处理比较简单；④仪器简单、操作灵活、易于自动化、使用范围广、对环境污染小。毛细管电泳的主要缺点为制备能力低、要求检测器灵敏度高、填充柱需要专门的技术、管壁对样品的作用容易被放大、需控制电渗现象等。

点滴积累

1. 电泳技术是利用溶液中形状、大小及带电性质、电荷量不同的物质，在一定的电场中以不同的迁移速度向其对应的电极移动而进行分离、鉴定和提纯的技术。
2. 影响电泳的因素主要有带电粒子的性质、电场强度、溶液的 pH、溶液的离子强度、电渗作用等。
3. 常用电泳法有醋酸纤维素薄膜电泳法、琼脂糖凝胶电泳法、SDS- 聚丙烯酰胺凝胶电泳法等。

第二节　手性分离技术

具有相同的分子式,各原子或基团在空间相互连接的次序、连接方式也相同,但在空间的排列方式不同的化合物称为立体异构体,其中不能重叠、互为镜像的立体异构体称为对映体,这一对分子就像人的左右手一样,因此具有手性。当药物分子中碳原子上连接 4 个不同基团时,该碳原子为手性中心,相应的药物为手性药物。对映体之间,除了使偏振光偏转(旋光性)的程度相同而方向相反外,其他理化性质相同。因此,对映体又称为旋光异构体。

手性是自然界的一种普遍现象,构成生物体的基本物质(如氨基酸、糖类等)大多数为手性分子。以单一立体异构体存在并且注册的药物称为手性药物。手性药物在药物中占有很大的比例,天然或半合成的药物几乎都具有手性,目前临床所用药物中约一半是手性药物,除天然产物之外,合成的手性药物有些是外消旋体形式,有些则是纯手性对映体形式。

一、手性药物对映体的区别

手性化合物进入生命体后,它的两个对映异构体通常会表现出不同的生物活性。手性药物对映体在人体内的药理活性、代谢过程和毒性存在着显著差异。

(一) 对映体药代动力学差异

手性药物对映体药代动力学差异表现在药物的吸收、分布、代谢、转化等在体内的整个过程,直接影响药物的临床药效和毒副作用。

1. **药物对映体的吸收**　药物通过被动运输或主动运输吸收进入体内。被动运输过程为热力学过程,药物由高浓度向低浓度处扩散,没有立体选择性;主动运输过程则由于需要酶、载体的协助而表现出一定的立体选择性。机体通常都是通过主动运输来吸收氨基酸、肽等药物。

2. **药物对映体的分布**　药物的分布取决于药物的脂溶性及其与血浆蛋白等的结合能力,可能存在立体选择性,表现在对映体与蛋白质最大结合量和亲和力的差异上,即药物对映体的蛋白结合率。通常,酸性药物与体内的血浆蛋白结合。

3. **药物对映体的代谢**　药物代谢的立体选择性对手性药物的临床药效有较大影响,绝大多数药物的代谢是在肝中进行的,通常用肝清除率表示其代谢能力,在相同条件下药物对映体被同一生物系统代谢时,会出现量与质的差异。如华法林 (S)-$(-)$ 对映体的清除率高于 (R)-$(+)$ 对映体等。

(二) 对映体的药效学差异

手性药物对映体间药效差异主要包括以下情况。

1. 只有一种对映体具有所要求的药理活性,而另一种对映体没有药理作用。如临床上广泛使用的抗高血压药物氨氯地平,仅左旋体具有降血压活性而右旋体无效。

2. 对映体中的两个化合物都具有等同或近似等同的药理活性。当药物的手性中心不涉及与受体结合时,两个异构体可具有相似的活性,如抗肿瘤药物环磷酰胺等。

3. 两种对映体具有不同的药理活性。当药物对映体作用于不同受体时,可以产生不同药理作用或毒副反应,有些药物虽然作用于同一受体,但是对受体也呈现不同的效应,而产生不同的药理作用。对这类药物需要严格控制其光学纯度,如镇静剂沙利度胺,其有效成分是 R 型,具有良好的镇静作用,而它的 S 型具有胚胎毒性和致畸作用。

案例分析

案例:沙利度胺在 1957 年以"反应停"为名上市,风靡欧洲和加拿大等地,随之因该药导致大量"海豹儿"诞生而引发了著名的"反应停事件"。随后沙利度胺从全球紧急撤市,美国在"反应停事件"中幸免,但是美国一家基因公司继续对沙利度胺进行研发。1997 年,FDA 批准沙利度胺在美国上市。
分析:FDA 批准上市的沙利度胺的适应证是麻风结节性红斑。沙利度胺为外消旋体,有两种构型,其中 S- 沙利度胺具有致畸性,因此在使用该药时要严格按照说明书进行监管。"反应停事件"引发了科学家对手性药物的关注和对沙利度胺安全性的研究,开创了手性药物研究的先河。目前,许多国家在新的手性药物申请上市时,要求分离其对映体,并分别进行毒理、药理实验,保障药品的安全性。

4. 对映体药理活性相同但作用程度并不相等。如具有促尿酸排泄作用的利尿药物茚达利酮,两个对映体具有相同的促尿酸排泄作用,但是其 $R(-)$ 型的利尿排泄作用比 $S(+)$ 型约强 20 倍,以一定比例联合给药可以在保证药效的情况下降低毒副作用。

药物的手性不同会表现出截然不同的生物、药理、毒理作用,服用对映体纯的手性药物不仅可以排除由于无效(不良)对映体所引起的毒副作用,还能减少药物剂量和人体对无效对映体的代谢负担,更好地控制药物动力学及剂量,提高药物的专一性,因而具有十分广阔的市场前景和巨大的经济价值。

二、手性药物的制备方法

(一)由天然产物中提取

天然产物的提取及半合成是从天然存在的光活性化合物中获得的,或以价廉易得的天然手性化合物(如氨基酸、萜烯、糖类、生物碱等)为原料,经构型保留、构型转化或手性转换等反应,合成新的手性化合物。天然存在的手性化合物通常只含一种对映体,以它们为起始原料,经化学改造制备其他手性化合物,无须经过繁复的对映体拆分,利用其原有的手性中心,在分子的适当部位引进新的活性功能基团,可以合成许多有用的手性化合物。这是有机化学家最常采用的方法,但是合成多种目的产物会遇到很大的困难,而且步骤繁多的合成路线也使得最终产物成本较高。

(二)手性合成

手性合成也称为不对称合成。一般是指在反应中生成的对映体或非对映体的量是不相等的。手性合成是在催化剂和酶的作用下合成得到过量的单一对映体的方法。如利用氧化还原酶、合成酶、裂解酶等直接从前体化合物不对称合成各种结构复杂的手性醇、酮、醛、胺、酸、酯、酰胺等衍生物,以及各种含硫、磷、氮及金属的手性化合物和药物,其优点在于反应条件温和、选择性强、不良反应少、产率高、产品光学纯度高、无污染。手性合成是获得手性药物最直接的方法。手性合成包括从手性分子出发来合成目标手性产物或在手性底物的作用下将潜在手性化合物转变为含一个或多个手性中心的化合物,手性底物可以作为试剂、催化剂及助剂在不对称合成中使用。化学不对称合成及生物不对称合成虽已进入工业化生产阶段,但是化学不对称合成高旋光收率的反应有限,而且所得产物旋光纯度仍不能满足实际需求。生物不对称合成具有很高的对映选择性,反应介质通常为稀缓冲水溶液,反应条件温和,但对底物的要求高,反应慢,产物分离困难,因而在应用上也受到一定的限制。

(三) 外消旋体拆分

外消旋体拆分是在手性助剂的作用下,将外消旋体拆分为纯对映体。外消旋体拆分是一种经典的分离方法,在工业生产中已有 100 多年的历史,目前仍是获得手性物质的有效方法之一。拆分是利用物理、化学或生物方法等将外消旋体分离成单一异构体,外消旋体拆分又可分为结晶拆分法、化学拆分法、生物拆分法、色谱拆分法、膜拆分法等。

1. 结晶拆分法　结晶拆分法分为直接结晶法和间接结晶法两种。直接结晶法是通过加入某一种异构体作为晶种,诱导与其相同的异构体先行结晶出来;间接结晶法是通过加入天然旋光手性拆分剂,通过分子间的作用力,生成一对非对映异构体。

结晶拆分法的优点是操作简单、产品纯度高、易于实现工业化生产;缺点是局限性较大、适用于结晶拆分的化合物较少。结晶拆分法不依靠外来手性源,通过外消旋体自发结晶实现拆分,主要包括机械拆分法、优先结晶法、结晶诱导的去外消旋化法、手性溶剂结晶法等。

(1)机械拆分法:是直接利用两种对映体的结晶形态不同,进行机械的手工分离。此法仅适用于实验室对极个别易区分开的消旋体的拆分。

(2)优先结晶法:是在饱和或过饱和的外消旋体溶液中加入一个对映异构体的晶种,使该对映异构体稍稍过量而形成不对称环境,这样旋光性与该晶种相同的异构体就会从溶液中结晶出来。优先结晶拆分的前提条件是底物具备外消旋混合物的性质,即同手性作用大于异手性作用。

(3)结晶诱导的去外消旋化法:是手性中心外消旋化与优先结晶过程的结合,由于外消旋化速度大于优先结晶速度,在形成稳定的同手性晶体的驱动下得到单一立体异构体。

(4)手性溶剂结晶法:是用化学惰性的手性试剂作为溶剂进行结晶,这种方法是利用外消旋体的两个对映体与化学惰性的手性溶剂的溶剂化作用力的差异进行分离。但这种方法需要特殊的手性溶剂,且适合拆分的外消旋混合物的范围相当小,所以该方法的实际工业生产的意义不大。

2. 化学拆分法　化学拆分法是利用手性拆分剂将外消旋体拆分为单一旋光异构体的拆分方法。手性拆分剂可通过与外消旋体形成盐键得到非对映异构盐,根据溶解度等理化性质的差异,采用结晶方法实现拆分。

化学拆分法的优点是操作简单、易于实现规模化生产,在药物合成工业中应用非常广。如酸或碱的外消旋体的拆分,拆分酸时,常用的旋光性碱是生物碱,如(−)-奎宁、(−)-马钱子碱等。拆分碱时,常用的旋光性酸是酒石酸,樟脑-β-磺酸等。拆分既非酸又非碱的外消旋体时,可以设法在分子中引入酸性基团,然后按拆分酸的方法拆之。

3. 生物拆分法　生物拆分法是利用生物材料（如酶、微生物菌体、动植物的组织及细胞等）与外消旋手性化合物作用，得到单一对映体，其实质是酶催化的动力学拆分，即酶拆分法。酶的活性中心是一个不对称结构，这种结构有利于识别消旋体。在一定条件下，酶只能催化消旋体中的一个对映体发生反应而成为不同的化合物，从而使两个对映体分开。作为天然的手性催化剂，酶用于光学活性药物的合成颇具潜力。随着酶固定化、多相反应器等新技术的日趋成熟，越来越多的酶已用于外消旋体的拆分。

酶拆分法的优点：拆分效率高和立体选择性高、反应条件温和、专一性强、操作简单和有利于环保等。酶拆分法外消旋体在实验室制备和工业生产中都已取得长足的进步，但是仍然有局限性，比如菌种筛选困难、酶制剂不易保存、产物后处理工作量大，以及通常只能得到一种对映体等缺点。尽管如此，利用微生物进行手性药物的合成及对映体的拆分仍是当前研究热点。酶在酸碱性较强的条件下稳定性较差、重复利用性差、与底物和反应物分离困难等阻碍了酶拆分法在实际生产中的应用。

4. 色谱拆分法

（1）气相色谱法（GC）：GC 是一种较早用于分离手性药物的色谱方法，通过选择适当的吸附剂作固定相（通常是手性固定相），使之选择性地吸附在外消旋体中的一种异构体，从而达到快速分离手性药物的目的。GC 手性固定相按照拆分机制可分为三类：①基于氢键作用的手性固定相，主要是氨基酸衍生物固定相；②基于配位作用的手性金属配合物固定相；③基于包含作用的环糊精衍生物固定相，这类固定相在 GC 手性分离研究中发展最快、选择性高，且应用广泛。GC 分离手性药物最大的特点是简单快速、灵敏、重复性和精度高，适用于可挥发、对热稳定的手性分子。但是，该法只能用于具有挥发性或衍生后具有挥发性的药物分离，拆分范围有限；温度高，易引起手性固定相的消旋。

（2）薄层色谱法（TLC）：TLC 产生于 20 世纪 30 年代，如今已发展了高效 TLC、离心 TLC 及梯度展开等技术。TLC 拆分法可分为手性试剂衍生化法（chiral derivatization reagent，CDR）、手性流动相添加剂法（chiral mobile phase additive，CMPA）和手性固定相法（chiral stationary phase，CSP）。手性药物的 TLC 拆分法具有操作简便、设备简单、分离效率高、分析速度快、色谱参数易调整等特点，在对映体的分离中具有实用意义，但由于其灵敏度不高，故目前主要用于定性分析手性药物。

（3）高效液相色谱法（HPLC）：高效液相色谱法在手性药物拆分中的应用是最广泛的，是药物质量控制、立体选择性的药理学和毒理学研究的重要手段。HPLC 分离药物对映体的方法可分为间接法和直接法，前者又称为手性试剂衍生化法，后者又可分为手性固定相法（CSP）和手性流动相添加剂法（CMPA）。间接法是利用手性药物对映体混合物在预处理中进行柱前衍生化，形成一对非对映异构体，根据其理化性质上的差异，使用非手性柱得以分离。该法分离效果好，分离条件简便，一般的非手性柱可满足要求，但需要高纯度的衍生试剂，操作比较麻烦。直接法中的 CMPA 是在流动相中加入手性添加剂，利用手性选择剂与药物消旋体中各对映异构体结合的稳定常数不同，以及药物与结合物在固定相上分配的差异,实现对映体的分离;CSP 是由具有光学活性的单体固定在硅胶或其他聚合物上制成,直接与对映异构体相互作用,其中一个生成具有不稳定的短暂的对映体复合物,造成其在色谱柱内保留时间的不同,从而达到分离的目的。HPLC 用于对映体药物的拆分,具有多种途径,各具特色,可相互补充,但距离大规模工业化生产还有相当大的差距。

(4)超临界流体色谱(SFC):SFC 的制备拆分方法采用超临界状态的二氧化碳作流动相,具有分析时间短、柱平衡快、操作条件易变换等特点,在手性分离方面,与高效液相色谱、气相色谱、毛细管电泳仪和质谱仪等相互补充。超临界流体色谱法由于具有体系的黏度低、扩散和传质速率高、拆分得到的产品质量好等特点,在手性药物拆分中具有广泛的应用。

5. 膜拆分法　膜拆分法是将外消旋体混合物在渗透压或其他外力作用下,通过对某手性对映体具有识别功能位点的膜相,利用识别位点与不同手性对映体分子之间的相互作用的差异,选择性地使一种对映体通过膜相,而另一个对映体不通过膜相,进而实现对外消旋体的分离。根据膜拆分和手性拆分的要求,用于手性药物拆分的膜需具备对对映体选择性较高、膜通量大、通量及选择性稳定等特点。膜拆分法根据膜状态的不同分为液膜手性分离和固膜手性分离两种方法,前者是基于选择性萃取;后者是基于对映体间亲和性的差异进行分离。

(1)液膜手性分离:是将具有手性识别功能的物质(或称为手性载体)溶解在一定的溶剂中制成有机相液膜,制得的液膜具有手性选择性。靠膜两侧高浓度相和低浓度相形成的浓度差推动力,外消旋体会有选择性地从高浓度相往低浓度相迁移。根据性质和制备工艺,液膜可分为厚体液膜、乳状液膜和支撑液膜三种。

(2)固膜手性分离:是利用膜内或膜外自身的手性位点对对映异构体的亲和能力差别,在不同推动力下使不同异构体在膜中选择性通过而进行的分离技术。其推动力可以是压力差、浓度差和电势差。根据膜材料特性和制备工艺,固膜可分为分子印迹固膜、本体固膜和改性固膜三类。

6. 电泳拆分法　毛细管电泳技术是常用的手性分离技术,拆分药物对映体需加入各种不同的手性选择剂。目前常用的手性选择剂有环糊精、冠醚、胆酸盐、手性混合胶束、手性选择性金属络合物、蛋白质和糖类 7 种类型。毛细管电泳法为拆分极性大、热稳定性差和挥发性手性药物提供了经济有效的手段;且由于它具有高效、高分辨率、分离速度快、仅需微量试样、仪器操作简单、操作模式多等特点,在手性药物分离中具有诸多优势而被广泛应用于药物、生物、临床医学等领域。

点滴积累

1. 手性药物是指以单一立体异构体存在并且注册的药物。手性药物对映体在人体内的药理活性、代谢过程和毒性等都存在着显著差异。
2. 手性药物制备的方法主要有从天然产物中提取、手性合成和外消旋体拆分。
3. 外消旋拆分法主要有结晶拆分法、化学拆分法、生物拆分法、色谱拆分法、膜拆分法、电泳拆分法等。

目标检测

一、简答题

1. 简述影响电泳分离的主要因素。

2. 常用的区带电泳分离方法有哪些？各有何优点？

3. 简述手性药物分离常用的方法有哪些。

二、实例分析

临床地中海贫血的筛查中，为何常用血红蛋白电泳检测异常血红蛋白或区分地中海贫血类型？

实训项目八　醋酸纤维素薄膜电泳分离血清蛋白

【实训目的】

掌握醋酸纤维素薄膜电泳法分离血清蛋白的原理和方法。

【实训原理】

蛋白质是两性电解质。在 pH 小于其等电点的溶液中，蛋白质为正离子，在电场中向阴极移动；在 pH 大于其等电点的溶液中，蛋白质为负离子，在电场中向阳极移动。血清中含有数种蛋白质，它们所具有的可解离基团不同，在同一 pH 的溶液中，所带净电荷不同，故可利用电泳法将它们分离。

血清中含有白蛋白、α- 球蛋白、β- 球蛋白、γ- 球蛋白等，由于各种蛋白质的氨基酸组成、立体构象、相对分子质量、等电点及形状不同，在电场中迁移速度则不同。由表 8-1 可知，血清中 5 种蛋白质的等电点大部分低于 7.0，所以在 pH 8.6 的缓冲液中，它们都电离成负离子，在电场中向阳极移动。

表 8-1　人血清中各种蛋白质的等电点及相对分子质量

蛋白质名称	等电点	相对分子质量
白蛋白	4.88	69 000
α_1- 球蛋白	5.06	200 000
α_2- 球蛋白	5.06	300 000
β- 球蛋白	5.12	90 000~150 000
γ- 球蛋白	6.85~7.50	156 000~300 000

在一定范围内,蛋白质的含量与结合的染料量呈正比,故可将蛋白质区带剪下,分别用 0.4mol/L NaOH 溶液浸洗下来,进行比色,测定其相对含量。也可以将染色后的薄膜直接用光密度计扫描,测定其相对含量。此法具有操作简单、快速、分辨率高及重复性好等优点,目前已成为临床生化检验的常规操作之一。

【 实训材料 】

1. **实训器材**　醋酸纤维素薄膜,人血清或牛血清,烧杯,培养皿,镊子,载玻片,盖玻片,电吹风,电泳槽,直流稳压电泳仪,剪刀,手套,滤纸。

2. **实训试剂**　巴比妥 - 巴比妥钠缓冲液(pH 8.6,0.07mol/L,离子强度 0.06),染色液(0.5% 氨基黑 10B,可重复使用,使用后回收),漂洗液(100ml 每组,含 95% 乙醇 45ml+ 冰乙酸 5ml+ 水 50ml),透明液(20ml 每组,含无水乙醇 14ml+ 冰乙酸 4ml,混匀)。

【 实训方法 】

(一)电泳槽与薄膜的制备

1. **醋酸纤维素薄膜的湿润与选择**　用钝头镊子取一片薄膜,在薄膜无光泽面上,距边 2cm 处用铅笔各划一条直线,此线为点样标志区。将薄膜小心地平放在盛有缓冲液的平皿中。若漂浮于液面的薄膜在 15~30 秒内迅速湿润,整条薄膜色泽深浅一致,则此膜均匀,可用于电泳;若薄膜湿润缓慢,色泽深浅不一或有条纹及斑点,则表示薄膜厚薄不均匀,应舍去,以免影响电泳结果。将选好的薄膜用竹夹子轻压,使其完全浸泡于缓冲液中约 30 分钟后方可用于电泳。

2. **电泳槽的准备**　根据电泳槽的宽度,剪裁尺寸合适的滤纸条。在两个电极槽中,各倒等体积的电极缓冲液,在电泳槽的两个膜支架上,各放两层滤纸条,使滤纸的长边与支架前沿对齐,另一端浸入电极缓冲液内。当滤纸条全部浸润后,用玻璃棒轻轻挤压在膜支架上的滤纸以驱赶气泡,使滤纸的一端能紧贴在膜支架上。滤纸条是两个电极槽联系醋酸纤维素薄膜的桥梁,因而称为滤纸桥。

(二)点样

取新鲜血清于载玻片上,同时取一块盖玻片。把浸泡好的可用的醋酸纤维素薄膜取出,用滤纸吸去表面多余的液体,然后平铺在滤纸上,将盖玻片在血清中轻轻划一下,再在膜条一端 1.5~2cm 处轻轻地水平落下并迅速提起,即在膜条上点上细条状的血清样品,宽度一般不超过 3mm,呈淡黄色,此步是实验的关键,点样前应在滤纸上反复练习,掌握点样技术后再正式点样。

(三)电泳

用钝头镊子将点样端的薄膜平贴在阴极电泳槽支架的滤纸桥上(点样面朝下),另一端平贴在阳极端支架上。要求薄膜紧贴滤纸桥并绷直,中间不能下垂,如一个电泳槽同时安放几张薄膜,则薄膜之间应隔几毫米,盖上电泳槽盖使薄膜平衡 10 分钟。

用导线将电泳槽的正、负极与电泳仪的正、负极分别连接,注意不要接错。在室温下电泳,打开电源开关,调节电压到90V,预电泳10分钟,再调节电压至电压110V,电泳50~60分钟,结束(点样带不要接触滤纸条),关闭电泳仪切断电源或自然风干。

(四) 染色与漂洗

电泳完毕,用钝头镊子取出电泳后的薄膜,无光泽面向上,放在含有0.5%氨基黑10B染色液的培养皿中,浸染5分钟。取出后用自来水冲去多余染料,然后放到盛有漂洗液的培养皿中,每隔10分钟换漂洗液一次,连续数次,直至背景蓝色脱尽。取出后放在滤纸上,用电吹风的冷风将薄膜吹干。

(五) 透明

配制好透明液,用镊子将薄膜取出,贴在容器壁上(烧杯壁或培养皿上等),注意不可有气泡,用吹风机稍吹干薄膜,用胶头滴管淋洗薄膜至薄膜透明,再用吹风机将薄膜彻底吹干,此时薄膜透明,小心地将薄膜自容器壁上取下。此薄膜透明,区带着色清晰,可用于光吸收计扫描。长期保存不褪色。

【实训提示】

1. 点样应细窄、均匀、集中。点样量不宜过多,点样位置要合适。
2. 两个电泳槽内缓冲液面应在同一水平面,否则会因虹吸影响电泳效果。
3. 醋酸纤维素薄膜一定要充分浸透后才能点样。点样后电泳槽一定要密闭。电流不宜过大,以防止薄膜干燥,电泳图谱出现条痕。

【实训思考】

1. 为什么实验所得的有些电泳带会参差不齐?
2. 为什么个别电泳带的两条带之间界限不明显?

【实训报告】

包括实训目的、实训内容、实训步骤、实训问题处理、结果分析、改革成果及体会等。

【实训评价】

根据学生出勤、在实训过程中的表现、实训报告完成情况和实训测试成绩,综合评定学生的实训成绩。

(杜建红)

第九章　结晶和干燥技术

学习目标

1. **掌握**　结晶技术和重结晶的概念、特点和过程；干燥技术的概念、原理。
2. **熟悉**　药物结晶条件的选择控制和结晶操作；常用干燥技术的原理和特点。
3. **了解**　常用的干燥设备。

导学情景

情景描述：

　　古时候的食用盐是通过海水晒盐的方法得到的，海水被人们引入盐田并暴露在阳光和空气中，海水中的水分在太阳光的照射下逐渐蒸发，随着时间的推移，海水中的水分越来越少，盐的浓度则越来越高。当大部分水分被蒸发后就会在盐田底部看到一层厚厚的白色物质，这就是粗盐。之后人们再通过溶解、过滤和再次蒸发等步骤来提纯粗盐，最终得到我们日常食用的较纯净的食盐。

学前导语：

　　海水晒盐的原理就是利用太阳光和风力使海水中的水分蒸发，然后通过一系列提纯步骤得到较纯净的食盐，这个过程运用了结晶和干燥技术。本章将带领同学们学习结晶和干燥技术的原理，熟悉其方法及应用。

第一节　结晶技术

　　结晶技术是使溶质从过饱和溶液中以晶体状态析出的操作技术。结晶是制备纯物质的有效方法，在化工、冶金、制药、材料等工业生产中占有相当重要的位置。

　　结晶技术具有如下特点：①能从杂质含量较多的溶液或多组分的熔融混合物中得到纯净的晶体。对于许多使用其他方法难以分离的混合物系，例如同分异构体混合物、共沸物系、热敏性物系等，采用结晶分离往往更为有效。②结晶过程可赋予固体产品以特定的晶体结构和形态（如晶形、粒度分布、堆密度等）。③能量消耗少，操作温度低，对设备材质要求不高，一般亦很少有三废（废气、废水废液和废渣）排放，有利于环境保护。④结晶产品包装、运输、储存或使用都很方便。

一、结晶过程

结晶过程一般可分为 3 个阶段，即过饱和溶液的形成、晶核的生成和晶体的生长。

1. 过饱和溶液的形成　在给定温度条件下，与一种特定溶质达到平衡的溶液称为该溶质的饱和溶液。对于一个平衡体系，温度与浓度之间有一个确定的关系，这种关系在温度 - 浓度图中是一条曲线，称为饱和曲线。如图 9-1 所示，图中 *AB* 曲线为溶解度曲线，曲线上各点的溶液均处于饱和状态；*CD* 曲线为自发产生晶核的温度 - 浓度曲线，称为过饱和曲线。当溶液的状态点一旦进入 *CD* 曲线以上的区域，其浓度远远大于饱和浓度，说明溶液处于极不稳定的状态，能立即自发结晶，可在短时间内出现大量微小晶核，使溶液浓度降至溶解度。

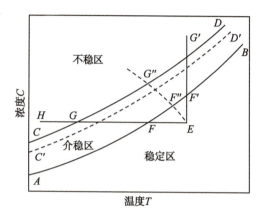

图 9-1　溶解度曲线与过饱和曲线示意图

溶液浓度等于溶质溶解度时，该溶液称为饱和溶液，溶质在饱和溶液中不能析出；当溶质浓度超过溶解度时，该溶液称为过饱和溶液，溶质只有在过饱和溶液中才有析出的可能。结晶过程都必须以溶液的过饱和度作为推动力，过饱和溶液的形成可通过减少溶剂或降低溶质的溶解度而达到，其大小直接影响成核与晶体成长过程的速度，而这两个过程的速度也影响晶体产品的粒度分布和纯度。因此，过饱和度是结晶过程中一个极其重要的参数。除改变温度外，改变溶剂组成、离子强度、pH 也是结晶蛋白质和抗生素等药物的重要手段。

形成过饱和溶液常用的方法有：部分溶剂蒸发法、冷却热的饱和溶液法、真空蒸发冷却法、盐析结晶法、有机溶剂结晶法、化学反应结晶法等。

2. 晶核的生成　晶核是过饱和溶液中初始生成的微小晶粒，是晶体成长过程中必不可少的核心。根据成核机制不同，晶核的产生分为初级成核和二次成核。

（1）初级成核：初级成核是过饱和溶液中的自发成核现象，即在没有晶体存在的条件下自发产生晶核的过程。

（2）二次成核：如果向过饱和溶液中加入晶种，就会产生新的晶核，这种成核现象称为二次成核。工业结晶操作一般在晶种的存在下进行，有以下三种起晶方法。①自然起晶法：先使溶液进入不稳区形成晶核，当生成晶核的数量符合要求时，再加入稀溶液使溶液浓度降低至亚稳区，使之不生成新的晶核，溶质即在晶核的表面长大。该起晶方法要求过饱和浓度较高，晶核不易控制，现已很少采用。②刺激起晶法：先使溶液进入亚稳区，然后将其加以冷却，进入不稳区，此时即有一定量的晶核形成，由于晶核析出使溶液浓度降低，随即将其控制在亚稳区的养晶区使晶体生长。③晶种起晶法：先使溶液进入到亚稳区的较低浓度，投入一定量和一定大小的晶种，使溶液中的过饱和溶质在所加的晶种表面上长大。加入的晶种不一定是同一种物质，溶质的同系物、衍生物、同分异构体也可作为晶种加入，例如，乙基苯胺可用于甲基苯胺的起晶。对纯度要求较高的产品必须使用同种物质起晶。晶种起晶法容易控制,所得晶型形状、大小均较理想,是一种常用的工业起晶方法。

3. 晶体的生长　在过饱和溶液中,晶核一经形成立即
开始长成晶体,与此同时,由于新的晶核还在不断生成,故
所得晶体的大小和数量由晶核形成速率与晶体生长速率的

课 堂 活 动
影响晶核形成的因素有哪些?

对比关系决定。如果晶体生长速率大大超过晶核形成速率,则过饱和度主要用于使晶体成长,可得
到粗大而有规则的晶体;反之,则过饱和度主要用于形成新的晶核,所得的晶核颗粒参差不齐、晶体
细小,甚至呈无定形态。

二、结晶条件的选择与控制

晶体的质量主要是指晶体的大小、形状(外观形状)和晶体的纯度(内在质量)三个方面。一般
情况下,晶型整齐和色泽洁白的固体产品具有较高的纯度。由结晶过程可知,溶液的过饱和度、结
晶温度、结晶时间、搅拌及晶种加入等操作条件对晶体质量影响很大,必须根据药物在粒度大小、分
布、晶型以及纯度等方面的要求,选择适合的结晶条件并严格控制结晶过程。

1. 过饱和度　过饱和度是结晶过程的推动力,是产生结晶产品的先决条件,也是影响结晶操作
的最主要因素。在较高的过饱和度下进行结晶,可提高结晶速率和收率。但是在实际工业生产中,
当过饱和度(推动力)增大时,溶液黏度增大,杂质含量也增大,可能会出现以下问题:①成核速率过
快,使晶体细小;②结晶生长速率过快,容易在晶体表面产生液泡,影响结晶质量;③结晶器壁易产
生晶垢,给结晶操作带来困难;产品纯度降低等。因此,过饱和度值应大致使操作控制在介稳区内,
又可保持较高的晶体成长速率,从而使结晶操作高产而优质。

2. 晶浆浓度　晶浆是指在结晶器中结晶出来的晶体和剩余的溶液(或熔液)所构成的混悬物。
晶浆浓度应在保证晶体质量的前提下尽可能取较大值。对于加晶种的分批结晶操作,晶种的添加
量也应根据最终产品的要求,选择较大的晶浆浓度。只有根据结晶生产工艺和具体要求确定或调
整晶浆浓度,才能得到较好的晶体。对于生物大分子,通常选择 3%~5% 的晶浆浓度比较适宜,而对
于小分子物质(如氨基酸类)则需要较高的晶浆浓度。

3. 温度　结晶操作温度的控制很重要,一般控制较低温度和较小的温度范围。如生物大分子
的结晶,一般选择在较低温度条件下进行,以保证物质的生物活性,还可以抑制细菌的繁殖。另外,
温度较低时,溶液的黏度增大,可能会使结晶速率变慢,因此应控制适宜的结晶温度。

4. 时间　对于小分子物质,如果在适宜的条件下,几分钟或几小时内即可析出结晶。对于蛋白
质等生物大分子物质,由于相对分子质量大,立体结构复杂,其结晶过程比小分子物质要困难得多。
生物大分子的结晶时间差别很大,从几小时到几个月都有。生产中主要控制过饱和溶液的形成时
间,防止形成的晶核数量过多而造成晶粒过小。

5. 溶剂与 pH　结晶操作采用的溶剂和 pH 应使目标溶质的溶解度降低,以提高结晶的收率。
一般来说,所选择的 pH 应在生化物质稳定范围内,尽量接近其等电点。溶剂和 pH 对晶形也有影
响。如普鲁卡因青霉素在水溶液中的结晶为方形晶体,在乙酸正丁酯中的结晶为长棒状。在设计

结晶操作前,需实验确定可使结晶晶形较好的溶剂和pH。

通常,结晶溶剂要具备以下几个条件:①溶剂不能和结晶物质发生任何化学反应;②溶剂对结晶物质要有较高的温度系数,以便利用温度的变化达到结晶的目的;③溶剂应对杂质有较大的溶解度,或在不同的温度条件下结晶物质与杂质在溶剂中应有溶解度的差别;④溶剂如果是容易挥发的有机溶剂应考虑操作方便、安全,工业生产上还应考虑成本高低、是否容易回收等。

6. 晶种　　加入晶种进行结晶是控制结晶过程、提高结晶速率、保证产品质量的重要方法之一。工业中晶种的引入有两种方法:一种是通过蒸发或降温等方法,使溶液的过饱和状态达到不稳定自发成核至一定数量后,迅速降低溶液浓度(如稀释法)至介稳区,这部分自发成核的结晶为晶种;另一种是向处于介稳区的过饱和溶液中直接添加细小均匀的晶种。工业生产中对于不易结晶(即难以形成晶核)的物质,常采用加入晶种的方法,以提高结晶速率。对于溶液黏度较高的物系,晶核产生困难,而在较高的过饱和度下进行结晶时,由于晶核形成速率较快,容易发生聚晶现象,使产品质量不易控制,因此,高黏度的物系必须采用在介稳区内添加晶种的操作方法。

7. 搅拌与混合　　增大搅拌速率可提高成核速率,同时搅拌也有利于溶质的扩散而加速晶体生长;但搅拌速率过快会造成晶体的剪切破碎,影响结晶产品质量。工业生产中,为获得较好的混合状态,同时避免晶体的破碎,一般通过大量的实验选择搅拌桨的形式,确定适宜的搅拌速率,以获得所需的晶体。在整个结晶过程中搅拌速率可以是不变的,也可以根据不同阶段选择不同的搅拌速率。可采用直径及叶片较大的搅拌桨,降低转速,以获得较好的混合效果;也可采用气体混合方式,以防止晶体破碎。

8. 结晶系统的晶垢　　在结晶操作系统中,常在结晶器壁及循环系统内产生晶垢,严重影响结晶过程的效率。

9. 共存杂质的影响　　结晶的对象是多组分物系,要选择性地结晶目标产物。如果共存杂质的浓度较低,一般对目标产物的结晶无明显影响。但如果在结晶操作中杂质含量不断升高(如采用蒸发式结晶操作时),杂质的积累会严重影响目标产物结晶的纯度。结晶操作中需要控制杂质的含量,往往在结晶系统中增设除杂设备。

> **知识链接**
>
> **"中国工业结晶之母"——王静康**
>
> 　　王静康院士长期致力于我国工业结晶科学与技术创新研发及成果产业转化,其科研成果已使我国工业结晶研发跻身世界前沿,让"中国结晶"一次次改写世界结晶产业的格局,其本人被誉为"中国工业结晶之母""中国化工结晶科技产学研结合的先行者"等。
>
> 　　王静康院士始终把育人放在重中之重,将至诚报国的理念代代相传,为党育人、为国育才。即使到耄耋之年,王静康教授依然奋斗在教学与科研一线,与企业合作自主研发针对抗血栓药物硫酸氢氯吡格雷的绿色关键技术并成功实现产业化,累计为国家节支100亿元;研发高盐废水分质结晶及资源化关键技术,解决了煤化工高盐废水中盐的资源化利用问题。
>
> 　　王静康院士是科技强国的"追梦人"、立德树人的"大先生"、建功时代的"真国士"。

三、结晶操作

结晶操作既要满足产品生产规模的要求,又要符合产品质量、粒度的要求。

1. 分批结晶　为了控制晶体的生长,获得粒度较均匀的产品,必须尽一切可能防止不需要的晶核生成。有时可在适当时机向溶液中添加适量的晶种,使被结晶的溶质只在晶体表面生长。温和地搅拌,使晶体较均匀地悬浮在整个溶液中,并尽量避免二次成核现象。分批冷却结晶有以下4种操作方式。

(1)不加晶种,迅速冷却:溶液很快达到过饱和状态,大量微小的晶核骤然产生,溶液的过饱和度迅速降低,过量的晶粒数和细小的晶粒使产品质量和结晶收率都差,属于无控制结晶。

(2)不加晶种,缓慢冷却:溶液慢慢达到过饱和状态,产生较多晶核。过饱和度因成核而有所消耗。但由于晶体生长,过饱和度也迅速降低。这种方法对结晶过程的控制作用也有限。

(3)加晶种,迅速冷却:溶液一旦达到过饱和,晶种则开始长大。由于有溶质结晶出来,溶液浓度有所下降,但因冷却速度很快,溶液仍很快达到过饱和状态,最后会不可避免地有细小晶体产生。

(4)加晶种,缓慢冷却:溶液中有晶种存在,且降温速率得到控制,晶体生长速率完全由冷却速度控制,所以这种操作方法能够产生预定粒度的、合乎质量要求的匀整晶体。

2. 连续结晶　连续结晶操作有以下几项要求:①产品粒度分布符合质量要求;②生产强度高;③晶垢的产生速度尽量低,以延长结晶的操作周期;④维持结晶器的操作稳定性。采用细晶消除、粒度分级排料、清母液溢流等技术,可使不同粒度范围的晶体在结晶器内具有不同的停留时间,也可使晶体和母液具有不同的停留时间,从而使结晶器增添了控制产品粒度分布和晶浆密度的手段;再与适宜的晶浆循环速率相结合,便能使结晶器达到操作要求。

(1)细晶消除:在连续操作的结晶器中,每一粒晶体产品都是由一粒晶核生长而成的,晶核生成量越少,产品晶体就会长得越大。反之,晶体粒度必然小。通常是在结晶器内部或下部建立一个澄清区,在此区域内,晶浆以很低的速度上流,因较大的晶粒有很大的沉降速度,当沉降速度大于晶浆上流速度时,晶粒沉降下来,回到结晶器的主体部分,重新参与器内晶浆循环而继续长大。细小的晶粒则随着溶液从澄清区溢流而出,进入细晶消除系统,以加热或稀释的办法使之溶解,然后经循环泵重新回到结晶器中去。

(2)粒度分级排料:为了实现对晶体粒度分布的调节,有时混合悬浮型连续结晶器会采用这种方法。结晶器中流出的产品先流过一个分级排料器,将小于某产品分级粒度的晶体截留后返回结晶器继续长大,达到产品分级粒度后才有可能作为产品排出系统。

(3)清母液溢流:清母液溢流是调节结晶器内晶浆密度的主要手段,增加清母液溢流量可有效地提高器内晶浆密度。清母液溢流有时与结晶消除相结合,从澄清区溢流出来的母液总含有小于某一粒度的细小晶粒,所以不存在真正的清母液。由于它含有一定量的细晶,所以对结晶器而言也必然起着某种消除细晶的作用。有些情况下,将从澄清区溢流出来的母液分为两部分:一部分排出结晶系统;另一部分则进入细晶消除系统,消除细晶后再回到结晶器中。有时为了避免流失过多的固相产品组分,可使溢流而出的带细晶的母液先经旋液分离器或湿筛,而后分为两段,含较多细晶的流股进入细晶消除循环,含较少细晶的流股则排出结晶系统。

从另一角度看,清母液溢流的主要作用是使液相及固相在结晶器中具有不同的停留时间。在无清母液溢流的结晶器中,固 - 液两相的停留时间相同。在有母液溢流的结晶器中,固相的停留时间可延长数倍,对于结晶这样的低速过程有重要的意义。

连续结晶有以下优点:①冷却法和蒸发法(真空冷却法除外)采用连续结晶操作,费用低,经济性好;②结晶工艺简化,相对容易保证质量;③生产周期短,节约劳动力费用;④连续结晶设备的生产能力比分批结晶提高数倍甚至数十倍,相同生产能力则投资少,占地面积小;⑤连续结晶操作参数相对稳定,易于实现自动化控制。

连续结晶的缺点主要有:①换热面和器壁上容易产生晶垢,并不断积累,使运行后期的操作条件和产品质量逐渐恶化;②与分批结晶相比,产品平均粒度较小;③操作控制上比分批操作困难,要求严格。

你问我答

问题:普鲁卡因青霉素生产工艺采用了哪些结晶方法? 为什么在剧烈搅拌下进行结晶操作?

答案:因普鲁卡因青霉素是供肌内注射的混悬剂,会直接注射到人体中去,所以要求结晶颗粒<5μm。颗粒过大不仅不利于吸收,注射时还易堵塞针头,注射后易产生局部红肿疼痛,甚至发热等症状;晶体过分细小则粒子会带静电,因相互排斥而散开,而且会使比容过大,为成品的分装带来不便。故普鲁卡因青霉素结晶合用冷却法和化学反应结晶两种方法。先将青霉素钾盐溶于缓冲液中,冷却至 5~8℃,加入适量的晶种,然后滴加盐酸普鲁卡因溶液,在剧烈搅拌下进行结晶操作,以保证得到适宜的细小晶体。

四、重结晶

重结晶是指结晶出来的晶体溶于适当的溶剂中,再经过加热、蒸发、冷却等步骤重新达到晶体的过程。重结晶是利用杂质和结晶物质在不同溶剂和不同温度下的溶解度不同,将晶体用合适的溶剂再次结晶以获得高纯度晶体的操作。

对于溶解度受温度影响较大的物质,可将产品溶解在温度较高的溶剂中,然后缓慢降低温度,析出晶体。另一种常用的重结晶方法是将溶质溶于对其溶解度较大的一种溶剂中,然后将第二种溶剂加热后缓缓加入,直到稍显混浊、结晶刚刚出现为止,接着冷却,放置一段时间使结晶完全。

重结晶的关键是选择一种合适的溶剂,用于重结晶的溶剂一般应具备以下条件:①溶质在某溶剂中的溶解度较大,当外界条件(温度、pH等)改变时,其溶解度能明显减少;②溶质易溶于某一种溶剂而难溶于另一种溶剂,且两种溶剂互溶,则通过实验确定两者在混合溶剂中所占的比例;③对色素、降解产物、异构体等杂质能有较好的溶解性;④无毒性或极其低微、沸点较低、便于回收利用等。可用于生物物质重结晶的溶剂一般有蒸馏水(或无盐水)、丙酮、石油醚、乙酸乙酯、低级醇等。

问题: 重结晶是进一步纯化精制抗生素的有效途径,如何在工业生产中通过重结晶技术使红霉素成品的纯度和色级等提高?

答案: 在生产上采用丙酮加水的重结晶方法可提高红霉素成品的纯度,即将已干燥的红霉素碱以 1:7 配比(W/V)的丙酮进行溶解,待溶于丙酮后以硅藻土为介质进行过滤,再将丙酮溶液 1.5~2 倍量体积的蒸馏水加到丙酮溶液中,在室温条件下静置(24 小时左右),即有红霉素精制品析出。通过重结晶的红霉素成品效价一般能较原来产品要提高 50~60U/mg。通过重结晶可以使产品的色级和纯度等均得以提高,使原来不合格的产品转为合格品,使合格品的质量进一步提高。

点滴积累

1. 结晶是使溶质从过饱和溶液中以晶体状态析出的操作。
2. 结晶过程包括过饱和溶液的形成、晶核的生成和晶体生长三个阶段。
3. 影响结晶的因素有过饱和度、晶浆浓度、温度、溶剂、pH、时间、晶种等。
4. 重结晶是结晶出来的晶体溶在适当的溶剂中再经过加热、蒸发、冷却等步骤重新达到晶体的过程。

第二节 干燥技术

干燥技术是利用热能除去物料中的水分(或溶剂),并利用气流或真空带走汽化了的水分(或溶剂),从而获得干燥物质的操作技术。为了保证药物的安全性、有效性,同时为了便于加工、运输、贮存,必须将分离纯化所获得产物中的水分(或溶剂)除去,因此药物干燥技术是制药生产中不可或缺的工艺步骤。

干燥由两个基本的过程组成:①热传过程,即热由外部传给湿物料,使其温度升高;②传质过程,即物料内部的水分向表面扩散并在表面汽化离开。传质过程包括湿物料内部的水分向固体表面的扩散过程和水分在表面汽化的过程。传热和传质这两个过程同时进行,方向相反。

根据除去湿分(水分或溶剂)的原理不同可分为以下 4 种方法。①机械法:当固体湿物料中含液体较多时,可先用沉降、过滤、离心分离等机械分离的方法除去其中大部分的液体,这些方法能耗较少,但湿分不能完全除去。该方法适用于液体含量较高的湿物料的预干燥。②物理化学法:将干燥剂(如无水氯化钙、硅胶、石灰等)与固体湿物料共存,使湿物料中的湿分经气体相转入干燥剂内。这种方法费用较高,只适用于实验室小批量低湿分固体物料(或工业气体)的干燥。③加热干燥法:向湿物料供热,使其中湿分汽化并将生成的湿分蒸气移走的方法。该方法适用于大规模工业化生产的干燥过程。④冷冻干燥法:将湿物料冷冻,利用真空使冻结的冰升华变为蒸气而除去的方法。该法适用于热敏性药物、生化药物的干燥。

一、热干燥技术

(一) 物料中所含水分的性质

1. 结合水分与非结合水分 根据物料与水分结合力的状况,可将物料中所含水分分为结合水分与非结合水分。

(1)结合水分:是指借物理化学方式与物料相结合的水分,如结晶水、动植物细胞壁内的水分、物料内毛细管中的水分等。结合水分与物料的结合力较强,干燥速度缓慢,较难除去。

(2)非结合水分:是指以机械方式与物料结合的水分,如附着在物料表面的水分、物料大空隙中的水分等。非结合水分与物料结合力较弱,干燥速度较快,较容易除去。

用实验方法直接测定某物料的结合水分与非结合水分较困难,但根据其特点,可利用平衡关系外推得到。在一定温度下,由实验测定的某物料的平衡曲线,将该平衡曲线延长与$\varphi=100\%$的纵轴相交,如图9-2所示,交点以下的水分为该物料的结合水分,因其蒸气压低于同温下纯水的饱和蒸汽压。交点以上的水分为非结合水分。

物料所含结合水分或非结合水分的量仅取决于物料本身的性质,与干燥介质状况无关。

2. 平衡水分与自由水分 根据物料在一定的干燥条件下,其中所含水分能否用干燥方法除去来划分,可分为平衡水分与自由水分。

(1)平衡水分:是指在一定空气条件下,物料表面产生的水蒸气压等于该空气中水蒸气分压,此时物料中所含的水分,是在该空气条件下不能干燥的水分。平衡水分是一定空气条件下物料干燥的限度,不因与干燥介质接触时间的延长而发生变化。

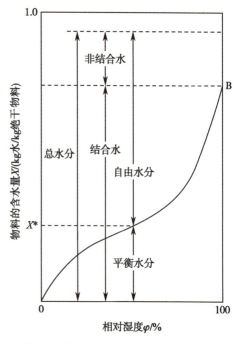

图 9-2　物料中所含水分的性质示意图

(2)自由水分:是物料中多于平衡水分的部分,是能干燥除去的水分。平衡水分与物料的种类、空气状态有关,其含量随空气中相对湿度的增加而增大。通风可以带走干燥器内的湿空气,破坏物料与介质之间水的传质平衡,可提高干燥的速度,故通风是常压条件下加快干燥速度的有效方法之一。

(二) 物料中含水量的表示方法

1. 湿基含水量 湿物料中所含水分的质量百分率称为湿物料的湿基含水量,见式(9-1)。

$$w = \frac{湿物料中的水分的质量(kg)}{湿物料总质量(kg)} \times 100\%$$
式(9-1)

2. 干基含水量 不含水分的物料通常称为绝对干料。湿物料中的水分的质量与绝对干物料质量之比，称为湿物料的干基含水量，见式(9-2)。

$$x = \frac{湿物料中的水分的质量(kg)}{湿物料绝对干物料的质量(kg)} \times 100\%$$
　　　　　　式(9-2)

两者的关系:

$$x = \frac{w}{1-w} 或 w = \frac{x}{1+x}$$

(三) 干燥过程

1. 固体湿物料的干燥过程 湿物料的干燥可分为两大阶段，第一阶段湿物料内能升高加速运动，第二阶段湿物料内外水分扩散、汽化移除。如图 9-3 所示，根据在恒定干燥条件下干燥速率曲线，可将干燥过程细分成预热段、恒速段、第一降速段、第二降速段。各阶段湿物料中水分含量随时间变化的趋势以及各段干燥速率都不相同。

(1)预热阶段:当物料受热后其内部空隙中的水分因内能升高而由内向外移动，积累在固体物料的表面上形成表面自由水分。热能加快了内部水分的移出速度，由于水分渗出到表面，所以受热后有更多的水分蒸发到空气中。在图 9-3 中的 A 点表示湿物料进入干燥器受热的起点，随着固体物料温度的升高，物料中的水分蒸发速度加快，总含水量降低，预热阶段物料加速失水。

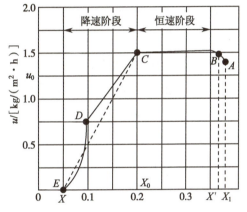

图 9-3　恒定干燥条件下干燥速率曲线

(2)恒速干燥阶段:随着加热的进行，固体物料表面同时存在着蒸发与冷凝两个过程。一方面物料表面非结合水分蒸发到空气中;另一方面空气中的蒸汽返回到固体物料表面上冷凝成液体。当将物料加热到某一温度时，固体表面上的水分受热后蒸发到空气中的速度，以及空气中的蒸汽冷凝到固体物料表面的速度都保持恒定不变，表现为物料恒速失水，此阶段称为恒速干燥阶段。

在恒速干燥阶段，空气不再将热量用于提升固体湿物料的温度，而是给物料内部水分提供能量，加快内部水分的移动速度，维持固体物料表面布满水分的状态。图 9-3 中的 B 点是恒速干燥的起始点。

(3)第一降速干燥阶段:当物料表面水分持续蒸发时非结合水分数量减少，当物料内部水分减少到无法补充外表面水分时，物料外表面不能继续维持全部润湿的状态，亦即固体物料表面局部缺水，恒速干燥结束，第一降速干燥开始。图 9-3 中的 C 点即是第一降速干燥起始点，所对应的物料含水量称为临界含水量。

在第一降速干燥阶段，物料内部的含水量降低，物料表面水分汽化量减少，干燥速度逐渐降低，物料表面温度略有上升。当固体物料表面再没有非结合水分时干燥速度急剧下降，干燥过程将进入第二降速干燥阶段。图 9-3 中的 D 点表示第一降速干燥阶段结束，第二降速干燥阶段开始。

(4)第二降速干燥阶段:物料表面温度开始升高,内部水分向外表面移动速度极小,汽化过程从物料表面逐渐转移到物料内部,空气提供的热量要深入到物料内部才能使水分汽化。干燥过程的热量传递方式增多,水分汽化的方式也在增加,汽化阻力逐渐增强,干燥速度急剧下降直至为零。此时物料含水量降为该空气状态下的平衡含水量,湿物料的干燥过程完结。

第二降速干燥过程速度缓慢耗时较长,所以在实际生产中,只要物料含水量降低到一定指标即终止干燥过程,所得干燥物料含水量约为平衡含水量。

2. 恒速阶段的干燥速度和干燥时间

(1)干燥速度:单位时间单位面积上水分的蒸发量叫干燥速度。不同物料的干燥速度视物料与水分结合情况不同而不同,对指定物料而言,在恒速干燥阶段蒸发的是非结合水分,故干燥速度的大小取决于物料表面水分的汽化速度。研究表明,恒速干燥速度与湿球温度呈正比。

(2)干燥时间:固体物料从干燥开始到干燥完毕所需的时间称为干燥时间。严格地讲,固体物料的干燥时间是四个阶段所耗时间之总和,由于预热阶段时间较短,所以可并入恒速干燥阶段计算,第一降速干燥阶段和第二降速干燥阶段合并为降速干燥阶段计算。

在恒速干燥阶段,水分从内向外扩散所受到的阻力是制约因素,因此降低外扩散阻力提高外扩散速率,能提高干燥速率。外扩散阻力主要发生在边界层,可采取增大空气流速、减薄边界层厚度、提高对流传热系数和对流传质系数、降低空气的水蒸气浓度以及增加传质面积等措施提高干燥速度。

> **边 学 边 练**
> 物料的湿含量、物料与湿分的结合性质等对干燥不同阶段的影响,以及干燥曲线对干燥操作的指导作用,请见"实训项目九 洞道式干燥操作技能训练"。

二、流化床干燥技术

(一)流化床干燥的原理及特点

流化床干燥又称沸腾干燥,干燥过程中从流化床底部吹入的热气流使湿颗粒向上悬浮,在干燥室内翻滚如"沸腾状",热气流在悬浮的湿粒间通过,在动态下进行热交换,带走水汽,达到干燥的目的。

流化床干燥具有以下特点:①传热系数大,传热良好,干燥速度较快;②干燥室内温度均一,并能根据需要调节,所得到的干燥产品较均匀;③物料在干燥室内停留时间可任意调节,适用于热敏物料的干燥;④可在同一个干燥器内进行连续或间歇操作;⑤流化床干燥器的物料处理量大,结构简单,占地面积小,投资费用低,操作维护方便。流化床干燥的缺点主要是对被处理物料含水量、形状和粒径有一定限制,不适用于含水量高、易黏结成团的物料干燥,干燥后细粉比例较大,干燥室内不易清洗等。

(二)流化床干燥设备

为改善物料在流化床中干燥的均匀性,一般多采用各种不同结构的流化床,如具有控制物料短路的挡板结构的单层流化床、卧式多室流化床、多层流化床等。

1. 单圆筒流化干燥器 一般是用于较易干燥或干燥程度不严格的产品。由于流化床内粒子接近于完全混合状态,为了减少未干燥粒子的排出,必须延长平均停留时间,这样就需要提高流化床的高度,同时压力损失也随之增大。因这一特性,就必须使用温度尽可能高的热空气以提高热效率,而适当减低床层高度。单圆筒流化干燥器工艺流程见图 9-4。

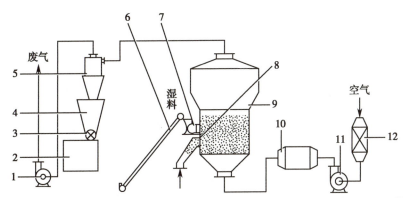

1. 抽风机；2. 料仓；3. 星形出料阀；4. 集料斗；5. 旋风分离器；6. 皮带输送机；7. 抛料机；
8. 流化床；9. 换热器；10. 鼓风机；11. 抽风机；12. 空气过滤器。

图 9-4　单圆筒流化干燥器工艺流程图

2. 多层振动流化床干燥器 可以增加物料的干燥时间,改善干燥产品含水的均匀性,从而易于控制产品的干燥质量。如图 9-5 所示,安装于主机下部的两个振动电机同步反向回转,使安装于其上的多层环状孔板组成的主机产生垂直振动与扭振,从而使由进料口进入的物料沿水平环状孔板自上层向下层连续跳跃运动。热气流则自下层向上层通过各层孔板穿过物料层,达到物料均匀干燥的目的。

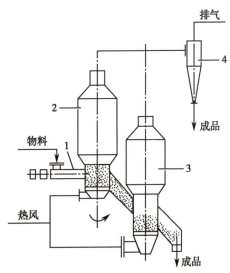

1. 加料器；2. 一级流化床干燥器；3. 二级流化床干燥器；4. 旋风分离器。

图 9-5　多层振动流化床干燥器示意图

三、喷雾干燥技术

（一）喷雾干燥的原理和特点

喷雾干燥是以热空气作为干燥介质，采用雾化器将液体物料分散成细小雾滴，当物料与热气流接触时水分迅速蒸发而获得干燥产品的操作方法。此法能直接将液体物料干燥成粉末状或颗粒状制品。

如图9-6所示，料液（可以是溶液、乳浊液、悬浊液或浆料）由贮槽进入喷雾塔，经雾化器雾化成表面积极大的雾滴群，高温干燥介质经风机送至干燥塔顶部，并在干燥器内与雾滴群充分接触、混合，进行传质和传热，使雾滴中的湿分在极短时间（几秒到几十秒）内蒸发汽化并被雾滴接触混合后温度显著降低、湿度增大，并作为废气由排风机抽出，废气中夹带的细小粉尘可采用旋风分离器等分离装置进行回收。

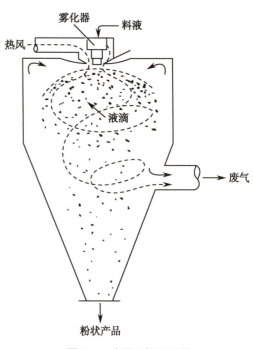

图9-6　喷雾干燥原理图

喷雾干燥具有以下优点：①干燥速度快，干燥时间短，具有瞬间干燥的特点；②干燥温度低，避免物料受热变质，特别适用于热敏性物料的干燥；③由液态物料可直接得到干燥制品，省去蒸发、粉碎等单元操作；④操作方便，易自动控制，劳动强度小；⑤产品多为疏松的空心颗粒或粉末，疏松性、分散性和速溶性均好；⑥生产过程处在密闭系统，适用于连续化大型生产，可应用于无菌操作。喷雾干燥的缺点主要是传热系数较低，设备体积庞大，动力消耗多，干燥时物料易发生黏壁等。

（二）喷雾干燥设备

喷雾干燥器见图9-7，主要由空气加热系统、干燥系统、气固分离系统等组成。

1. 空气加热系统　包括空气过滤器和空气加热器。空气过滤器有钢丝网、多孔陶瓷管、电除尘、棉花活性炭和超细过滤纤维等形式，可根据产品的需要进行选择。空气加热器一般采用蒸汽加热（如蒸汽翅片换热器）和电加热。采用电加热可以避免由于蒸汽压力不高而难以达到进风温度要求的情况，同时便于精确调节进风温度，以保证产品质量。

2. 干燥系统　主要包括喷雾器和干燥塔。喷雾器有气流式、压力式和离心式三种形式。喷雾器是喷雾干燥设备的关键部分，它直接影响喷雾干燥的产品质量和技术经济指标。喷雾器总体要求结构简单、操作方便、能量消耗小、产量大、料液雾化后雾粒大小均匀并能控制其大小和产量。雾滴的干燥情况与热气流及雾滴的流向安排有关。流向的选择主要根据物料的热敏性、所要求的粒度、粒密度等方面来考虑。常用的流向安排有并流型、逆流型和混合流型。

干燥塔是物料干燥成产品的设备,新型的喷雾干燥设备几乎都采用塔式结构,塔底为锥形,有利于收集干粉并防止黏壁。

3. 气固分离系统 气固分离系统的选择主要根据物料的物理性能、贵重程度和对环境的污染程度来决定,通常采用旋风分离器和袋滤器。旋风分离器形式有切线型、蜗壳型和扩散型等,蜗壳型虽然制造困难,但对细粉的分离效率较高、阻力降较小、性能较佳,选择最佳的气流入口速度是决定旋风分离器分离效率的关键。切线型旋风分离器的入口速度为1~20m/s,蜗壳型为10~20m/s,扩散型为15~19m/s。袋滤器能捕集极细的粉尘,其效率可达99%以上,但是清洗较麻烦,阻力降也大,在能满足分离效率的前提下,不一定设置袋滤器。

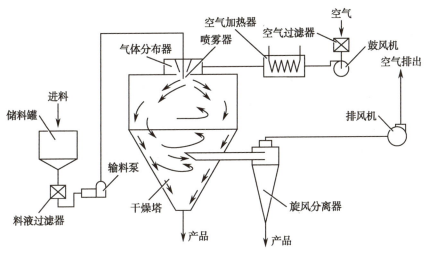

图9-7 喷雾干燥器示意图

你问我答

问题:采用传统的水提醇沉工艺得到的黄芩浸膏中黄芩苷的含量为23.06%(以浸膏中干固物含量计算),选用什么干燥方法可除去里面的水分?

答案:传统采用烘房干燥,但因为中药浸膏具有成分较复杂、黏性大、透气性差等特点,想要取得较好的干燥效果则需要在较高温度下干燥较长时间,容易导致热敏性活性成分分解变性;得到的黄芩浸膏粉中黄芩苷的含量也仅达到12.14%。采用喷雾干燥,浸膏成雾滴进行干燥,透气性湿分蒸发速度快,制品停留时间短,干燥效果好,得到的浸膏粉中黄芩苷的含量可以达到22.03%,所以选用喷雾干燥。

四、冷冻干燥技术

(一)冷冻干燥的原理和特点

冷冻干燥是指在低温、高真空条件下,使水分由冻结状态直接升华被除去的一种干燥方法。

1. 冷冻干燥的原理

（1）水的三相点：冷冻干燥的基本原理是基于水的三相变化，如图 9-8 所示。随着压力的降低，水的冰点变化不大，而沸点不断下降，逐渐接近冰点。当水的沸点降至与冰点重合时，气、液、固三相水共存，此时对应的气压温度值称三相点，纯水的三相点为 610.5Pa、0.01℃。在三相点温度和压力以下，冰由固相直接转变为气相，称之为升华。

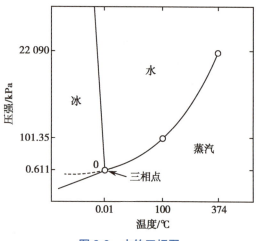

图 9-8　水的三相图

（2）升华：在高真空状态下，利用升华原理，使预先冻结的水分直接以冰态升华为水蒸气被除去。冻干过程由于升华吸热，需要在冻干阶段补充热量，通过干燥层不断传递给冻结部分，在升华界面上，水分子被加热后沿毛细管进入到周围环境中被冷凝器捕捉而排除，避免了真空度的降低。在干燥过程中，物料必须处于真空冷冻状态，且需维持物料温度低于三相点温度。

（3）共晶点与共熔点：共晶点是指物料溶液析出冰晶体后，水与溶质达到平衡，共晶溶液全部冻结时的温度是溶液完全冻结固化的最高温度。溶液完全冻结后，随着温度上升，开始有冰晶融化的温度称为共熔点。冻结的最终温度常以物料的共晶点为依据，必须达到共晶点以下才能保证物料完全冻结。干燥过程中的物料，其干燥层温度必须保持在共熔点以下，否则不能保证水分全部以汽化形式除去。

2. 冷冻干燥的特点

①由于干燥过程是在低温、低压条件下进行，故适用于热敏性药物、易氧化物料及易挥发成分的干燥，可防止药物的变质和损失；②干燥后制品体积与液态时相同，因此干燥产品呈疏松、多孔、海绵状，加水后溶解性能好，有利于药品的长期保存。故常用于生物制品、抗生素等呈固体而临用时溶解的注射剂的制备。其缺点是设备投资费用高、动力消耗大、干燥时间长、生产能力低。

你问我答

问题：为何微生物、酶、血液等常常选择冷冻干燥而不选用传统的干燥方法？

答案：传统的干燥会引起材料皱缩，破坏细胞。在冷冻干燥过程中，样品的结构不会被破坏，因为固体成分被在其位置上的冰支持着。在冰升华时，它会留下孔隙在干燥的剩余物里。这样就保留了产品的生物和化学结构及其活性的完整性。微生物、酶、血液等常常要选择冷冻干燥，可保留其特有的生物活性与结构。

（二）冷冻干燥基本过程

冷冻干燥操作包括三个基本过程，即冻结（也称预冻结）、升华（也称第一期干燥）、解析干燥（也称第二期干燥）。

1. **冻结** 即预冻结。预冻结是将溶液中的自由水固化,使干燥后产品与干燥前有相同的形态,防止抽空干燥时发生起泡、浓缩、收缩和溶质移动等不可逆变化,减少因温度下降而引起的物质溶解度降低或理化性质发生改变。

2. **升华** 即第一阶段干燥。将冻结后的产品置于密闭的真空容器中加热,其冰晶就会升华成为水蒸气逸出而使产品脱水干燥。干燥是从外表面开始逐步向内推移,冰晶升华后残留的空隙变成之后升华水蒸气的逸出通道。已干燥层和冻结部分的分界面称为升华界面。在生物制品干燥中,升华界面约以 1mm/h 的速率向内推进。当全部冰晶去除时,第一阶段干燥结束,此时约可除去 90% 的水分。

3. **解析干燥** 即第二阶段干燥。在第一阶段干燥结束后,在干燥物质的毛细管壁和极性基团上还吸附有一部分水,这些水是未被冻结的。通过解析干燥过程,除去这些水分,以保证药物贮存期的稳定性,延长其保存期。

> **课 堂 活 动**
> 纤维蛋白类生物制品的干燥:喷雾干燥和真空冷冻干燥,选择哪一种干燥方法?并说出理由。

(三) 冷冻干燥的设备

冻干机是冷冻干燥生产过程中的主要工艺设备,根据所冻干的物质、要求、用途等不同,相应的冻干机也有所不同。根据待冻干物质的不同,一般可分为冻干药品、冻干生物制品、冻干食品的冻干设备;按运行方式不同可分为间歇式冻干机和连续式冻干机;根据冻干物质的容量不同可分为工业用冻干机和实验用冻干机。冻干机的结构形式多种多样,但是,无论何种冻干机均由冻干箱、搁板、冷凝器、真空隔离阀、制冷系统、循环系统、气动系统、真空系统、液压系统、在位清洗(cleaning in place, CIP)系统、在位灭菌(sterilization in place, SIP)系统、控制系统等组成。图 9-9 所示为冷冻干燥流程图。

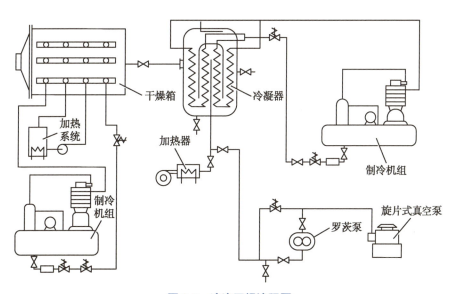

图 9-9 冷冻干燥流程图

点滴积累

1. 干燥技术是利用热能除去物料中的水分(或溶剂),并利用气流或真空带走汽化了的水分(或溶剂)从而获得干燥物质的操作技术。
2. 在恒定干燥条件下,干燥过程可细分成预热段、恒速段、第一降速段、第二降速段。
3. 从流化床底部吹入的热空气气流使湿颗粒向上悬浮,在干燥室内翻滚如"沸腾状",此种干燥方法为流化床干燥,也称沸腾干燥。
4. 喷雾干燥是以热空气作为干燥介质,采用雾化器将液体物料分散成细小雾滴,当物料与热气流接触时,水分迅速蒸发而获得干燥产品的操作方法。
5. 冷冻干燥是指在低温、高真空条件下,使水分由冻结状态直接升华除去的一种干燥方法。其过程主要有冻结、升华、解析干燥。

目标检测

习题

思维导图

一、简答题

1. 简述结晶过程中晶体形成的条件。
2. 影响结晶操作的因素有哪些?
3. 物料中的非结合水分是指哪些水分? 在干燥过程中能否将其除去?

二、实例分析

1. 某高职院校药学专业学生到当地一家生化制药企业实习,他来到生产胸腺素的生产线,车间采用猪胸腺作为原料通过一系列的提取、纯化生产工艺制得胸腺素,最后需干燥供临床使用,带教师傅问该学生应采用何种方法进行干燥,请说出你的答案。
2. 牛黄是一种疗效确切的名贵中药材,主要的药理作用是镇静、解热。但天然牛黄药源有限,远远不能满足医疗需要,从 20 世纪 50 年代开始,我国就参考天然牛黄的化学组成,成功研制出了人工牛黄,人工牛黄的组分有胆红素、胆固醇、胆酸等,制备时按配方称定所需的各种原料。先将配方量的胆红素溶于少量有机溶剂,再加入胆酸、胆固醇等,混合均匀,然后干燥,你认为采用何种干燥方法为宜?

实训项目九　洞道式干燥操作技能训练

【实训目的】

1. 了解洞道式干燥器的结构及工作原理。

2. 掌握洞道式干燥的操作要点及有关注意事项。

3. 通过测定过程训练,掌握物料的湿含量、物料与湿分的结合性质、物料性质和干燥介质等对干燥不同阶段的影响规律。

4. 掌握干燥速率曲线对干燥操作的指导作用。

【实训材料】

洞道式干燥装置的配置情况如下。

(1)洞道尺寸:长 1.10m、宽 0.125m、高 0.18m。

(2)空气预热器加热功率:500~1 500W。

(3)空气流量:1~5m³/min。

(4)干燥温度:40~120℃。

(5)称重传感器显示仪量程:0~200g,精度 0.2 级。

(6)干燥温度计、湿球温度计量程:0~150℃,精度 0.5 级。

(7)孔板流量计处温度计量程:0~100℃,精度 0.5 级。

(8)孔板流量计压差变送器和显示仪量程:0~4kPa,精度 0.5 级。

(9)电子秒表:绝对误差 0.5 秒。

【实训方法】

1. 将干燥物料试样放入水中浸湿。

2. 向湿球温度计的附加蓄水池内补充适量的水,使池内水面上升至适当位置。

3. 将被干燥物料的空支架安装在洞道内。

4. 熟悉所用秒表的使用方法,然后让秒表的示值为零,处于备用状态。

5. 将空气流量调节阀全开。

6. 将空气预热器加热电压调节旋钮调至全关状态。

7. 全开新鲜空气进口阀和废气排出阀,全关废气循环阀。

8. 按下风机电源开关的绿色按键,启动风机。

9. 用空气流量调节阀将空气流量调至指定读数,适当打开废气循环阀,使废气循环阀有少量的废气排出,再用空气流量调节阀将空气流量调至指定值。

10. 按下空气预热器的电源开关让电热器通电,调节加热电压旋钮使干燥器的干球温度达到指定值。

11. 干燥器的流量和干球温度恒定达 5 分钟,并且数字显示仪显示的数字不再增长,即可开始实验,此时读取数字显示仪的读数作为试样支撑架的质量。

12. 将被干燥物料试样从水盆内取出,控去浮挂在其表面上的水分(最好先挤去所含的水分,以免干燥时间过长)。

13. 将支架从干燥器内取出,插入试样后将支架放至洞道干燥室内,并安插在支撑杆上。注意不要用力过大,以免传感器受损。

14. 立即按下秒表开始计时,并记录显示仪表的显示值,然后记录质量每减少 1g 所需要的时间数(记录总质量和时间),直至干燥物料的质量不再因时间的延长而明显减轻时即可结束。

【实训提示】

1. 严格按操作规程进行操作,防止发生操作事故。
2. 注意各种仪器、设备的操作要求,并掌握操作方法。

【实训思考】

1. 实验过程中,为何必须经常观测空气的流量和干燥器的进口温度?
2. 开机时为什么一定要先开风机后开空气预热器,停机时则相反?
3. 洞道式干燥适合哪些物料的干燥?
4. 分析质量每减少 1g 所需要的时间数的变化规律,说明原因。

【实训报告】

包括实训目的、实训内容、实训步骤、实训问题处理、结果分析、改革成果及体会等。

【实训评价】

根据学生出勤、在实训过程中的表现、实训报告完成情况和实训测试成绩,综合评定学生的实训成绩。

(贠 潇)

综合实训

综合实训一　阿司匹林的合成及精制

【实训目的】

1. 掌握固 - 液分离、结晶等分离纯化技术的原理及操作。
2. 掌握和熟悉酯化反应的原理与方法。
3. 熟悉阿司匹林的性状、结构和化学性质。
4. 了解阿司匹林中杂质的来源。

【实训原理】

阿司匹林的合成是以水杨酸为原料,利用醋酐在硫酸催化下形成乙酰正离子,进攻水杨酸中的酚羟基氧,从而完成乙酰化反应(综合实训图 1-1)。

综合实训图 1-1　阿司匹林合成反应式

在合成过程中可能存在于最终产物中的杂质是水杨酸本身,这是乙酰化反应不完全或由于产物在分离步骤中发生分解造成的。它可以在各步纯化过程和产物的重结晶过程中被除去。与大多数酚类化合物一样,水杨酸可与三氯化铁形成蓝紫色络合物,阿司匹林因酚羟基已被酰化,不再与三氯化铁发生颜色反应,据此可将杂质检出。

【实训材料】

1. **实训器材**　天平及砝码,电热套,100ml 锥形瓶,100ml 量筒,100℃温度计,200℃温度计,铁架台及其附件,玻璃棒,吸滤瓶(布氏漏斗),漏斗,滤纸,烧杯,试管,培养皿,pH 试纸。
2. **实训试剂**　水杨酸,乙酸酐,浓硫酸,乙酸乙酯,饱和碳酸氢钠,1% 三氯化铁溶液,浓盐酸。

【实训方法】

(一) 阿司匹林的合成

在 100ml 的锥形瓶中,加入水杨酸 10.0g,乙酸酐 14.0ml;然后用滴管加入 5 滴浓硫酸,缓慢地旋摇锥形瓶,使水杨酸溶解。将锥形瓶放在水浴上慢慢加热至 70℃,维持温度 30 分钟。然后将锥形瓶从热源上取下,使其慢慢冷却至室温。在冷却过程中,阿司匹林渐渐从溶液中析出。在冷却到室温,结晶形成后加入水 150ml;并将该溶液放入冰浴中冷却。待充分冷却后大量固体析出,抽滤得到固体,冰水洗涤并尽量压紧抽干,得到阿司匹林粗品,在空气中风干,称重。

(二) 阿司匹林的分离

将阿司匹林粗品放在 150ml 烧杯中,加入饱和碳酸氢钠 125ml。搅拌到没有二氧化碳放出为止(无气泡放出,嘶嘶声停止)。有不溶的固体存在,真空抽滤,除去不溶物并用少量水(5~10ml)洗涤。另取 150ml 烧杯一只,放入浓盐酸 17.5ml 和水 50ml,将得到的滤液分多次缓慢倒入烧杯中,边倒边搅拌。阿司匹林从溶液中析出。将烧杯放入冰浴中冷却,抽滤固体。并用冷水洗涤,抽紧压干固体,转入表面皿上,干燥。熔点(m.p.)为 133~135℃。取几粒结晶加入有 5ml 水的小烧杯中,加入 1~2 滴 1% 三氯化铁溶液,观察有无颜色反应。

(三) 阿司匹林的纯化

将所得的阿司匹林放入 25ml 锥形瓶中,加入少量热的乙酸乙酯(约 15ml),在水浴上缓慢加热直至固体溶解,如不溶,则热滤。滤液冷却至室温,再用冰浴冷却,阿司匹林渐渐析出,抽滤得到阿司匹林精品。称重,测熔点。熔点为 135~136℃。

【实训提示】

1. 为了检验产品中是否有水杨酸,利用水杨酸属酚类物质,可与三氯化铁发生颜色反应的特点,用几粒结晶加入盛有 3ml 水的试管中,加入 1~2 滴 1% $FeCl_3$ 溶液,观察有无颜色反应(紫色)。

2. 仪器要全部干燥,药品也要实现经干燥处理,乙酸酐要使用新蒸馏的,收集 139~140℃ 的馏分。

3. 本实验的几次结晶都比较困难,要有耐心。在冰水冷却下,用玻璃棒充分摩擦器皿壁,才能结晶出来。

4. 由于产品微溶于水,所以水洗时要用少量冷水洗涤,用水不能太多。

5. 在有机化学实验中,温度高时反应速度快,但温度不宜过高,否则副反应增多。

【实训思考】

进行分离纯化前,阿司匹林中的杂质主要有哪些?

【实训报告】

包括实训目的、实训内容、实训步骤、实训问题处理、结果分析、改革成果及体会等。

【实训评价】

根据学生出勤、在实训过程中的表现、实训报告完成情况和实训测试成绩,综合评定学生的实训成绩。

综合实训二　黄连中盐酸小檗碱的分离纯化

【实训目的】

1. 掌握盐酸小檗碱的一种提取方法,熟悉盐析法、重结晶法。
2. 熟悉和掌握柱色谱法、薄层色谱法的分离原理及操作技能。

【实训原理】

黄连为毛茛科黄连属植物黄连、三角叶黄连或云连的干燥根茎。黄连的有效成分主要是生物碱,已分离出的主要生物碱有小檗碱、掌叶防己碱、黄连碱等,小檗碱和掌叶防己碱结构式见综合实训图 2-1。其中小檗碱含量最高,可达 10% 左右,以盐酸盐的状态存于黄连中。小檗碱有很强的抗菌作用,已被广泛应用于临床,掌叶防己碱也作药用,其抗菌性能和小檗碱相似。

小檗碱为黄色针状结晶,熔点为 145℃,游离的小檗碱能溶于水(1∶20)及乙醇中(1∶100),易溶于热水及热醇,难溶于乙醚、石油醚、苯、三氯甲烷等有机溶剂,其盐在水中溶解度很小,尤其是盐酸盐。盐酸盐为 1∶500,枸橼酸盐 1∶125,酸性硫酸盐 1∶100,硫酸盐 1∶30,但在热水中都比较容易溶解。

小檗碱常以季铵碱形式存在,碱性强(pK_a 11.53),其水溶液有 3 种互变形式。

掌叶防己碱又称巴马亭,为黄色结晶,溶于水、乙醇,几乎不溶于三氯甲烷、乙醚等有机溶剂。盐酸掌叶防己碱为黄色针状结晶,并有强烈的黄色荧光。易溶于热水或热乙醇,在冷水中的溶解度也比盐酸小檗碱大。

本实验是利用小檗碱和掌叶防己碱的硫酸盐在水中溶解度大的性质,用硫酸水提取出来总生物碱,再利用其盐酸盐难溶于水及盐析作用,使生物碱盐析出,以除去水溶性杂质。利用两种生物碱极性不同,采用柱色谱分离,最后用薄层色谱法来检验柱色谱的分离效果。

季铵式（红棕色）　　　　　　醇式（黄色）　　　　　　醛式（黄色）

小檗碱（黄连素）　　　　　　　　　掌叶防己碱

综合实训图 2-1　小檗碱和掌叶防己碱结构式

【实训材料】

1. **实训器材**　电热套,烘箱,烧杯,滤纸,漏斗,布氏漏斗,蒸发皿,天平,玻璃柱(1cm×40cm)(或碱式滴定管),乳胶管,螺旋夹,锥形瓶,研钵,玻璃板,展开槽,点样毛细管,紫外线灯。

2. **实训试剂**　0.3% H_2SO_4,石灰乳,浓盐酸,pH 试纸,5%(V/V)NaCl,蒸馏水,95% 乙醇,无水乙醇,氧化铝(80~100 目),中性氧化铝(100~200 目),硅胶 G,羧甲纤维素钠。

【实训方法】

（一）提取

取黄连粗粉 20g,加入 0.3% H_2SO_4 至 250ml,加热微沸 20 分钟(注意随时补充蒸发损失的溶剂),过滤,滤渣再加 0.3% H_2SO_4 150ml 加热微沸 15 分钟,过滤,两次滤液合并。向滤液中加入石灰乳调节 pH 至 11~12,过滤,再向滤液中滴加浓盐酸,调节 pH 至 2~3,然后加入 5%(V/V)NaCl,搅拌并使完全溶解,并继续搅拌至溶液出现微浊现象为止,放置过夜。则有盐酸小檗碱沉淀析出。

（二）分离纯化

抽滤,得盐酸小檗碱粗品,水洗,将所得粗品(未干燥)放入 20 倍量沸水中,搅拌溶解后继续加热数分钟,趁热过滤。滤液滴加浓盐酸,调节 pH 至 1~2,静置,则有盐酸小檗碱结晶析出。滤取结晶,用蒸馏水洗数次,抽干,于 70℃以下干燥,即为精制盐酸小檗碱,称重,计算收率(具体流程图见综合实训图 2-2)。

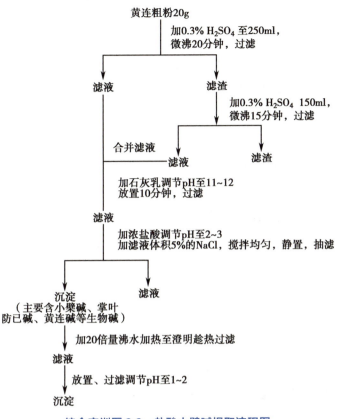

黄连粗粉20g

加0.3% H_2SO_4 至250ml，
微沸20分钟，过滤

滤液 　　　　 滤渣

加0.3% H_2SO_4 150ml，
微沸15分钟，过滤

合并滤液

滤液 　　　　 滤渣

加石灰乳调节pH至11~12
放置10分钟，过滤

滤液

加浓盐酸调节pH至2~3
加滤液体积5%的NaCl，搅拌均匀，静置，抽滤

沉淀 　　　　 滤液
（主要含小檗碱、掌叶
防己碱、黄连碱等生物碱）

加20倍量沸水加热至澄明趁热过滤

滤液

放置、过滤调节pH至1~2

沉淀

综合实训图 2-2　盐酸小檗碱提取流程图

（三）柱色谱分离及薄层色谱检测

吸附剂：12g 氧化铝（80~100 目）

色谱柱：1cm×30cm 玻璃柱（也可用碱式滴定管代替）

洗脱剂：95% 乙醇，少量无水乙醇

1. 氧化铝吸附柱的制备（湿法装柱） 取一根 40cm 长的色谱柱，柱的下端套一段 3~4cm 长的乳胶管，在乳胶管上夹一个螺旋夹，以控制洗脱液流出的速度。在柱底填一层松紧合适、平整的脱脂棉。将此色谱柱垂直地固定在铁架台上，关闭螺旋夹。

柱内加入一定体积 95% 乙醇，打开螺旋夹，放出管内乙醇，将色谱柱下端脱脂棉内的空气充分赶尽，然后再向色谱柱中加入一定体积的乙醇。

取中性氧化铝（100~200 目）30g 于烧杯中，加一定体积的乙醇调成浆状，赶尽其中气泡，然后通过小玻璃漏斗将浆状氧化铝徐徐注入柱中，并同时打开下端螺旋夹，让洗脱剂缓缓流出，不断用手轻轻振动玻璃柱，使氧化铝沉降均匀。当柱内液面接近氧化铝柱面时，表面保持有少量溶剂（0.5cm左右），关闭螺旋夹。

2. 样品的加入 称取 25~50mg 盐酸小檗碱，用尽量少的无水乙醇溶解制成溶液。用滴管沿色谱管壁小心加入，勿使氧化铝柱面受到振动。打开螺旋夹，待液面与氧化铝表面相平时，迅速用少量无水乙醇将柱壁样液洗下，待液面下降后再洗，反复多次，直至表面溶剂无色，让样品完全保留于氧化铝中，并保留有 1cm 左右溶剂。在此过程中要准确迅速，洗涤溶剂尽量少并尽可能不要扰动氧化铝表面平整。

3. 洗脱 用滴管吸取 95% 乙醇,经管壁轻轻加入柱内,打开螺旋夹,控制流速 20~30 滴 /min,不断加入洗脱剂,使洗脱剂的液面始终高于氧化铝。待氧化铝柱上呈现数段不同颜色的色带时,继续冲洗,使其彼此分离,并收集鲜黄色带,此段为盐酸小檗碱,其余色带为其他成分(棕色段可不再洗脱)。

4. 薄层色谱

(1)制备:取色谱用硅胶 8g,加 0.3%~0.5% 羧甲基纤维素钠(CMC-Na)20~25ml,用研钵研成稀浆糊状,然后均匀倒在两块清洁的玻璃板上,铺成一层均匀薄层,室温晾干,105℃活化 30 分钟备用。

(2)点样、展开、显色:取盐酸小檗碱鲜黄色带和盐酸小檗碱乙醇对照品溶液,分别用毛细管点在薄层板上,重复点样 3~5 次。用乙醇 - 丙酮 - 乙酸(4:5:1)为展开剂进行展开,取展开剂 8~10ml,展开完毕,先观察荧光斑点。

【实训提示】

1. 提取加热时注意保持微沸,不宜暴沸。

2. 盐析时加入氯化钠时需迎着烧杯壁搅拌,使氯化钠完全溶解。

3. 研硅胶 G 时顺时针研磨 10~15 分钟。

4. 柱色谱在整个操作过程中,氧化铝柱表面应保持一定高度的溶剂(洗脱剂),不得使柱面溶剂流干。

5. 柱色谱一般采用等量收集洗脱液流分。每份洗脱剂体积的毫升数,一般与吸附剂质量相近。如果洗脱剂极性较大或样品各组分结构相近似时,每份收集量要小。

6. 洗脱时流速不宜过快,太快时柱中交换来不及达到平衡,影响分离效果。

7. 由于氧化铝表面活性较大,有时会促使某些成分发生变化,应在短时间内完成一个柱色谱的分离,以免样品在柱上起异构化、氧化、皂化、水合以及脱氢形成双键等反应。样品在柱上会扩散也会影响分离效果。

【实训思考】

1. 写出每个步骤中小檗碱的存在形式。

2. 采用柱色谱分离时应注意哪些方面的问题?

3. 为什么本实验采用氧化铝而不采用硅胶作为吸附剂?

【实训报告】

包括实训目的、实训内容、实训步骤、实训问题处理、结果分析、改革成果及体会等。

【实训评价】

根据学生出勤、在实训过程中的表现、实训报告完成情况和实训测试成绩,综合评定学生的实训成绩。

综合实训三　土霉素的提取分离

【实训目的】

1. 了解发酵产物的分离提取流程。
2. 熟悉和掌握等电点结晶法的原理及操作。
3. 熟悉和掌握树脂脱色的原理与技术。

【实训原理】

目前,土霉素的提取工艺已相当成熟,主要根据其理化性质而进行提取,可采用沉淀法、溶剂萃取法、离子交换法和吸附法来进行提取。工业生产上主要采用等电点沉淀法,其原理是利用土霉素具有两性,在其等电点时溶解度最小,从水溶液中析出结晶,以直接获得土霉素产品。

【实训材料】

1. **实训仪器**　烧杯,布氏漏斗,机械搅拌,电子天平,pH 计,离心机,磁力搅拌器,真空泵,721型分光光度计。

2. **实训试剂**　土霉素发酵液,草酸,黄血盐溶液(0.25%),硫酸锌溶液(0.15%),硼砂溶液(0.2%),氨水,亚硫酸钠,盐酸,氢氧化钠,122# 树脂。

【实训方法】

（一）发酵液预处理

1. **酸化**　取 600ml 土霉素发酵液,置装有机械搅拌的 1 000ml 烧杯中,开始搅拌,待发酵液温度降至20℃以下时,缓缓加入草酸溶液,并不时测定发酵液的 pH。当发酵液 pH 为 1.7~1.8 时(用 pH 计测),酸化完毕。

酸化过程采用草酸酸化,使菌丝中的土霉素释放出来并生成溶于水的盐,并且能析出草酸钙沉淀,从而除去发酵液中的钙离子,同时草酸钙能促进蛋白质的凝结,从而提高滤液的质量。另外,草酸属于弱酸,其对设备的腐蚀性要比盐酸、硫酸小。

加入草酸的目的是释放菌丝中的单位,同时要保证土霉素的稳定性、成品的质量和提取成本。目前,工业提取的 pH 控制在 1.7~1.8,pH 过高对单位的释放不利,pH 过低会影响产品的质量,同时会增加产品的成本。

2. 除杂 在酸化反应的烧杯中,搅拌下依次缓慢加入黄血盐溶液(0.25%)、硫酸锌溶液(0.15%)、硼砂溶液(0.2%),加入的时间间隔为 15 分钟,以便作用完全。

发酵液中存在许多有机物和无机物,加入净化剂除去铁离子和蛋白质。除杂过程采用的净化剂是黄血酸钾和硫酸锌,利用两者的协同效应除去蛋白质,同时除去铁离子。

(二)稀释过滤

将处理过的发酵液稀释 1 倍,用真空抽滤瓶进行抽滤,滤饼用草酸水冲洗,滤液应完全澄清,否则必须重新过滤,直到完全澄清。

(三)脱色

1. 树脂处理 脱色采用 122# 树脂,使用前,要用 1mol/L 盐酸和氢氧化钠交替处理树脂,最后将树脂转化成氢型后,蒸馏水洗至近中性。要用抽滤瓶抽干,一般按每克树脂处理 100kDa 的比例,根据滤液体积计算所用树脂,并称量待用。

采用 122# 树脂脱色,其原理是利用 122# 树脂为阳离子交换树脂,处理为氢型树脂后,所带的氢离子与色素蛋白中的氮、氧形成氢键,对滤液中色素有吸附作用,可进行脱色。要求脱色液在 500nm 下的透光率>85%(使用 721 型分光光度计测定脱色液的透光率)。

2. 树脂的装柱方法 将树脂柱的出口旋钮旋紧,往玻璃树脂柱中放入几个玻璃珠,以防脱色树脂漏出,再将称量好的树脂搅匀(树脂悬浮于水中),缓缓倒入树脂柱。注意装柱时树脂柱中不能有气泡,如有气泡应立即排出。脱色前后应注意不能使树脂处于干燥状态,否则树脂会失效。

3. 收集 脱色时要注意前一段时间的脱色液不要收集,待其效价达到 2 000U/ml 以上时再收集。

(四)结晶

取一定量脱色液放入 4 个锥形瓶中,用氨水调节 pH 至 4.6(用 pH 计测),恒温 30℃用磁力搅拌器搅拌,结晶,搅拌转数为 70r/min,结晶 1 小时。

土霉素脱色液中加入碱化剂调 pH 到等电点附近,使土霉素从脱色液中直接沉淀出来。碱化试剂一般有氢氧化钠、氨水、碳酸钠和亚硫酸钠。氢氧化钠碱性过强,单独使用会造成局部过碱,从而破坏土霉素,影响产品质量;碳酸钠虽然有抗氧化性和脱色的作用,但其碱性较弱,调 pH 用量比较大;氨水的碱性比氢氧化钠弱、比碳酸钠强,并且价格比较便宜,使用量适中,所以氨水是最好的碱化试剂。碱化过程中所用的氨水应当含有 2%~3% 的亚硫酸钠,这样既能调 pH,又能起稳定的作用,同时还能脱色。

不同 pH 对产品的质量和产量会造成不同的影响。土霉素的等电点为 pH 4.6~4.8,pH 为

4.5~7.5 时,游离碱在水中的溶解度几乎不变。若 pH 控制在接近等电点时,虽然沉淀结晶较完全,收率也高,但会有大量杂质(主要是接近等电点 pH 的蛋白质)同时沉淀析出,影响产品的色泽和质量;若 pH 控制得较低一些,对提高产品质量虽有好处(即上述蛋白质等杂质不同时析出,而残留在母液中),但沉淀结晶不完全,收率要低些,影响产量。因此,在选择沉淀结晶 pH 时,就必须同时考虑到产量、质量的效果。

(五) 离心、干燥

经过沉淀结晶后,结晶液进入离心机中,进行固 - 液分离,离心后的晶体再经过正压干燥,即得土霉素碱产品。

【实训提示】

1. 除杂纯化搅拌时间要够,溶液温度保持在 15℃以下。
2. pH 要调准确。

【实训思考】

写出土霉素提取工艺流程图。

【实训报告】

包括实训目的、实训内容、实训步骤、实训问题处理、结果分析、改革成果及体会等。

【实训评价】

根据学生出勤、在实训过程中的表现、实训报告完成情况和实训测试成绩,综合评定学生的实训成绩。

综合实训四 药物分离与纯化工艺设计

【实训目的】

1. 了解药物分离纯化的一般流程。
2. 熟悉和掌握各类药物分离与纯化技术的原理与操作工艺。

3. 学会信息查询和资料检索的方法和途径。

【 实训原理 】

药品生产所用原料种类繁多,生产方法多种多样,药品的纯度和杂质含量与其药效、毒物作用、价格等息息相关。因此,从事药品生产的高素质、高技能人才必须会分析研究各种分离纯化技术的基本原理、工艺过程及主要影响因素,并能根据混合物的特性和分离要求,选用适宜的技术组成合理的工艺,更好地完成药物的分离纯化任务,为今后从事药物分离与纯化岗位工作奠定基础。

【 实训材料 】

模拟实训室,各种可查阅的资料,相关办公用品。

【 实训方法 】

(一) 实训前准备

1. **学生分组**　按照班级人数分组,每组 6~8 人,设定组内小组长,负责协调和发布各项任务。

2. **教师准备**　课前发布需要设计模拟生产的药物名称及相关实训要求。

(二) 实训过程

1. **基本要求**　设计一个药物的模拟生产工艺实训需要从以下几个方面考虑:根据实训目的,阐明实训原理,选择合适的仪器设备和试剂,设计可行的实训操作步骤,分析实训操作过程中需要注意的事项及今后改进的措施等。在进行实训方案设计时应遵循三个基本要求。

(1)科学性:实训设计要在查阅文献的基础上明确实训原理、确定正确的实训操作工艺,可以利用中国知网等检索工具确保实训设计的科学性。

(2)安全性:实训设计工艺中所使用的仪器设备和试剂要确保安全,虽然不是真正的实验过程,但是设计出的实训工艺是可以验证的,因此,必须考虑安全性,尽可能避免使用有毒有害试剂,防止在真正验证环节造成环境污染和人身伤害。

(3)可行性:实训设计工艺要求与真实生产接近,选择现实生产中可实现的仪器设备、试剂及实训条件。

2. **课程实施**

(1)各小组根据布置的任务,分别进行资料的收集、整理、汇总,完成一项药物的模拟生产实训工艺设计,并制作 PPT 在班级进行展示。

(2)教师根据学生汇报内容进行补充和完善。

(3)班级全体学生结合各组汇报进行互评,取长补短。

（三）实训结束

教师结合各组汇报及学生互评结果进行总结点评，并引导学生发现问题和解决问题。

【 实训提示 】

1. 药物设计至少在课程实施 2 周前发布。

2. 充分利用学院图书馆、电子阅览室等场所和资源。

3. 同学们之间要团结协作、互助友爱。

【 实训思考 】

1. 通过本次实训设计，你的综合素质（知识、能力和素质）提升体现在哪些方面？

2. 该药物研究的新技术、新工艺有哪些？

【 实训报告 】

包括实训目的、实训内容、实训步骤、实训问题处理、结果分析、改革成果及体会等。

【 实训评价 】

根据学生出勤、在实训过程中的表现、实训报告完成情况和实训测试成绩，综合评定学生的实训成绩。

（杜建红）

参考文献

［1］陈优生. 药物分离与纯化技术. 2 版. 北京: 人民卫生出版社, 2013.

［2］马娟. 药物分离与纯化技术. 3 版. 北京: 人民卫生出版社, 2018.

［3］辛秀兰. 现代生物制药工艺学. 2 版. 北京: 化学工业出版社, 2016.

［4］张雪荣. 药物分离与纯化技术. 4 版. 北京: 化学工业出版社, 2021.

［5］李华. 制药分离工程. 2 版. 北京: 人民卫生出版社, 2023.

［6］陈芬, 胡丽娟. 生物分离与纯化技术. 3 版. 武汉: 华中科技大学出版社, 2023.

［7］吴昊, 张洁. 药物分离技术. 北京: 化学工业出版社, 2021.

［8］应国清. 药物分离工程. 杭州: 浙江大学出版社, 2011.

［9］罗合春. 生物制药工程技术与设备. 2 版. 北京: 化学工业出版社, 2023.

［10］国家药典委员会. 中华人民共和国药典: 2025 年版. 北京: 中国医药科技出版社, 2025.

目标检测参考答案

第一章　绪　论

一、简答题

1. 含有药物成分的混合物具有杂质含量高、有效成分浓度低、多相态的特点,且许多生物活性药物极不稳定,有些药品还要求无菌操作,并且药物的纯度和杂质含量与其药效、毒物作用、价格等息息相关。因此,要想获得理想的产品,分离与纯化技术在药物生产过程中很关键。

2. 机械分离是依据物质的大小、密度的差异,在外力作用下使两相或多相得以分离,适用于非均相物系的分离。传质分离是利用加入的分离剂(能量或质量)使混合物成为两相,在某种推动力的作用下,物质从一相转移到另一相实现混合物的分离过程,既适用于均相混合物的分离,也适用于非均相混合物的分离。

3. 评价分离效率的因素有回收率、分离因子、富集倍数、准确性和重现性等。回收率反映被分离组分在分离纯化过程中损失的量。分离因子表示两种成分分离的程度。

二、实例分析

利用发酵技术制备氨基酸药物的一般制备工艺流程有前期发酵过程、发酵液预处理、固 - 液分离、氨基酸粗品的提取和分离、氨基酸的精制(各种分离纯化技术)、结晶、干燥等。

第二章　固 - 液分离技术

一、简答题

1. 同一颗粒在相同介质中的离心沉降速度与重力沉降速度的比值称为离心分离因数。提高分离因数的主要途径是增大离心力(如增大转速,增大转鼓直径)。

2. 根据分离方式不同可分为离心沉降和离心过滤两类;根据离心原理不同可分为沉降速率离心法和沉降平衡离心法两类。其中沉降速率离心法根据粒子大小、形状不同进行分离分为差速离心法和速率区带离心法。沉降平衡离心法根据粒子密度差进行分离,包括等密度离心法和经典式沉降平衡离心法。

3. 过滤速率与滤浆的性质、滤饼厚度、过滤操作压强、过滤机转速和过滤介质有关。

4. 过滤时加入助滤剂是为了减小可压缩滤饼的过滤阻力,改变滤饼结构,以提高滤饼的刚性和孔隙率。助滤剂的使用方法通常有以下三种。①混合法:过滤时把助滤剂按一定比例直接分散在待过滤的混悬液中;②预涂法:助滤剂单独配成混悬液先行过滤,在过滤介质表面形成助滤剂预涂层,然后再过滤滤浆;③生成法:在反应过程中,产生大量的无机盐沉淀物,使滤饼变得疏松,从而起到助滤的作用。

二、实例分析

提高转速;减小转鼓直径(消除应力,保证机械强度);增加料液温度,减小黏度;适当减小进料速率;延长离心时间;对离心机进行清洗,注意日常保养。

第三章　固相析出技术

一、简答题

1. 盐析法沉淀的原理是中和电荷,破坏水膜。盐析法沉淀的影响因素是蛋白质性质、蛋白质浓度、pH、温度和离子强度。

2. 利用蛋白质在等电点时溶解度最低的特性,向含有目的物的混合液中加入酸或碱,调节其 pH,使蛋白质沉淀析出的方法,称为等电点沉淀法。

3. 盐析用盐的挑选原则包括:①有较强的盐析效果;②有足够大的溶解度,且溶解度受温度影响较小;③生物学上是惰性的,最好不引入杂质;④来源丰富,价格低廉。

4. 影响有机溶剂沉淀的主要因素是样品浓度、pH、温度、离子强度和某些金属离子。

二、实例分析

酶提取液中常含有杂蛋白、多糖、脂类及核酸等杂质,可以通过下列方法去除这些杂质。①调 pH 和加热法:利用蛋白质对酸、碱和热变性方面性质的差异,可去除非活性杂蛋白。②蛋白质表面变性法:蛋白质表面变性后其性质有所不同,借以去除杂蛋白。③蛋白质沉淀剂法:利用醋酸铝、单宁酸等蛋白质沉淀剂可以去除杂蛋白及黏多糖类杂质。使用时要注意这类试剂常可引起酶变性失活,因此应迅速除去。④选择性变性法:各种蛋白质对变性剂的稳定性不同,可以用选择性变性剂去除杂蛋白。⑤加保护剂热变性法:酶与底物或竞争性抑制剂结合后,其稳定性常显著增加。所以常用它们作为保护剂,再用一些剧烈手段破坏杂蛋白。⑥核酸沉淀剂法:酶液中的核酸类杂质,可以用氯化锰、硫酸鱼精蛋白等沉淀剂使其沉淀而除去。必要时,也可用核糖核酸酶将核酸降解后除去。

第四章　萃 取 技 术

一、简答题

1. 液 - 液萃取技术中,选择萃取剂时主要应考虑以下几方面:①萃取剂的选择性及选择性系数;②萃取剂 S 与原溶剂 B 的互溶度;③萃取剂回收的难易与经济性;④萃取剂的物理性质。

2. 完整的固 - 液萃取过程有以下三个阶段:浸润渗透、解吸与溶解和扩散。

3. 超临界流体具有以下特性:溶解性能强、扩散性能好和可控性好。

4. 双水相萃取技术具有以下特点:①作用条件温和;②产品活性损失小;③无有机溶剂残留;④各

种参数可以按照比例放大而不降低产物收率;⑤处理量大;⑥分离步骤少,操作简单,可持续操作;⑦设备投资少。

二、实例分析

1. 采用超临界流体萃取法,由于挥发油所含化学成分的沸点相对较低,相对分子质量不大,在超临界二氧化碳流体中具有良好的溶解能力,大多数挥发油都可以采用纯超临界二氧化碳流体直接萃取,所需操作温度较低,避免了其中有效成分被破坏或分解,萃取产物质量好,产品的收率较高。

2. (1)浸渍法属于静态提取方法,是将已预处理过的植物材料装入密闭容器,在常温或加热条件下进行浸取目的产物的操作过程。通过浸渍法所得的浸取液在不低于浸渍温度下能较好地保持其澄清度,操作简单易行。浸渍法的缺点是时间长,溶剂用量大,浸出效率低。

(2)渗漉法提取过程类似多次浸出过程,浸出液可以达到较高的浓度,浸出效果好。渗漉法无须加热,溶剂用量少,过滤要求低,适用于热敏性、易挥发和剧毒物质的提取。使用渗漉法可以进行含量低但要求有较高提取浓度的植物提取,但不适用于黏度高、流动性差的物料提取。

第五章 蒸馏技术

一、简答题

1. (1)蒸馏的特点:①通过蒸馏分离可以直接获得所需要的产品;②适用范围广,可分离液态、气态或固态混合物;③蒸馏过程适用于各种浓度混合物的分离;④蒸馏操作耗能较大,节能是个值得重视的问题。

(2)分类:①按蒸馏操作方式分类,分为简单蒸馏、平衡蒸馏、精馏、特殊精馏;②按蒸馏操作流程分类,分为间歇蒸馏和连续蒸馏;③按组分数目分类,分为两组分蒸馏和多组分蒸馏;④按操作压力分类,分为常压蒸馏、加压蒸馏、减压蒸馏。

2. 精馏是一种利用回流使混合液得到高纯度分离的蒸馏方法,其原理是利用液体混合物在一定压力下各组分挥发度不同的性质,在塔内经过多次部分汽化与多次部分冷凝,使各组分得以完全分离的过程。

3. (1)分子蒸馏技术的蒸馏过程:①液体混合物在加热面上的液膜形成;②分子在液膜表面上的自由蒸发;③分子从加热面向冷凝面的运动;④分子在冷凝面上的捕获;⑤馏出物和残留物的收集。

(2)特点:①操作压力低;②操作温度低;③停留时间短;④分离效率高。

4. 精馏操作的影响因素包括以下五点。

(1)物料平衡和稳定:在精馏塔的操作中,需维持塔顶和塔釜产品的稳定,保持精馏装置的物料平衡是精馏塔稳态操作的必要条件。通常由塔釜液位来控制精馏塔的物料平衡。

(2)塔顶回流:当回流比增大时,精馏产品质量提高;反之,当回流比减小时,分离效果变差。调节回流比的方法可有如下几种:减少塔顶采出量;当塔顶冷凝器为分凝器时,可增加塔顶冷剂的用量,以提高凝液量;有回流液中间贮槽的强制回流,可暂时加大回流量,以提高回流比,但不得将回流贮槽抽空。

(3)进料状况:当进料状况发生变化时,应适当改变进料位置,并及时调节回流比。

(4)塔釜温度：提高塔釜温度时，则使塔内液相中易挥发组分减少，并使上升蒸气的速度增大，有利于提高传质效率。

(5)操作压力：提高操作压力，可以相应地提高塔的生产能力，使操作稳定。

二、实例分析

1. 按道尔顿气体分压定律，正辛醇和水的蒸气压分压之和应等于标准大气压，因此，在99.4℃时正辛醇的蒸气压为：

$$P_总 - P_水 = 101\ 325Pa - 99\ 192Pa = 2\ 133Pa$$

由式 $\dfrac{m_A}{m_B} = \dfrac{M_A n_A}{M_B n_B} = \dfrac{M_A P_A}{M_B P_B}$ 可知水蒸气蒸馏馏出液中正辛醇与水的质量之比：

$$\frac{m_{正辛醇}}{m_水} = \frac{130 \times 2\ 133}{18 \times 99\ 192} \approx 0.155$$

由此可知每蒸出1g水只有0.155g正辛醇被蒸出，需要消耗大量水，能耗较高。

2. (1)由式 $\dfrac{m_A}{m_B} = \dfrac{M_A n_A}{M_B n_B} = \dfrac{M_A P_A}{M_B P_B}$ 可知：

$$\frac{m_{苯甲醇}}{m_水} = \frac{106 \times 1\ 008}{18 \times 100\ 317} \approx 0.059$$

沸点为97.9℃时，常规水蒸气蒸馏馏出液中苯甲醛的含量为：

$$\frac{0.059}{1+0.059} \times 100\% = 5.57\%$$

(2)

$$\frac{m_{苯甲醛}}{m_水} = \frac{106 \times 29\ 330.9}{18 \times 71\ 994.1} \approx 2.4$$

$$\frac{2.4}{1+2.4} \times 100\% = 70.6\%$$

由此可知过热水蒸气蒸馏能提高蒸馏效率。

第六章　膜分离技术

一、简答题

1. 膜分离是一种高效的分离过程，可以实现混合物高纯度的分离；无相态变化，能耗极低；无化学变化，不用化学试剂和添加剂，产品不受污染；无须加热，在常温下进行，不破坏产物的生物活性，适用于热敏性物质；膜分离装置结构简单，分离过程易于放大，操作、维护方便，装置通用性强，处理规模可大可小，可以连续操作也可间歇操作，易于自动化；膜分离技术适用范围广。

2. 膜组件有板框式、管式、卷绕式和中空纤维膜组件。

3. 膜的清洗方法：水力清洗、机械清洗、电清洗和化学清洗。

4. 表征膜性能的主要参数包括膜的孔道特性、膜的荷电性与亲水性能、膜的截留率与截留分子量、膜的渗透通量等。

二、实例分析

1. 该药品的膜分离操作方式为超滤,选用截留相对分子质量大于该药品相对分子质量,且小于杂质分子质量的超滤膜。

2. 通过透析除去杂质。

第七章　色谱分离技术

一、简答题

1. 色谱分离的特点包括分离效率高、应用范围广、操作模式多样和高灵敏度在线检测。

2. 吸附色谱技术的基本原理是根据固定相对不同物质的吸附力不同而使混合物分离。分配色谱技术的基本原理是利用物质在互不相溶的两相溶剂中的分配系数不同而达到分离的目的。离子交换色谱技术的基本原理是利用离子交换反应(如中和反应、复分解反应等)将混合液中的某些特定离子暂时交换到离子交换剂上,然后选用合适的洗脱剂,将该离子洗脱下来,使该离子从原溶液中分离、浓缩或提纯。凝胶色谱技术的基本原理是利用凝胶的分子筛效应来实现分离。亲和色谱技术的基本原理是利用生物分子之间专一的亲和力进行分离纯化。

3. 柱色谱的操作过程包括装柱、加样、洗脱、收集、鉴定。

4. 离子交换树脂的预处理过程包括粉碎、预处理、再生、复活。

二、实例分析

1. 有机酸在水或稀碱水中呈解离状态,因此可以采用离子交换树脂法进行提取分离。一般有两种方法:①将药材浸出液先通过强碱性阴离子交换树脂,则有机酸根离子交换在树脂上,而碱性和中性物质通过树脂被除去。树脂用水洗净后,用稀酸洗脱即可得游离的有机酸。②药材浸出液先通过强酸性阳离子交换树脂,则氨基酸和碱性物质交换在柱上,酸性物质和中性物质通过树脂流出。然后将流出液通过强碱性阴离子交换树脂,则有机酸根离子被交换在离子交换树脂上,糖和其他杂质则被除去。水洗净树脂后,再以稀酸或稀碱冲出交换在树脂上的有机酸。

2. 应用离子交换树脂分离中药中的生物碱类最为多见,如分离奎宁、苦参碱、东莨菪碱、石蒜碱、咖啡因等。此外还可利用阳离子交换树脂分离中药及中药复方中的有效部位总生物碱,其工艺较简单,成本低,可用于大规模工业化生产。故选择酸水提取结合离子交换树脂纯化,分离步骤:将生物碱的酸水溶液与阳离子交换树脂(多用磺酸型)进行离子交换,可与非生物碱成分分离;交换后树脂用碱液或10%氨水碱化后,再用有机溶剂(如三氯甲烷、甲醇等)进行洗脱,回收有机溶剂得总生物碱。

第八章　其他分离纯化技术

一、简答题

1. 影响电泳分离的主要因素有带电粒子的性质、电场强度、溶液的pH、溶液的离子强度、电渗作用等。

2. 常用的区带电泳法有醋酸纤维素薄膜电泳法、琼脂糖凝胶电泳法、SDS-聚丙烯酰胺凝胶电泳法等。

醋酸纤维素薄膜电泳的优点：①分离速度快；②电泳时间短；③样品用量少，特别适合于病理情况下微量异常蛋白的检测；④薄膜对各种蛋白质样品(如血清白蛋白、溶菌酶及核糖核酸酶等)吸附性小；⑤不结合的染料能完全洗掉，无样品处几乎完全无色。

琼脂糖凝胶电泳的优点：①琼脂糖含液量大，近似自由电泳；②分辨率高、重复性好；③电泳速度快；④可直接用紫外检测仪进行定量测定；⑤区带可染色，样品易回收，有利于制备。

SDS-聚丙烯酰胺凝胶电泳的优点：①几乎无电渗作用；②化学性能稳定；③在一定浓度范围内凝胶无色透明，有弹性，机械性能好，易观察；④凝胶孔径可调；⑤分辨率高。

3. 常用的手性药物分离方法有从天然产物中提取、手性合成和外消旋体拆分。外消旋拆分法又可分为结晶拆分法、化学拆分法、生物拆分法、色谱拆分法、膜拆分法等。

二、实例分析

血红蛋白病是一组由于珠蛋白肽链(α、β、γ、δ)的结构异常或合成肽链速率改变而引起血红蛋白功能异常所致的疾病。常见的血红蛋白病有地中海贫血、镰状细胞贫血、高铁血红蛋白血症、不稳定血红蛋白病等。血红蛋白电泳分析是最为常用且最为有效的方法，是诊断血红蛋白病的重要手段。血红蛋白电泳在地中海贫血的筛查中起到非常重要的作用。能够定量检测血红蛋白A(HbA)、血红蛋白F(HbF)、血红蛋白A_2(HbA$_2$)含量，可将地中海贫血进行初步分类为α地中海贫血或β地中海贫血。

第九章　结晶和干燥技术

一、简答题

1. 结晶过程包括过饱和溶液的形成、晶核的形成及晶体的生长三个过程，其中溶液达到过饱和状态是结晶的前提，过饱和度是结晶的推动力。

2. 影响结晶操作的因素包括溶液的过饱和度、晶浆浓度、温度、时间、溶剂与pH、晶种、搅拌与混合、结晶系统的晶垢、共存杂质的影响等。

3. 物料中的非结合水分是指以机械方式与物料结合的水分，如附着在物料表面的水分、物料大空隙中的水分等。非结合水分与物料结合力较弱，干燥速度较快，较容易除去。

二、实例分析

1. 胸腺素可用于治疗自身免疫病、变态反应性疾病、肿瘤等多种疾病，猪胸腺素为多肽混合物，高温易致其失活，因而应采用冷冻干燥的方法进行干燥。

2. 胆酸、胆固醇为固醇类化合物，胆红素分子是由4个吡咯环通过亚甲基和次甲基连在一起的开链组成的。胆酸、胆固醇和胆红素三者对热都较稳定，但工艺中加入有机溶剂需在成品中除去，故采用热干燥的方法较好，通常是将牛黄放入40~50℃的恒温干燥箱内进行干燥处理。

课程标准